Erich Amborn

# Und dennoch Ja zum Leben

Erich Amborn

# UND DENNOCH JA ZUM LEBEN

Die Jugend eines Intersexuellen
in den Jahren
1915–1933

Verlag Meier

Meier Verlag
CH-8201 Schaffhausen
ISBN 3-85801-023-5

# I

Man schrieb den ersten August 1914.

Ein Rausch hatte das gesamte Volk ergriffen. Eine Welle von Hingabe, Begeisterung und Opferwillen überflutete Städte, Dörfer und Flecken, ergoß sich in die Einöden der Berge, in Täler und Wälder.

Der heiße Atem hochsommerlicher Glut löste den einzelnen auf zu einem Gruppenwesen, schmolz ihn ein in den Tiegel der Gemeinschaft. Über Nacht waren Knaben zu Jünglingen, Jünglinge zu Männern geworden, und aus Mädchen wurden Frauen, die unter Tränen lächeln konnten.

Stolze Freude flammte in aller Augen, als wollten sie sagen: «Laßt das Weinen, es ziemt sich nicht zur Stunde.»

Martina Marsell erlebte und hörte nichts von den Ereignissen, die ein ganzes Volk erbeben ließen und bald die ganze Welt erschüttern sollten. Stille umgab sie, die Ruhe des väterlichen Landsitzes, abseits der großen Straßen und Plätze. Friede, tiefster Friede war im Glitzern der vor Wärme zitternden Luft und im Summen der Bienen; lag in den weit ausladenden Ästen der blühenden Linden und in den großen, kühlen Räumen des schloßartigen Herrensitzes. Tiefblau wölbte sich der Himmel über dem Land.

Am Horizont bewegte sich ein Punkt gleichmäßig in leichtem Anstieg in westlicher Richtung. Ein schwaches Brummen, eben noch wahrnehmbar, drang bis zu der Gestalt, die, sich weit aus dem Fenster lehnend, mit brennenden Augen das Flugzeug verfolgte, bis es kleiner und kleiner wurde und langsam verschwand, wie verschluckt von der Unendlichkeit. Ein Seufzer durchbebte den schmalen, knabenhaft schlanken Körper. Um den festgeschlossenen Mund lief ein Zucken, und es schien, als würden Tränen nur mühsam zurückgehalten. Die braunen Arme waren über der Brust gekreuzt, die kaum einen Anflug jungfräulicher Reife erahnen ließ.

Langsam bog sich Martinas Oberkörper zurück, bis er mit den festen, geraden Beinen eine Linie bildete. Durch das dünne Gewebe des Nachthemdes schimmerten bronzefarbene Glieder, die in Form und Tönung eher zu einem griechischen

Jüngling als zu einem sechzehnjährigen Mädchen gepaßt hätten.

«Martina?!»

Zärtlich, fragend und besorgt zugleich ertönte der Ruf, und allmählich löste sich die Erstarrung der Gestalt am Fenster. Langsam wandte sich das Gesicht der Eintretenden zu.

«Ach, Wilma, du?»

Mit ein paar Schritten war Wilma bei der jüngeren Schwester. Liebevoll legte sie ihr den Arm um die Schulter und geleitete sie behutsam zum Diwan.

«Du sollst doch ruhen um diese Zeit», sagte sie vorwurfsvoll. «Aber der Brummer hat dich aufgeschreckt, nicht wahr? Und geweint? Ach, Martina, kleine Schwester, du sollst dich schonen. Du weißt doch, wie viel davon abhängt!»

Dringende, von ehrlicher Sorge getragene, gut gemeinte Worte; doch die Reaktion war heftig:

«Schonen! Kleine Schwester! Wie ich sie hasse, diese Worte, diese Begriffe! Schicksal, das mich einstampft in die Belanglosigkeit, in eine Form, die ich weder bejahen kann noch will, die mir vorkommt wie ein Hohn. Gott, Schicksal – mag man es nennen, wie man will –, warum gabst du mir die Sehnsucht eines Adlers, wenn du ihm die Schwingen lähmst? Warum gabst du mir die Seele eines Mannes in den Leib . . . Ach, ihr versteht mich nicht, könnt mich nicht verstehen, alle nicht. Warum nur, warum . . .?»

Die letzten Worte waren kaum noch zu verstehen. Martina hatte das Gesicht in die Kissen vergraben, haltloses Schluchzen erschütterte ihren Körper.

Unentwegt streichelte Wilma das kurze, dunkle Haar der Weinenden. Ihr Gesicht zeigte einen ratlosen Ausdruck. Was sie soeben erlebt hatte, war ein Blick in den Abgrund. Sie erschauerte.

Wilma, obwohl sieben Jahre älter als Martina, war selbst noch jung. Ihr einfaches, liebevoll mütterliches Wesen kannte keine solchen die Seele aufwühlenden Stürme; dieses Aufbäumen und Wüten gegen das, was den Menschen als schicksalhafte Notwendigkeit zugeteilt war, war ihr fremd. Als die Mutter gestorben und die Familie endgültig verwaist war, hatte sie wie selbstverständlich die Zügel in die Hand genommen, gewacht über die zwei Jüngsten, über Henry und Martina.

Gewacht?!

War es wirklich ein Wachen gewesen, in voller Bewußtheit und unter Einbezug aller Möglichkeiten? Nein, sicher nicht. Unmöglich hätte verborgen bleiben können, was in der schönen Hülle Martinas gärte und wühlte. Die Leiblichkeit war gediehen, die Gesundheit gefestigt und die Folgen einer Drüsentuberkulose bis auf einen winzigen Rest verschwunden. Hier hatte sie nicht versagt. Aber die Seele?! Wie schwierig war es doch, den Menschen in seiner Ganzheit zu erfassen, selbst wenn es die eigene Schwester betraf – oder vielleicht gerade, weil bei der Schwester das Band der Liebe so stark war.

Allmählich wurde Martina ruhiger. Die Erregung ebbte ab, die Spannung ließ nach.

Ihr Gesicht war heiß und rot, als sie es aus den Kissen hob. Sie sah aus wie ein trotziger Junge, der nicht weiß, ob er sich jetzt schämen muss oder ob die Bubenehre noch einmal gerettet ist. Aus noch tränenden Augen schaute sie zu Wilma auf. «Sei mir nicht böse», sagte sie leise.

Wenig später saß Martina auf dem Fahrrad ihres Bruders Henry. Das war nun kein Mädchen mehr. Henrys Kleider, Hemd, Kittel, Hose, Schuhe, alles paßte wie angegossen. Einem blitzenden Pfeil gleich schoß die Gestalt dahin.

Nur ihre Gedanken waren schneller, eilten weit voraus.

Würde der Plan, würde die Täuschung gelingen?

Martina bremste scharf. Beinahe wäre sie auf einen Wegweiser geprallt. Eine hölzerne Hand zeigte gen Osten: FLUGPLATZ ÜBIGAUEN! Das war das Ziel.

Kilometer um Kilometer fraßen die Räder, wirbelten den Staub vom Boden.

Endlich!

Da lag das riesige Ungeheuer mit seinem breiten, weit aufgerissenen Maul vor ihr. Die Menschen, die sich vor dem Riesenmaul bewegten, sahen aus wie Ameisen in einem Kadaver.

Eigentlich häßlich, so eine Luftschiffhalle aus der Ferne. Doch Martina fand sie schön und malte sich in Gedanken kühnste Phantasiegebilde aus.

Der Eingang zum Platz lag vor ihr. Sie sprang aus dem Sattel, gewandt und sicher, wie eben ein Jüngling umgeht mit der ihm vertrauten Maschine. Eine Wache fragte nach ihrem Ausweis. Sie erschrak. Daran hatte sie nicht gedacht. Sie murmelte etwas von Vergessen. Der Posten wurde mißtrauisch.

«Krieg, junger Mann. Das ist kein Fackelzug mit Stocklampen. Spionieren, was?» Dabei machte er Miene, nach Martinas Arm zu greifen. Diese hatte sich schnell gefaßt. Hier konnte nur Frechheit helfen. Rasch sprudelte sie hervor: «Ich weiß schon, Herr Unteroffizier. Aber es ging alles so schnell. Spionieren will ich gewiß nicht, nur den Platzkommandanten, Hauptmann Leonhard, möchte ich sprechen. Er ist doch noch hier?»

Der bärbeißige Landser griff zum Telefon. Große Reden waren nicht seine Sache. Mochten die anderen sehen, wie sie mit dem Burschen fertig wurden. Unwillkürlich nahm er Haltung an, als von drüben die Stimme des Hauptmanns kam. Autorität auf der ganzen Linie, sogar durch den Draht.

«Der Herr Hauptmann will Ihren Namen wissen.»

«Marsell, Bruder von Oberleutnant Marsell!»

Martina schmetterte die Worte hinaus und glaubte selbst an ihren Inhalt.

«Kann passieren», wiederholte der Mann die Anweisung. «Also los», knurrte er. «Aber das Rad bleibt hier. Befehl vom Platzkommando.»

Das war Martina gleichgültig, sie setzte sich in Trab.

Der Hauptmann erhob sich von seinem Sessel hinter dem Schreibtisch und streckte ihr die Hand zum Gruße hin.

«Also ein Bruder von Peter Marsell?! Was kann ich für Sie tun, junger Mann?»

Martina straffte sich unbewußt.

«Ich – ich möchte Flieger werden, Herr Hauptmann, aber ich bin eben noch zu jung, und da wollte ich Herrn Hauptmann bitten, mein Gesuch zu befürworten.»

Der Offizier unterdrückte ein Lächeln. Schon fühlte sich der Jüngling zugehörig zum Bau. Die Anrede in der dritten Person war gewiß nicht seine gewohnte Umgangssprache.

«Hm», brummte er und schaute Martina aus klugen, nicht ungütigen Augen forschend an, «die Fliegerei ist kein Kinderspiel und auch keine artistische Akrobatik, wie Laien oft meinen. Es gehört eine ausgezeichnete Gesundheit dazu, eiserne

Nerven, Geschicklichkeit, bestes Reaktionsvermögen und Mut. Ja ich möchte fast sagen, ein wenig Tollkühnheit ist Bedingung. Viele junge Leute haben sich schon gemeldet und dann gemerkt, es geht nicht. Aber dann steckten sie eben in der Uniform und landeten beim Bodenpersonal oder in der Werkstatt!» Der Hauptmann hatte eindringlich gesprochen. Jetzt beugte er sich vor, um zu sehen, wie seine Worte wirkten.

Martina war aufgesprungen. Jähe Röte überzog ihre Wangen, und ihre Stimme klang einen Ton höher:

«Ach, das wäre mir alles gleich, Herr Hauptmann, wenn ich nur dabeisein kann. Mann unter Männern.»

Das Herz des alten Soldaten lachte. So waren sie, die Jungen von heute. Dabeisein dürfen. Nur nichts versäumen. Da konnte es doch nicht schiefgehen?!

«Gut, wollen Sie mitkommen? Ich will gerade einen Probeflug machen. Da können wir gleich ein wenig auf Tauglichkeit prüfen.»

Was Martina geantwortet hatte, ob klug oder töricht, das hätte sie später nicht mehr sagen können. Sie wurde in eine Combination aus schwerem, undurchlässigem Stoff gesteckt. Um ihren Leib legte sich der breite, lederne Gurt, der sie auf dem Sitz festhielt.

Ihr Herz klopfte zum Zerspringen vor Freude; Angst empfand sie keine. Sie war jetzt ganz Ohr und hörte scharf auf die einzelnen Kommandos. Der Mann, der den Propeller angeworfen hatte, zog die Hemmschuhe vor den Rädern weg. «Frei!» rief er, und der Hauptmann wiederholte: «Frei!»

Sein breiter Rücken war dicht vor dem Sitz des Passagiers. Langsam und gleichmäßig drehte sich die riesige Schraube. Ein Zittern lief durch die Maschine, so, als atme sie schwer. Der Propeller drehte sich schneller und schneller. Jetzt war er nur noch eine helle Scheibe. Die Maschine rollte. Bald hob sie sich vom Boden zu einem sanften Schweben. Martina hatte den Übergang nicht bemerkt. Erst als die Erde sich zu entfernen begann, wurde ihr bewußt, daß sie flog. Rechts und links hatte sie freie Sicht, nach vorn verdeckte die Gestalt des Piloten den Ausblick.

Langsam gewöhnte sich das Auge an den steten Wechsel von hell und dunkel, von Dorf und Stadt, Ackerland und Wiesenfläche, von Wald und kahlem Gestein. Über Ebenen ging der Flug, über Wälder mit tiefen Tälern, über Höhenzüge und Schluchten. Dazu die Weite, der Himmelsraum. Das Flugzeug war dem silbernen Band des Flusses gefolgt, der breit und ein wenig träge das Land durchzog. Ruhig, ohne das geringste Schwanken, flog die Maschine den vorgeschriebenen Kurs. Nun legte der Hauptmann den Steuerknüppel herum, und gehorsam drehte der Apparat nach Westen ab. Für einen Augenblick mußte Martina die Augen schließen. Das Licht, dem sie entgegenflogen, war fast nicht zu ertragen. Die schwarze Wolkenwand, die am späten Nachmittag gedroht hatte, war verschwunden, und die Sonne rüstete sich um Untergehen. Rot und Gold, Violett und helles, gelbliches Grün, vermischt mit zartestem Rosa, trafen sich am Horizont zu einer ungeheuren Farbensymphonie. Steil aufschießend tasteten sich Strahlenbündel bis weit hinauf in die blaßblaue Kuppel, dort verwehend – ein farbiges Feuermeer, das den stählernen Vogel mit magischer Gewalt anzuziehen schien.

Martina spürte, dass sie dieses Bild niemals vergessen würde; sie würde es in sich tragen ihr ganzes Leben lang.

Bei einigermaßen vernünftiger Überlegung hätte es eigentlich einleuchten müssen, daß sich Martinas Plan niemals würde realisieren lassen. Das aber wurde ihr erst viel später bewußt. Als sie an diesem Augustabend aus dem Flugzeug kletterte, war von Vernunft und kluger Überlegung keine Rede. Ein wenig betäubt und schwerhörig fühlte sie sich, als ihr ein Soldat aus der Maschine half. Das Dröhnen der Motoren war noch ein ungewohntes Geräusch für sie, und der Landser lachte, als sie sagte, sie höre nichts.

Doch das war alles Nebensache. Sie war begeistert, und als der Hauptmann sie aufforderte, mit ihm ins Büro zu kommen, folgte sie unbefangen. Seine Frage, wie sie sich fühle, beantwortete sie ohne Zögern: einfach gut, keine Angst, keine Spur von Übelkeit oder Schwindel. Nach wie vor sei ihr sehnlichster Wunsch, zur Fliegertruppe eingezogen zu werden.

Gut, meinte der Hauptmann, wenn die Sache so sei, dann werde er morgen an den Inspekteur der Fliegertruppe schreiben. Die Altersfrage mache einen Entscheid von dieser Stelle notwendig. Außerdem bedürfe es noch der Genehmigung des Vormundes und der Untersuchung durch den Stabsarzt.

Martinas Augen wurden immer größer und ihr Gesicht, fast spürbar für sie selbst, immer länger.

«Nun, nun», tröstete der Offizier, «das sind ja alles nur Formalitäten. Ich verspreche Ihnen, mein Möglichstes zu tun, Marsell, schon um Peter gefällig zu sein. Jetzt geben Sie mir noch die genauen Personalien an, und dann marsch nach Hause!»

Bevor Martina etwas erwidern konnte, begann der Hauptmann zu schreiben.

«Also, Marsell Henry. Peter hat mir schon von Ihnen erzählt. Allerdings dachte ich, Sie seien älter. Nun geben Sie mir noch die genauen Geburtsdaten, bitte.»

Diese Daten wurden nie genannt; Martina war lautlos vom Stuhl geglitten und lag, weiß wie ein Leintuch, am Boden.

Die Ohnmacht währte nur einige Minuten. Als sie erwachte, lag sie auf der Pritsche. Neben ihr stand ein Soldat, ein Glas Wasser in der Hand. Sie lehnte ab und sprang mit einem Satz auf die Füße. Glühende Röte schoß ihr ins Gesicht. Sie fühlte sich grenzenlos blamiert und stammelte eine Entschuldigung. Das Gefühl, versagt zu haben, drückte sie fast zu Boden. Daran konnten auch die gutmütig tröstenden Worte des Hauptmanns nichts ändern.

Die Nacht, die diesem Abenteuer folgte, war grauenhaft. Martina fühlte sich in tiefster Seele verletzt. Die Verzweiflung überfiel sie wie ein böser Hund, und ein unheimlicher Drang ergriff sie, dieses Leben zu beenden, das sich in einem Leib abspielen mußte, den sie weder verstand noch bejahen konnte. Stunde um Stunde lag sie wach und kämpfte gegen die Versuchung, diesen Leib, der eine so trostlose Zukunft versprach, zu vernichten. In dem stillen Haus ahnte niemand, daß in dieser Nacht ein heißes Herz fast verblutete.

Aus diesem Kampf ging sie als Sieger hervor. Nein, einfach sich fortstehlen, sich feige drücken vor den Aufgaben, die das Leben zur Prüfung und Wandlung für sie bereithielt – das durfte nicht sein. «Kopf hoch, Martina!» hatte der Vater sie jeweils ermahnt, wenn sie als Kind aufbegehrt und sich gegen

Unbill gesträubt hatte. Es mußte noch andere Wege geben als den Freitod.

Der neue Tag sah eine neue Martina. Ihre Haltung war gestrafft, ihr Wesen beherrscht von einer gesammelten Energie, die nichts gemein hatte mit dem Eigensinn und den Zornausbrüchen vergangener Zeiten. Sie schien um Jahre älter geworden. In ihrer Seele reifte ein Plan heran, verborgen noch, doch schon fest verankert in ihrem Wollen.

Tage und Nächte des Zweifels, wer kennt sie nicht.

Die Antwort auf den Plan, zu dem Martina sich in einsamem Ringen entschlossen hatte, ließ auf sich warten. Fast unerträglich wurde die Spannung, und ihr so mühsam errungenes seelisches Gleichgewicht geriet ins Wanken.

Hatte sie recht getan? Waren die Worte richtig gewählt? Hatte sie zu überzeugen vermocht? Fragen über Fragen.

Doch endlich, endlich kam die Lösung.

Der dicke Brief, an Martina gerichtet und versehen mit amtlichen Siegeln, einem roten Kreuz und dem Absender: Olga-Krankenhaus in D., z. Zt. Reservelazarett 1, wurde von Wilma entgegengenommen und mit gemischten Gefühlen betrachtet. Eine Ahnung stieg in ihr auf.

Sie fand Martina wie so oft grübelnd über ein Flugzeugmodell gebeugt, das sie konstruiert und gebastelt hatte.

Wortlos reichte ihr Wilma den Brief. Martina riß den Umschlag auf. Rasch überflog sie den Inhalt des Schreibens. Dunkle Röte überzog ihr Antlitz, und mit einem unterdrückten Aufschrei fiel sie ihrer Schwester um den Hals.

«Wilma, sie nehmen mich. Beim Roten Kreuz. Nein, bitte, bitte sage nichts dagegen. Ihr dürft nicht nein sagen, du nicht und Großmutter nicht. Niemand! Endlich dabeisein dürfen, nicht mehr abseits stehen müssen, endlich im Einsatz! Vielleicht, bei Bewährung, mit einem Sanitätszug an die Front?! Und ich werde mich bewähren, darauf kannst du dich verlassen. Ach, Wilma, ihr ahnt ja nicht, was das für mich bedeutet. Niemand ahnt es.»

Wilma hatte diesen Ausbruch wortlos hingenommen. Doch schlagartig wurde ihr alles klar. Das wortkarge Wesen, die zunehmende Verschlossenheit der letzten Wochen. Die einsamen Spaziergänge. Natürlich, die tägliche Enttäuschung, wenn die Post wieder nichts gebracht hatte, weder Zu- noch Absage. Das mußte ja zermürbend wirken. Vielleicht hatte Martina geweint, gefleht, gezürnt, gebetet im einsamen, dichten Wald?! Wer konnte es wissen. Wilma blieb der Protest im Halse stekken. Und doch hatte sie die Verantwortung. Sie und der Vormund, Onkel Herbert. Wo aber konnte sie ihn erreichen? Die letzte Nachricht hatte seine Einberufung als Hauptmann der Reserve gemeldet. Ziel unbekannt.

Jetzt las Martina laut den Inhalt des Briefes, der einen lebenswendenden Einfluß haben sollte.

«Am 1. Oktober beginnt der neue Kurs. Dauer normalerweise sechs Wochen. Theoretische und praktische Ausbildung im Lazarett. Bei genügender Leistung Verwendung in der Etappe. Kleidung, Unterkunft und Verpflegung sind frei, dazu wird ein entsprechendes Taschengeld gewährt.»

«Mensch, Wilma!» Martina war wie ausgewechselt und verfiel in ihren alten, burschikosen Ton – ein Zeichen, daß sie glücklich war.

«Stell dir vor, wie ich einherschreite, brav, in weißer Schürze, die Haube auf dem Kopf. Oh je, ob die wohl hält da oben?!»

Sie lachte schallend, doch gleich wieder ernst werdend, setzte sie hinzu: «Es geht nicht anders, das ist *mein* Opfer. Bitte, Wilma, halte mich nicht für oberflächlich und albern. Es ist mir heiliger Ernst, genau wie den Jungen da draußen. Aber schwer wird es mir werden, auf Henrys Kleider zu verzichten. Sie passen nun mal besser zu mir. Ach, Wilma, bitte schau mich nicht so traurig an.»

Sie legte beschwörend ihre Hände auf die Schultern der Schwester. Ihre großen, schönen Augen bettelten um Verständnis.

«Versuche ein wenig, mich zu verstehen», bat sie flehend. «Ich will und muß dabei sein. Aber es ist nicht nur das. Helfen will ich. Du weißt doch, neben dem Fliegen gehört meine große Liebe den kranken Menschen, den Hilfsbedürftigen. Jetzt sollen sie an erster Stelle stehen. Denk an alles, was ich in dieser Richtung schon getan habe. Bitte sag ja!»

Lächelnd strich Wilma der Jüngeren über das wirre Haar.

Kleine Schwester, dachte sie, was wird sich erfüllen von deinen hochgespannten Erwartungen, was wird das Schicksal bereithalten für dich?

Laut aber sagte sie:

«Außergewöhnliche Zeiten und Ereignisse bedürfen außergewöhnlicher Beurteilungen und Entschlüsse. So hörte ich den Vater sagen, wenn er von seinen Reisen und Erlebnissen in den Kolonien sprach. Drum glaube ich, Martina, er hätte ja gesagt.»

## II

Martina rückte ein. So bezeichnete sie stolz ihr Eintreffen im Krankenhaus in D. Trotzdem war ihr ein wenig bange, als sie durch den weiten Torbogen schritt, über dem in riesigen Buchstaben geschrieben stand: Reservelazarett 1.

Rasch durchschritt sie die lange Kastanienallee und erreichte den Haupteingang. Hier war es still. Die Krankenwagen hielten vor einem Nebengebäude.

Schwer drehte sich die gewichtige Glastür in den Angeln. Martina mußte Gewalt anwenden, um sie aufzudrücken. Der süßliche Geruch von Äther, Chloroform und Verbandmaterial schlug ihr entgegen. Sie sog ihn ein wie andere Menschen frische Morgenluft. Die Treppen und Gänge, Türen und Fenster waren von blendendem Weiß. Keine Geräusche waren zu vernehmen, es war Mittag vorüber und Ruhe geboten.

An einer der Türen mit der Aufschrift «Wache» klopfte sie an. Auf das Herein öffnete sie die Tür und sah sich einem älteren Sanitätsfeldwebel gegenüber, der mit einem Schreiber das Zimmer teilte.

Die beiden Männer sahen erstaunt auf die Eintretende, und der Ältere sagte gutmütig: «Keine Besuchszeit heute, Fräulein. Nur in dringenden Fällen. Müssen halt morgen wiederkommen.»

Martina war rot geworden. Wortlos reichte sie ihre Order über den Tisch. «Ach so», sagte der Mann, «das ist freilich etwas anderes. Rogge», wandte er sich an den Schreiber, «bring das Fräulein zum Eingang B. Ist eine von den Neuen.»

Damit nahm er seine Arbeit wieder auf, und Rogge winkte Martina, ihm zu folgen.

Der Eingang B schien der Zugang zu einer Barackenstadt zu sein. Offenbar war er gesperrt für Leute, die dort nichts zu suchen hatten. Der Gefreite überschritt die Schwelle nicht, sondern legte die Hand grüßend an die Mütze.

«Da sind wir, und ... viel Glück, Schwester.»

Martina dankte und sann dem Wort «Schwester» nach, das hier zum ersten Mal in ganz anderer Bedeutung als bisher an ihr Ohr gedrungen war. Schwestern! Brüder! Ja, so wollte sie die Menschen künftig sehen lernen.

Eine ältere Schwester nahm sie in Empfang. Nachdem sie die Papiere geprüft und in Ordnung gefunden hatte, sagte sie sachlich-freundlich: «Gut, es stimmt alles. Nun gehen Sie die Straße hinunter, immer geradeaus bis zur Baracke sieben auf der rechten Seite. Dort suchen Sie Zimmer fünf, Bett drei.

Wenn Sie Ihr Gepäck abgestellt haben, gehen Sie weiter auf der gleichen Seite bis Baracke dreizehn. Dort werden Sie eingekleidet; ich sage inzwischen der Kleiderschwester Bescheid.»

Auch die Schwester wandte sich sofort wieder der unterbrochenen Arbeit zu, genau wie der Soldat drüben in der Wachstube.

Wahrscheinlich hat hier niemand Zeit, dachte Martina. Ja, die Kriegsmaschine. Hier zeigte sich schon ihre gleichmachende Tendenz. Bald würde auch sie, Martina, nur noch eine Nummer sein unter anderen Nummern. Wie ihre Baracke, ihr Zimmer, ihr Bett. Ein leichter Seufzer entrang sich ihrer Brust. Doch weg mit solchen Gedanken. Hatte sie es doch so und nicht anders gewollt.

Martina widmete sich ihrer Aufgabe mit Geschick, Fleiß und Gewissenhaftigkeit. Den pflegerischen Anfängen war sie bald entwachsen. Die Verbandslehre, auf deren gute Beherrschung großer Wert gelegt wurde, bereitete ihr keinerlei Schwierigkeiten. In der Theorie überraschte sie durch leichte Auffassung und ihr Urteil. Ihre Antworten waren von fast männlicher Präzision. Der ausbildende Arzt stellte sie oft als Beispiel hin und lobte sie aus ehrlicher Überzeugung.

Ach, sie wäre lieber weniger beachtet worden. Nur schnell

fertig werden, hinausgeschickt werden in die Etappe, hinter die Front, ganz gleich wohin, nur hinaus.

Wenn solche Gedanken in Martinas Seele auftauchten, unterzog sie sich einer ernsthaften Selbstprüfung. Was war eigentlich die Triebfeder ihrer Entschlüsse? War es nicht gleichgültig, an welchem Platz man stand, um zu helfen? Was trieb sie hinaus? War es Überheblichkeit, etwas Besonderes leisten zu wollen, steckte etwa ein Schuß Eitelkeit dahinter? Nein, das war es nicht. Der Ansporn entsprang einzig und allein ihrer verhinderten Männlichkeit; sich bewähren, ihren Mann stellen in schwieriger Situation, an exponierter Stelle, das war es, was sie sich ersehnte. Die verstümmelten Leiber, die zerrütteten Nerven, der verwirrte Geist, all das schreckte sie nicht. Auch als einige Schwestern, vom Einsatz an der Front krank und verwundet, mit einem Transport ankamen, ließ sie nicht ab von ihrem Entschluß. Die Berichte von «draußen» interessierten sie brennend. Sie konnte nie genug darüber hören und verdoppelte ihren Eifer.

Äußerlich ruhig und in jeder Hinsicht diszipliniert, war ihr Inneres von Sehnsucht und Unrast erfüllt.

Die Schulung neigte sich ihrem Ende zu. Einige der älteren Schwestern waren erkrankt und fielen für den Dienst aus. So mußte man die jungen, noch nicht fertig ausgebildeten Pflegerinnen zu schwierigen Aufgaben heranziehen. Dazu gehörten auch die Nachtwachen bei Sterbenden.

Eines Abends wurde Martina der Auftrag erteilt, bei einem Schwerkranken zu wachen. Es war dies ein älterer Mann, der im Sterben lag; die Krebskrankheit hatte ihm Magen und Darm zerstört. Als Martina ihm das erste Mal die Schüssel halten mußte, um die erbrochene schwarze Masse aufzufangen, fragte sie sich, ob sie würde durchhalten können. Doch sie überwand den kurzen Augenblick der Schwäche, riß sich zusammen und trocknete dem Kranken die schweißnasse Stirn. Der Dankesblick aus den schon fast erloschenen Augen rührte sie zutiefst und gab ihrem Entschluß neue Kraft. Helfen, Schmerzen lindern, sie durfte nicht wankend werden. Tränen traten in ihre Augen. Sie konnte sie nicht zurückhalten. Der Mann sah sie in plötzlicher Klarheit an. Ein schwaches Lächeln huschte über die schmerzverzerrten Züge. Er griff nach ihrer Hand.

«Nicht weinen, Schwester», flüsterte er kaum hörbar. «Sie sind noch jung, aber einmal – – – – gehen alle diesen Weg – und ich – bin bereit.»

Es waren seine letzten Worte; dann machte sich die Seele auf den Weg, die sterbliche Hülle zu verlassen.

Wie lange Martina gesessen und dem entfliehenden Leben nachgelauscht hatte, wußte sie später nicht mehr zu sagen. Schwächer und schwächer wurden die Atemzüge des Sterbenden. Plötzlich hatte Martina das Empfinden, als verbreite sich ein helles Licht im Raum. Ihr prüfender Blick suchte das Antlitz des Kranken. Auch das erschien ihr wie von innen her erleuchtet. Erstaunt und beglückt zugleich fragte sie sich: «Ist das der Tod? Ist das nicht vielmehr Erlösung, Freiheit, Leben?»

Wohin man sie schickte? Sie wußten es nicht, die acht Schwestern vom Ausbildungskurs C. Nur eines war gewiß, der lange Zug, der den Zentralbahnhof verließ, fuhr aus der riesigen Halle in Richtung Osten.

Sie waren gut untergebracht, je zu viert in einem Abteil Polsterklasse. Ihre Beförderung, Verpflegung und sonstige Einstufung war dem Offiziersrang, ungefähr dem eines Leutnants, gleichgesetzt.

«Wir fuhren nachts», erzählte Martina später. «Ich war sehr müde, aber zu aufgeregt, um zu schlafen. Das wurde auch immer unmöglicher; denn die Fülle an Platz, die uns zu Beginn unserer Fahrt so wohlgetan hatte, war einer drangvollen Enge gewichen. Die erste große Station, die der Zug anlief, war Breslau. Zwei Stunden Aufenthalt. Alles drängte hinaus, die steifen Beine zu vertreten.»

Schwester Margret Roll, die mit Martina im gleichen Kurs ausgebildet worden war und ihr Zimmer geteilt hatte, nahm sich der viel Jüngeren mit mütterlicher Fürsorge an. Sie hatte mit ihrem Alter und ihrem Äußeren, das auf den ersten Blick nicht gerade anziehend wirkte, weniger zu befürchten als Martina, die unaufhörlich begehrliche Blicke auf sich zog und sich gegen Annäherungsversuche wehren mußte.

Jetzt drängte Schwester Margret die Freundin hinter einen Bretterzaun, der Schutz bot vor Wind und allzu großer Zudringlichkeit.

Während sie wegging, um etwas Nahrhaftes zu besorgen, konnte Martina ungestört ihren Gedanken nachhängen. Zum ersten Male wurde ihr klar bewußt, daß sie ein Ich, eine Individualität, ein Einzelwesen war. Niemals würde es ihr möglich sein, bis zur Selbstaufgabe unterzutauchen in der breiten Masse. Dabei, das war das Seltsame, fühlte sie sich verbunden mit all den Menschen, die hier durcheinanderdrängten, schoben und geschoben wurden, die ihre Einzelschicksale lebten im großen, gemeinsamen Menschheitsschicksal, genau wie sie selbst. Ja, wäre es ihr nicht abgeschmackt erschienen, so hätte sie sagen können, sie liebe sie alle. Und dennoch, Fühlen und Wollen schienen getrennte Wege zu gehen. Auch hier ein seltsamer Zwiespalt ... !

Da stand Schwester Margret vor ihr, begleitet von einem jungen Soldaten, der ihr die erbeuteten Schätze tragen half. Der heiße Kaffee dampfte, und die Augen der Schwester strahlten, als sie Martina hungrig in das dick belegte Brötchen beißen sah. Die erste warme Mahlzeit – die Wurst war fast zu heiß – schmeckte gut.

Zwischen Ratibor und Teschen wurde die österreichische Grenze passiert. Das Zugpersonal wechselte. Die Formalitäten wickelten sich reibungslos ab. Ein großer Teil der Deutschen verließ hier den Zug. Die übrigen fuhren weiter, durch Österreich, das nördliche Ungarn, nach Galizien oder der Bukowina.

Unter den Weiterreisenden befanden sich auch Schwester Margret und Martina. An der Grenze hatten sie von dem den Transport begleitenden Offizier die endgültige Order erhalten. Sie lautete: Marmarosch-Szighet, Abschubleitung.

Fragend sahen sie einander an. Was mochte das bedeuten, «Abschubleitung»? Sie konnten sich nichts darunter vorstellen, und auch keiner der Mitreisenden wußte Bescheid.

«Na, auf alle Fälle wird etwas abgeschoben», meinte einer, und alle lachten.

Im Abteil saßen jetzt nur noch die beiden Schwestern, zwei Offiziere, ein ungarischer Fähnrich von den Honvédhusaren und ein Apotheker.

Obwohl der Ton nun weniger rauh und anzüglich war, brannte in Martina doch wieder der geheime Zorn. Es wurde ihr schwer, die mehr oder weniger plumpen Schmeicheleien, die teils bewundernden, teils aufdringlichen Blicke gelassen hinzunehmen. Gern hätte sie sich in ihre Erinnerungen zurückgezogen, doch sie wußte, das würde nichts nützen, nur ein Aufschub sein.

Der Zug fuhr ganz langsam. Doch daran hatte man sich gewöhnt. Man schreckte nicht mehr auf bei jedem Halt mit kreischenden Bremsen. Hin und her rollten die Züge, Menschen, Tiere, Wagen, Kanonen befördernd. Alles war gleich wertvoll oder gleich wertlos geworden.

Jetzt hielt der Zug wieder einmal mit jähem Ruck. Es war Morgen. Schon begann die Sonne goldene Strahlen über das weite Land der ungarischen Puszta zu schicken. Weidensteppe, Einöde, kaum von Menschen belebt. Doch es war nicht die Stille friedvoller Tage, nur die Ruhe der Nacht war noch nicht gewichen. Im weiten Umkreis duckten sich Baracken, dicht am Boden gelagert, eine neben der anderen, gut getarnt, so daß man sie mit bloßem Auge kaum bemerken konnte.

Martina war aufgestanden. Die Glieder schmerzten vom langen Sitzen. Sie reckte sich und rieb sich den Schlaf aus den Augen. Neben ihr stand der junge Fähnrich am Fenster.

Die Sonne hatte sich hinter einer Nebelwand verkrochen, das Land lag in winterlicher Morgendämmerung. Der Soldat mit dem schwermütigen Blick in den dunklen Augen wurde plötzlich hellwach. Er faßte Martinas Arm und zog sie näher zum Fenster.

«Sie sehe», sagte er in gebrochenem Deutsch, «nein, sehen Sie, Kameraden meine, die Honvéds, beste Soldaten von Ungarn, nein beste Soldaten von Welt.»

Und Martina sah. Ein Trupp Honvédhusaren sprengte heran, bis dicht an die Geleise. Geisterhaft, gespenstisch wirkten die Männer, die mit ihren kleinen, flinken Pferden wie verwachsen schienen. Der weiche Boden mit der Schneedecke verschluckte den Hufschlag der Pferde. So schien es, als schwebten sie über der Erde, ohne den Boden zu berühren.

Nur das Schnauben der Nüstern, die den heißen Atem ausstießen, unterbrach die Stille und das geisterhafte Spiel. Lose hing den Männern die Attila über der Schulter, und die hohen Pelzmützen machten die bärtigen Gesichter noch verwegener und wilder.

Martina hatte das Fenster herabgelassen. Weit lehnte sie sich hinaus. Auch ihr Atem dampfte. Eisig schlug die Luft an Stirn und Wangen. Doch sie beachtete es nicht. Ihre Augen waren weit geöffnet, jeder Nerv ihres schlanken Körpers vibrierte. Das war Kraft! Das war Mut, Tapferkeit, Männlichkeit! Ja, das war Leben, Leben, wert, gelebt zu werden.

Neben ihr stand aufrecht der Fähnrich und machte die Ehrenbezeugung. Stolze Freude und echte Begeisterung leuchteten aus seinen Augen. Rasch wie ein Spuk – viel zu schnell für Martinas verlangenden Blick – war das Bild vorüber.

Sie schloß das Fenster, und ein tiefer Seufzer entrang sich ihrer Brust. Schmal wurde ihr Mund, und zwischen den Brauen bildeten sich zwei tiefe Falten. Sie sah plötzlich um viele Jahre älter aus.

Ein rascher Blick in die Runde überzeugte sie, daß niemand ihre Erregung bemerkt hatte. Erst die Kälte schien das allgemeine Erwachen auszulösen.

Doch sie täuschte sich. Schwester Margret war hellwach und hatte den ganzen Vorgang mit angesehen. Ihr sorgendes Wesen, ihr mütterlicher Instinkt konnte nicht anders, als in der so viel Jüngeren ein Kind zu sehen, das sich in Unkenntnis des Lebens und der Gefahren, die es barg, in ein Abenteuer eingelassen hatte, von dem keineswegs mit Sicherheit feststand, ob es zu bewältigen war.

Sie liebte Martina auf ihre Art, mütterlich, schwesterlich, und sie beschloß von neuem, wachsam zu sein, die Augen offen zu halten, denn sie spürte mit aller Deutlichkeit, daß unter der schlichten Tracht einer barmherzigen Schwester ein heißes Herz brannte, ein heftiger Wille, ein starkes Sehnen lebte, und daß hinter dieser klaren Stirn, die plötzlich aussehen konnte wie durchfurchtes Land, Gedanken wogten, die andere Wege gingen als die gemeinhin üblichen. In Schwester Margret wallte Mitleid auf mit diesem Menschenkind, dem sie sich schicksalhaft verbunden fühlte. Gewiß war es ihr nicht möglich, die volle Tragik dieses Lebens zu durchschauen, doch daß hier ein schweres Schicksal auszuhalten und zu ertragen war, das spürte sie.

Nun, sie würde wachen.

So erwuchs Martina, ohne daß sie es ahnte, eine helfende Kraft, ein guter Geist als unsichtbarer, getreuer Begleiter.

«In einer knappen Stunde sind wir in Marmarosch-Szighet.»

Nach der Beschaffenheit des Ortes befragt, zuckte der Zugführer die Achseln.

«Tut mir leid. Fahre die Strecke selbst zum ersten Mal. Aber die Nester an der Grenze sind alle gleich und haben dasselbe Gesicht. Dreckig und voller Ungeziefer. Czernowitz soll schön sein, schade, daß Sie nicht dorthin kommen. Aber», setzte er hinzu, «Krieg ist Krieg. Da wird man geschoben. Figur auf dem Schachbrett. Na ja, also viel Glück, Schwestern!»

Müde hob der Mann die Hand an die Mütze; seine Augen waren verhangen.

Martina stand im Gang am Fenster. Die Worte des Beamten hatten ein leises Weh in ihr ausgelöst. Sie wehrte sich dagegen und betrachtete gespannt die Gegend, die der Zug in mäßigem Tempo durchfuhr.

Schade, daß man das Ziel erst so spät erfahren hatte. Man hätte sich besser vorbereiten können. Doch daß man durch die Waldkarpaten fuhr, war ziemlich gewiß. Und der Fluß, der streckenweise dicht neben den Geleisen auftauchte, mußte die Theiss sein.

Der junge Apotheker hatte das gleiche Ziel wie die Schwestern, nur fehlte bei ihm der Vermerk «Abschubleitung». Wahrscheinlich würde er in einem Lazarett eingesetzt werden. Er war der einzige Reisegefährte, der noch übriggeblieben war. Als Alfred Überall hatte er sich vorgestellt. Er machte den Eindruck eines Menschen, zu dem man Vertrauen haben konnte. Treu, bieder, verläßlich. So empfand ihn Martina, und sie war dankbar, daß er nicht mit den üblichen Phrasen und Schmeichelreden aufwartete, sondern zurückhaltend und bescheiden war. Wer weiß, vielleicht würde sie seinen Schutz einmal nötig haben.

Als hätte er ihre Gedanken erraten, sagte er: «Wenn Sie

mich einmal brauchen sollten, Schwester, dann rufen Sie mich. Ich fürchte, Sie werden es nicht leicht haben.»

Martina konnte ihr Erstaunen nur schwer verbergen. Gedankenübertragung? Hatte sie doch im Moment dasselbe gedacht. Sie wollte ihm danken für seinen guten Willen, aber ihr Dank ging unter im Kreischen der Bremsen. Gleichzeitig tauchte ein riesiges Schild auf zwischen den Geleisen: «Marmarosch-Szighet». Man war am Ziel, aber der Zug hatte noch keine Einfahrt. Es war wie eine kleine letzte Frist in der Freiheit, im zivilen Leben.

Fenster wurden herabgelassen. Klare, kalte Luft strömte herein und zerschnitt den stickigen Dunst. Zu sehen war nicht viel. Ein Gewirr von Geleisen und Schnee, viel Schnee.

Schade, daß er einen so komischen Namen hat, spann Martina ihre Gedanken fort. Wie kann man nur Überall heißen. Überall und nirgends. Aber gleich schalt sie sich albern und kindisch. Nun, vielleicht würde sie ihn später Fred nennen können.

Soeben kümmerte er sich um ihr Gepäck und schleppte den Koffer in den Gang. Dankbar lachte sie ihn an. Sie war wie gerädert von der langen Fahrt, ihre Glieder schmerzten, und sie war froh, nicht selber zugreifen zu müssen.

«Endstation», hatte der Zugführer gerufen, und nun mußte alles aussteigen.

Der Bahnhof zeigte sich – wie die meisten Bahnhöfe – auf den ersten Blick unfreundlich, rußig, voller Gestank. Immerhin machte alles einen soliden, beinahe wohlhabenden Eindruck. Das rote Backsteingebäude sah recht stattlich aus. Weniger einladend war der daran anschließende einstöckige, langgestreckte Bau mit den vielen Fenstern, die alle mit dicken Gitterstäben versehen waren. Das sah ja beinahe wie ein Gefängnis aus.

Über dem Eingang, an der Schmalseite, war in großen, weithin leuchtenden Buchstaben zu lesen «Abschubleitung». Das rote Kreuz auf weißem Grunde daneben kennzeichnete die Sanitätsstation.

Martina hatte alle Weichheit der letzten Minuten abgestreift. Sie war ganz Auge und Ohr, voller Interesse und bereit, das Neue aufzunehmen, das sie auf sich zukommen fühlte. Sie lachte der älteren Schwester beruhigend zu, die besorgt fragte, ob sie es hier wohl aushalten würde?!

«Warum nicht?» fragte sie zurück und fügte hinzu: «Zum Nachdenken werden wir wohl nicht viel kommen.»

Dabei deutete sie auf die Nebengeleise, auf denen ein Zug neben dem anderen stand, vollbesetzt mit Soldaten; an vielen leuchteten weiße Verbände in der fahlen Wintersonne.

«Gute Fahrt gehabt, Schwester?»

Ein baumlanger Ungar war grüßend herangetreten und schüttelte den Schwestern kameradschaftlich die Hände.

Er stellte sich als Dr. Czaki vor. Ein Stern auf dem Kragenspiegel bezeichnete ihn als Unterarzt.

«Gut, daß Sie endlich da sind. Wir haben saumäßig viel zu tun. Russenoffensive. Da vorne scheint allerhand los zu sein. Aber kommt, Leute, hier ist es doch verdammt kalt. Und wenn unsere Bude auch kein Palast ist, so ist sie wenigstens warm. Aber wo haben Sie denn Ihr Gepäck?»

Suchend sah er sich um.

«Da vorne läuft es bereits», sagte Martina lachend und deutete auf Alfred Überall, der schon ein Stück vorausgegangen war und aussah wie ein Gepäckträger.

«Ach, der neue Apotheker. Kennen Sie ihn?»

«Noch nicht lange», sagte Schwester Margret. «Wir reisten mit ihm und kamen ins Gespräch. Er ist auch hier eingesetzt, sagt er. Scheint ein netter, gefälliger Mensch zu sein.»

«Ja, er kommt in die Seuchenbaracken.»

Der Arzt deutete irgendwohin nach der anderen Seite der Geleise, wo undeutlich etwas Graues zu erkennen war. Vermutlich waren es die Isolierstationen, die natürlich so weit wie möglich abseits liegen mußten.

Dr. Czaki machte die Schwestern mit der Belegschaft der Station bekannt. Geleitet wurde das Ganze von einem Stabsarzt, Dr. Sambach. Er würde nicht oft anwesend sein, nur bei größeren Operationen. Gewöhnlich überließ er die Verantwortung seinen Kollegen Wernecke und Czaki.

Zwei Sanitäter, Warte und Lock, sowie eine sogenannte russische Ordonnanz vervollständigten die «Besatzung».

Von außen war dem Gebäude nicht anzusehen, wie geräumig es war. Durch den langen Mittelgang war es in zwei Hälften geteilt. Auf der rechten Seite befand sich das Büro mit einem abgeteilten Raum für die Wärter. Daran schlossen sich Eß- und Aufenthaltsraum, ein kleineres Zimmer für den diensttuenden Arzt, ein etwas größeres für die Schwestern an. Links lag das Untersuchungszimmer, daneben der Verbands- und Operationsraum. Achtzehn Betten standen für Leute bereit, deren «Abschub» ins Hinterland aus irgendeinem Grunde unterbrochen werden mußte.

Das letzte in der Reihe war ein kleines Zimmerchen. Das Sterbezimmer. Dort kamen diejenigen hinein, deren Reise der Tod das Ziel gesetzt hatte. Der Raum hatte keine Nummer. Man sprach vom «Ruhezimmer».

Die Tätigkeit der Schwestern war in kurzen Worten umrissen. Hauptsache war die Kontrolle der einlaufenden Züge. Oft war ein Transport in rasender Eile verladen worden. Verbände waren ungenügend angelegt, frisch Operierte schlecht gelagert, die Verpflegung war knapp und mußte ergänzt werden. Oft kam es vor, daß Infektionskranke versehentlich, oder auch mit Absicht, in den Verwundetentransport geraten waren. Diese aufzuspüren und auszusondern war eine der unangenehmsten und mühevollsten Aufgaben, denn diese Männer wollten der Quarantäne entgehen und so schnell wie möglich ins Hinterland kommen.

Eintönig und langweilig würde der Dienst niemals sein.

Kaum hatten die Schwestern ihre Reisekleider abgelegt und mit der Dienstkleidung vertauscht, als die Glocke schellte. Rasch eilten sie nach vorn.

Dort erwartete sie der Oberarzt, Dr. Wernecke. Er war mittelgroß, schmal und blaß. Seine Augen waren verschleiert wie von einer inneren Trauer, sie schienen immerzu um Entschuldigung zu bitten. Er diente in der österreichisch-ungarischen Armee und war Halbjude. Aus seinem Gesicht sprach die ganze Tragik seines geknechteten, verfolgten Volkes. Auch seine Stimme war weich und klang bittend, als er sagte: «Es tut mir wirklich leid, daß Sie sich nicht länger erholen können von den Strapazen der Reise, aber es ist eben ein Transport mit Schwerverwundeten gemeldet worden; in zwanzig Minuten kann er hier sein.»

Nachdenklich sah er von Schwester Margret zu Martina. Er schien sie gegeneinander abzuwägen.

«Es kann bis in die Nacht hineindauern mit der Arbeit. Wer von Ihnen hat Erfahrung im OP? Ich nehme an, wir werden da allerhand zu tun bekommen.»

Schwester Margret kam Martina zuvor und sagte, sie sei früher lange Zeit als Hilfsschwester im Operationssaal tätig gewesen und habe sich auch jetzt, während der Ausbildung beim Roten Kreuz, ganz gut wieder einarbeiten können.

«Gut», meinte der Arzt, «dann wissen Sie ja Bescheid. Allerdings», setzte er mit einem Anflug von Lächeln hinzu, «so einfach wie in einem gut geleiteten Spital ist es hier nicht. Oft müssen wir mit den primitivsten Mitteln und äußerst sparsam arbeiten. Aber ich denke», sein prüfender Blick glitt noch einmal zu Schwester Margret, «ich denke, Sie werden es schaffen. Ihre Vorgängerin ... doch lassen wir das, es ist erledigt.»

Er machte eine Handbewegung, als wolle er etwas Unangenehmes wegwischen. «Ich hoffe also, es geht gut. Ja, es muß gut gehen.»

Schwester Margret fühlte sich entlassen und wollte gehen. Schon stand sie unter der Tür, als der Arzt sie nochmals zurückrief.

«Noch etwas, Schwester. Der Stabsarzt, nun, er ist etwas nervös bei solchem Betrieb. Seien Sie sachlich, knapp. Keine privaten Dinge. Privates schätzt er nicht. Sofern ... das Private nicht von ihm selbst ausgeht.»

Schwester Margret verstand, was gemeint war, und lächelte, als sie hinausging. Ihr würde dieser nervöse Herr wohl kaum gefährlich werden. Aber Martina! Da war es wieder. Es war doch überall dasselbe. Wiederum nahm sie sich vor, wachsam zu sein.

Martina bekam den Auftrag, mit den beiden Sanitätern den Transport auf dem Bahnsteig zu erwarten. Zweiundzwanzig Verbände seien gemeldet, die erneuert werden müßten. Meistens bleibe es nicht dabei, es kämen immer noch einige dazu. Auf Warte sei absoluter Verlaß. Er sei im Zivilberuf Sanitäter in einem großen Spital und verfüge über Erfahrungen, die denen eines Arztes nicht nachständen. Wenn man verstehe, sich gut mit ihm zu stellen, was namentlich von der Würdigung seiner Leistungen abhänge, sei er eine unschätzbare Hilfe.

Anders Lock. Als Ruthene spreche er nur gebrochen

deutsch, und man wisse nie, verstehe er wirklich nicht oder wolle er nicht verstehen. Meist sei er nur als Handlanger zu gebrauchen, und auch das nur in bescheidenem Maße. Gelegentlich müsse Warte eine handgreifliche Sprache reden, dann gehe es wieder für kurze Zeit.

Martina hatte sich alles aufmerksam angehört. Sie war zufrieden mit ihrer Aufgabe. Der Außendienst würde ihr besser behagen als ein Dienst im OP. Als sie den Raum verließ, dachte sie: «Die Rollen sind verteilt, das Spiel kann beginnen. Doch was für Rollen, was für ein Spiel!» Bei allem Drang, dabeisein zu können: es waren blutige Rollen, es war ein grausames Spiel. Das spürte sie zutiefst in ihrem Herzen. Dennoch, sie hatte es erreicht, sie war im Einsatz, sie war an einem ersten Ziel.

## III

Weihnachten war vorüber.

Nur ungern dachte Martina daran zurück; denn ihr war so recht bewußt geworden, wie schwierig es war, zwischen den Geschlechtern zu leben, anders zu sein als die anderen.

Das Fest war durch ein Erlebnis getrübt worden, das ihr noch lange die Schamröte ins Gesicht trieb. Eine heftige Halsentzündung hatte sie zur Bettruhe gezwungen. Der Stabsarzt wollte sie persönlich untersuchen und wurde schließlich zudringlich. Sie vergaß alle Vorsicht; in aufwallendem Zorn schlug sie den Mann ins Gesicht.

In diesem Augenblick betrat Schwester Margret den Raum. Wütend starrte der Arzt sie an, ordnete hastig seine Kleider und stürzte hinaus.

«Was wird er tun?» Martina brach in Schluchzen aus und zitterte am ganzen Leibe.

«Nichts wird er tun», beruhigte die Ältere. «Ich bin überzeugt, wir sehen ihn nicht wieder. Sein Ruf ist schlecht.»

Sie sollte recht behalten. Dr. Sambach wurde plötzlich abgelöst. Der neue Chef der Abschubleitung war ein Regimentsarzt. Er hieß Rubitscheck und mass seinen drei Sternen auf dem Kragenspiegel kein besonderes Gewicht bei. Das machte ihn von Anfang an sympathisch und brachte ihm die rückhaltlose Anerkennung der gesamten Besatzung ein.

Ganz im Gegensatz zu seinem Vorgänger versuchte er, durch gutes Beispiel und menschlichen Kontakt mit seinen Untergebenen die notwendige Autorität herzustellen und damit ein reibungsloses Funktionieren des ohnehin schwierigen Dienstes zu gewährleisten. Überall war er persönlich am Werk, und vor keiner schwierigen oder geringen Aufgabe drückte er sich. Jetzt merkte ein jeder deutlich, was bisher gefehlt hatte. Achtung und sogar eine respektvolle Verehrung zu gewinnen gelang dem neuen Chef vollkommen.

Auch Martina hatte unter den neuen, erfreulichen Verhältnissen den trüben Abschluß des Weihnachtstages beinahe vergessen. Nur noch selten tauchte die Szene in der Erinnerung auf, und dann tat ihr jener alternde Mann fast leid. Wie schwer mußte es doch sein, mit seinen Trieben fertigzuwerden!

Für Martina traten nun neue Probleme auf und nahmen ihre kurze Freizeit voll in Anspruch. Wenn der Dienst in einer Etappenstation – so nahe an der Front gelegen, ja schon beinahe in diese einbezogen – es zugelassen hätte, daß die Menschen mehr Zeit für einander hätten haben können, dann wäre die Veränderung, die sich in dieser Zeit an Martina besonders spürbar vollzog, gewiß nicht unbemerkt geblieben. So aber wurde sie nur von ihr selbst wahrgenommen.

Zuweilen wollte ihr die Stimme nicht mehr recht gehorchen. Einmal überschlug sie sich, ein andermal klang sie tiefer und rauher als normal. Zuerst hatte sich Martina dies mit der überstandenen Halsentzündung erklärt, doch bald wurde ihr klar, daß sich in ihrem Körper eine tiefgreifende Umstellung anbahnte. Ihre Brust, die nie zur Üppigkeit geneigt hatte, wurde immer flacher, und in der Mitte, auf dem Brustbein, begann sich eine zunehmende Behaarung zu zeigen. Oftmals am Tage glitten ihre Hände über die immer schmäler werdenden Hüften; auf der Oberlippe erschien ein leichter Flaum.

Als sie diese Entdeckung machte, wollte sie vor Schreck zu Schwester Margret eilen. Aber dann unterließ sie dies doch aus einer inneren Scheu und versuchte die unerwünschte Zierde mit der Schere zu entfernen. Nein, einen Schnauzbart wollte sie denn doch nicht haben!

Daß aber so etwas bei ihr wachsen konnte?! Das war doch seltsam. Sie wußte nicht, sollte sie sich freuen oder ärgern. Nun, ändern konnte sie es nicht, also mußte sie sich damit abfinden. Doch das war leichter gesagt als getan. Sie fing an, nervös zu werden. Eine ungewohnte Unruhe bemächtigte sich ihrer. Wenn sie nur mit jemand sprechen könnte, aber mit wem? Schwester Margret, Alfred Überall?

Nein, ihr innerstes Wesen sträubte sich dagegen. Da kam ihr eines Tages der rettende Gedanke: Dr. Czaki fiel ihr ein. Er war von seinem kurzen Urlaub so heiter und glücklich zurückgekommen, wie es nur ein Mensch sein kann, der mit sich und der Welt zufrieden ist. Strahlend hatte er die Bilder seiner jungen Frau und des kleinen Sohnes jedem, der sie sehen wollte, gezeigt und voller Stolz die guten Eigenschaften von Mutter und Sohn gerühmt.

Ja, er würde der Richtige sein. Ihm wollte sie sich voll und ganz anvertrauen. Sie hatte das sichere Empfinden, daß er ihr als Arzt und Mensch würde helfen können.

Sie atmete erleichtert auf. Sie würde die nächstbeste Gelegenheit nicht ungenutzt lassen. Nur Geduld, nichts überstürzen!

Schon am nächsten Tage ergab sich der erwünschte Anlaß. Dr. Czaki fragte sie, ob sie maschinenschreiben könne. Sie bejahte und meinte, sie sei sogar recht geübt darin. Darauf bat er sie, nach seinem Diktat eine Krankengeschichte zu schreiben, an der ihm viel gelegen sei. Sie stimmte freudig zu.

Es war neun Uhr abends, als Dr. Czaki das Manuskript zuklappte und sagte: «So, Schwester, jetzt machen wir Schluß für heute. Ich bin Ihnen wirklich dankbar, daß Sie sich diese Mühe machen, so quasi nach Feierabend, in Ihrer Freizeit. Aber», er lachte kurz auf, «die haben wir ja eigentlich nie. Sagen Sie, halten Sie den Dienst hier überhaupt aus? Sie sind doch noch sehr jung, und manchmal geht es pausenlos von früh bis spät. Übrigens dünkt mich, Sie sähen nicht mehr so frisch aus wie vor einiger Zeit. Wenn Sie sich krank fühlen, sagen Sie es. Bei aller Einsatzfreudigkeit, bei allem Opferwillen, es hat keinen Zweck, sich zu ruinieren.»

Martina spürte die echte Sorge in diesen Worten. Jetzt oder nie, dachte sie und nahm allen Mut zusammen.

«Ach, Herr Doktor, wenn Sie mich einmal privat anhören wollten. Ich habe etwas, das mich quält. Und ich habe sonst niemand, dem ich vertrauen kann. Bitte, weisen Sie mich nicht ab.»

Der junge Arzt blickte überrascht auf. Seine erste Regung war Ablehnung. Er hatte wenig Lust, sich mit den offenbar unvermeidlichen Liebesgeschichten der Schwestern zu befassen. Und was würde es hier schon anderes sein!

Als er jedoch Martinas Augen so flehentlich und unglücklich auf sich gerichtet sah, überwand er seine Abneigung. Hier steckte anscheinend doch etwas anderes dahinter.

«Also sprechen Sie. Ich hoffe nur, daß ich Ihr Vertrauen nicht enttäusche.»

Martinas Bericht war nicht lang, aber immerhin lang genug, um dem Arzt ein Bild von ihren Schwierigkeiten zu geben. Je länger sie sprach, um so mehr erwachte sein Interesse – nicht nur das menschliche, sondern auch das medizinisch-wissenschaftliche. Hier begegnete er zum ersten Mal in seinem Leben einem Menschen, bei dem sich die Natur, wie es schien, einen nicht wiedergutzumachenden Fehler geleistet hatte.

Selbstverständlich war es ihm unmöglich, irgendeine Prognose zu stellen, denn dazu fehlte ihm jede Erfahrung. Was er hier gehört hatte, war viel zu einschneidend für das Schicksal Martinas, als daß es mit banalen Worten hätte abgetan werden können. So mußte er sich auf das rein Menschliche dieser eigenartigen Situation beschränken. Er gab Martina den Rat, nichts zu überstürzen. Vor allem, das betonte er lebhaft, dürfe sie keinesfalls an dem unsinnigen Gedanken festhalten, sie sei ein Mensch zweiter Klasse, ein Geschöpf minderer Art. Genausowenig, wie ein Weißer für seine weiße oder ein Neger für seine braune Hautfarbe könne, sei sie schuld an ihrer besonderen Körperlichkeit. Er versuchte ihr zu erklären, daß es schon immer Menschen gegeben habe, die sich von dem ihnen angestammten Geschlecht entfernt und nach der anderen Seite hin entwickelt hätten. Deshalb seien sie doch vollwertige Glieder der menschlichen Gemeinschaft geworden, die sie nicht selten mit großen Geistesgaben bereicherten. Ja, so betonte er, zuweilen sei gerade aus dem sogenannten Anderssein Außergewöhnliches entstanden.

«Lassen Sie sich Zeit, Schwester, sich und der Natur. Versuchen Sie nicht, etwas zu erzwingen. Das führt nie zu etwas Gutem. Eines Tages werden Sie klar sehen, wie Sie sich entscheiden müssen. Und wenn ich Ihnen noch einen Rat geben darf: benutzen Sie den Urlaub, der Ihnen ja in Kürze zusteht, zu einem Besuch in Berlin. Dort gibt es ein Institut für Sexualwissenschaft, das von einem bedeutenden Arzt, Forscher und Menschenfreund geleitet wird. Ich verschaffe Ihnen noch die Anschrift, ich habe sie nicht im Kopf. Dort werden Sie erfahren, wie es um Sie steht, und man wird Ihnen raten können, wie Sie in Zukunft Ihr Leben gestalten sollen.»

Martina hatte das Gefühl, als werde ihr eine Binde von den Augen genommen, als sei sie plötzlich sehend geworden. Mit bewegten Worten dankte sie dem Arzt und versprach, seine Weisungen zu befolgen.

«Noch etwas, Schwester. Wenn Sie in Urlaub fahren, machen Sie einen kleinen Umweg! In Poprad-Felka bin ich zu Hause. Es ist ein kleines, unscheinbares Nest, aber wunderschön gelegen, am Fuße der Hohen Tatra. Dort wohnen meine Eltern, meine Schwester Elena, meine Frau und mein kleiner Sohn. Ich habe von Ihnen erzählt, als ich jetzt dort war. Nun, nun, Sie brauchen nicht rot zu werden, ich habe Sie meiner Schwester als Beispiel hingestellt. Sie kann sich immer noch nicht zum Dienst beim Roten Kreuz entschließen, behauptet, sie sei zu jung dazu. Nun will sie einfach nicht glauben, daß Sie auch nicht älter sind. Da sollten Sie einmal persönlich auftreten, so gewissermaßen als Lupus in fabula. Wollen Sie bei meinen Leuten Station machen? Sehen Sie, jetzt habe ich eine Bitte an Sie.»

Ach, wie gerne wollte sie diesem Wunsche nachkommen. Wie schön würde es sein, eine ganz neue Welt mit ihren Menschen kennenzulernen – gesunde Menschen, nicht immer nur Not und Elend. Ihr blieb nichts, als zu danken. Sie trennten sich mit kräftigem Händedruck, wie zwei gute Kameraden.

Martina eilte in ihr Zimmer. Hoffentlich schlief Schwester Margret bereits. Ihr war nicht nach reden zumute.

Der nachdenkliche Blick, mit dem der junge Arzt ihr nachsah, entging ihr. Armes Ding, dachte der Mann, was wird ihr das Leben bringen? Wird sie ihr Schicksal meistern können?

Doch darauf gab es keine Antwort. Auch der Mond, der wie ein riesiger, goldener Lampion am nächtlichen Himmel hing, konnte sie nicht geben. Es war nicht seine Aufgabe, preiszugeben, was verborgen in der Zukunft lag.

Zwischen Schwester Margret und Martina hatte sich ein Verhältnis herausgebildet, das für beide gleichermaßen quälend und bedrückend war. Nicht, daß es zu einer offenen Feindschaft gekommen wäre; es war vielmehr ein langsames Sich-Auseinanderleben. Es ging von Martina aus. Sie begann die Ältere mehr und mehr zu meiden. Besonders peinlich war ihr, wenn Schwester Margret sich in ihrer Gegenwart ungeniert entkleidete. Das war unvermeidlich, bewohnten sie doch den gleichen Raum. Martina schalt sich albern, kindisch, aber es gelang ihr nicht, dieses Gefühl zu unterdrücken. Wie, grübelte sie, sollte sie diesen Zustand ändern, ohne diesen gütigen, hilfsbereiten Menschen zu kränken?

Da kam unerwartet die Lösung von außen. Die Seuchenbaracken forderten dringend eine Schwester an. «Dringend» war der Ruf der Verwaltung, doch so schnell war eine Schwester nicht zu beordern. Also kam nur eine der beiden von der Abschubleitung in Betracht. Beide Schwestern wurden angefragt, doch da Schwester Margret im OP unabkömmlich war, fiel die Wahl naturgemäß auf Martina. Das bedeutete allerdings eine fast totale Absonderung; denn es brauchte langwierige Desinfektionsmaßnahmen, wenn man die Isolierstation verlassen wollte.

Eine so radikale Trennung hatte Martina nun auch nicht gerade gewünscht. Doch was half es? Mit einer gewissen Beklemmung trat sie ihren neuen Posten an.

Aber bald war sie mit allem ausgesöhnt, ja begeistert; denn verschiedene Neuerungen kamen ihrer zwiespältigen Natur entgegen. Am sympathischsten war ihr die Verfügung, daß sie ihren Dienst im sogenannten Isolieranzug versehen mußte. Mit einem wahren Glücksgefühl, das sie nie für möglich gehalten hätte, mit einer Erleichterung ohnegleichen legte sie ihr Schwesternkleid ab und verstaute es im Spind. Dann schlüpfte sie in den häßlichen, fahlgrauen Anzug. Aber es war eben ein männliches Kleidungsstück, und das war die Hauptsache. Die zweite Annehmlichkeit war, daß sie ein Zimmer allein bewohnen durfte. Die Bezeichnung Zimmer war allerdings übertrieben. Es war vielmehr eine Art Bretterverschlag, in dem das schmale Feldbett, ein Stuhl vor einem winzigen Tisch und ein eintüriger eiserner Schrank eben noch Platz hatten. Hinter einem Vorhang befand sich eine Waschgelegenheit.

Einladend war der Raum gewiß nicht. Doch das war der neuen Bewohnerin gleichgültig. Auch die Mäuse, die auf einem Mauerabsatz hin- und herliefen, störten sie nicht. Die Erleichterung darüber, allein zu sein und frei von dem immer quälender werdenden Gefühl Schwester Margret gegenüber, beherrschte sie gänzlich und überschattete alles andere.

Ihr neuer Chef, der im Zivilleben in einer größeren Stadt Kinderarzt war, kümmerte sich nicht viel um den Betrieb und die Kranken.

Martina war es recht so. Bald kannte sie sich aus in ihren Pflichten; alles ging seinen ordentlichen Gang. Ein alter Sanitäter, mit dem sie sich gut zu stellen wußte, war der eigentliche Chef der Station. Er schätzte ihre Hilfe und sparte nicht mit Lob. Zu ihren Obliegenheiten gehörte auch das Besorgen der Medikamente aus der Apotheke. Das brachte sie nun fast täglich mit Alfred Überall zusammen. Sie freute sich arglos und aufrichtig darüber, denn die große Einsamkeit, die sie sich nicht so drückend vorgestellt hatte und unter der sie heimlich litt, wurde dadurch erheblich gemildert.

Hätte sie allerdings geahnt, welche Gefühle ihr tägliches Erscheinen bei dem jungen Manne auslösten, wäre ihre Freude wesentlich geringer gewesen. Niemals wäre sie dann so unbekümmert in seiner Arbeitsstätte ein- und ausgegangen: Er träumte von einer lichten Welt an ihrer Seite.

So waren beide versponnen in ihre Träume und merkten nicht, wie fern sie einander trotz der Nähe waren.

Schwer, viel schwerer als sie gedacht hatte, wurde für Martina die tägliche Begegnung mit dem Tod. Nicht ein Tag verging, an dem nicht drei, vier und mehr Männer hinausgetragen wurden, die dem Typhus oder der Cholera erlegen waren. Von den Pestkranken, die in einer nochmals abgesonderten und besonders isolierten Baracke lagen, kam keiner davon. Ein dicker

Österreicher, Leichenheinrich genannt, hatte alle Hände voll zu tun, die tägliche Ernte des Todes der Erde zu übergeben. Er schaffte sein trauriges Werk nur mit Hilfe einer Anzahl russischer Gefangener.

Martina erkannte mehr und mehr die Sinnlosigkeit des Krieges. Gewiß blühten hohe Eigenschaften wie Mut, Tapferkeit, Opferwille und Kameradschaftsgeist. Doch das Negative – Zerstörung, Vernichtung, Feindschaft und Haß – überwog und ließ die Waagschale des Guten beängstigend in die Höhe schnellen.

Unzählige Male stand sie in dieser Zeit an den Lagern Sterbender. Freund und Feind, im Tode waren sie alle gleich. Verschieden waren nur die Augenblicke des Hinübergehens. Gefaßt und würdig die einen, widerstrebend die anderen. Die einen mit einem Gebet, die anderen mit einem Fluch auf den Lippen. Und alle wollten getröstet sein.

Ein junger Russe, kaum dem Knabenalter entwachsen, zog sie in seiner Todesnot an seine Brust und weinte bis zum letzten Atemzug. Als sie ihm die jungen Augen schloß, weinte auch sie, ohne sich ihrer Tränen zu schämen.

An diesem Abend hatte sie ein Gespräch mit Alfred Überall, das ihr zwar einen gewissen Trost brachte, doch keineswegs die Lösung ihrer brennenden Fragen.

In der Baracke, die seine Arbeitsstätte war, brannte noch Licht. Sie mußte sich beeilen; denn jeden Augenblick konnte es verlöschen. Sie ging an den niedrigen Fenstern vorbei. Überall war damit beschäftigt, Arzneien abzuwiegen und in kleine Portionen aufzuteilen. Er war gespannte Aufmerksamkeit und bemerkte ihr Kommen nicht. Wiederum, wie schon so manches Mal, empfand sie das Treue, Zuverlässige, die ganze Gewissenhaftigkeit eines ehrlichen Menschen. Ein beglückendes Gefühl der Geborgenheit erfüllte sie und gleichzeitig tiefe Dankbarkeit, daß ihr das Schicksal einen solchen Freund geschenkt hatte.

Jetzt schien seine Arbeit beendet. Er blickte auf, ein strahlendes Lächeln überzog sein eben noch so ernstes Gesicht. Er winkte, sie solle hereinkommen.

«Herrlich, daß du kommst, es wird langsam langweilig, das ewige Einerlei. Doch auch das muß bewältigt werden.»

Martina schwang sich auf einen Tisch und ließ die Beine hängen. «Störe ich dich auch nicht? Ich hatte das Bedürfnis, heute noch ein wenig mit dir zu plaudern.»

Sie gebrauchte das freundschaftliche Du ganz selbstverständlich, nachdem sie sich auf einem Spaziergang dazu entschlossen hatten. Lachend hatten sie es damit begründet, daß sie sich auf diese Weise viel ungeschminkter die Wahrheit sagen könnten.

Der Apotheker versicherte, daß sie nie störe, ganz im Gegenteil . . .

Martina ließ die Beine baumeln; deren mehr oder weniger heftiger Schwung war ein Gradmesser für ihren Seelenzustand.

«Nun Martina, was hast du auf dem Herzen? Ich sehe ja deutlich, daß dich etwas bedrückt. Also heraus mit der Sprache.»

Er deutete auf die heftig schwingenden Gehwerkzeuge, wagte aber keinen Scherz. Martinas Gesicht war ungewohnt ernst.

Geschwind räumte er Flaschen, Büchsen und Schalen weg, reinigte Mörser und Spatel. Dann wusch er sich gründlich die Hände und schwang sich, da Martina immer noch schwieg, neben sie auf den Tisch.

Fragend schaute er sie an, doch ihr Blick schien in weiter Ferne etwas zu suchen.

Es war still im Raum. Nur ab und zu schabten die Mäuse unter den Brettern. Endlich begann Martina zu sprechen. Ihre Stimme war leise und spröde, als scheue sie sich, ihre Gedanken zu äußern.

«Vielleicht kannst auch du mir keine Antwort geben, Fred. Es ist ja auch so schwierig, wer kann denn etwas Genaues wissen, wer hat denn schon einen von denen gesprochen, die gestorben sind? Es ist doch noch keiner zurückgekommen?!»

Der junge Mann sah angelegentlich auf seine Schuhe. Er wagte nicht, Martina ins Gesicht zu sehen. Bis jetzt hatte er sich ihren Problemen immer noch gewachsen gefühlt, aber heute . . .

Martina schien keine Antwort zu erwarten. Wie in einem Selbstgespräch fuhr sie fort: «Bei uns, hier in diesen Seuchenbaracken, sterben die Menschen wie die Fliegen. Täglich werden starre, stumme Gestalten hinausgetragen. Gewiß, man sagt, der Tod sucht sich eine Ursache. Hier ist es eben der Typhus, die Cholera, die Ruhr, die Pest. Und schließlich gewöhnt man sich daran; aber eben, heute, da war es anders. Da starb ein junger Russe. Vielleicht sollte ich sagen ‹ein Feind›?! Unsinn! Für mich gibt es keinen Feind, nur Menschen, kranke, hilfsbedürftige Menschen. Und er war noch so jung. Fünfzehn, sechzehn Jahre mochte er sein, ein halbes Kind noch.

Er weinte bitterlich, als es zu Ende ging. Ich glaube, er hatte Angst zu sterben. Angst vor dem Dunkel, dem Unbekannten. Kannst du mir folgen, Fred?»

Sie wandte sich ihm zu und nahm seine Hand zwischen ihre beiden Hände, als brauche sie Halt und Stütze.

«Da kamen mir Gedanken, Fred. Gedanken, wie ich sie noch nie gehabt habe. Nenne sie ketzerisch, wenn du willst. Vielleicht sind sie es, vielleicht auch nicht. Ich begann zu hadern mit Gott. Vorwurf über Vorwurf regte sich in meiner Seele. Ja, ich war Gott richtig gram, so wie ein Kind, das seinem Vater böse ist, weil es ihn für ungerecht hält.

Gibt es denn überhaupt einen Gott, der so etwas zuläßt? Ach, Fred, ich zweifle, zweifle an allem. Ist das sehr schlimm?»

In diesem Augenblick war Martina wirklich ein Kind. Groß und angstvoll waren ihre Augen auf den Freund gerichtet. Fest preßte sie seine Hand, als sei das ihr einziger Trost. Fast beschwörend fuhr sie fort zu sprechen:

«Warum mußte dieser Junge sterben?! Warum wurde dieses junge Leben ausgelöscht, ein Leben, das noch nicht erfüllt, noch gar nicht ausgelebt war, warum?

Er kam mir vor wie eine ganz reine Seele, wie ein unbeschriebenes Blatt, auf dem noch nichts geschrieben war von guten und bösen Taten, von Liebe und Haß. Warum ist Gott so grausam und läßt Kinder sterben, die noch nicht einmal begonnen haben, ihr Leben zu leben?!»

Die heftige Erregung, die Martina in immer stärkerem Maße ergriffen hatte, war einer tiefen Erschöpfung gewichen. Haltlos sank sie in sich zusammen und ließ es geschehen, daß Alfred Überall den Arm um ihre Schultern legte, um sie zu stützen.

«Martina», begann er behutsam, «deine Fragen haben in mir eine Erinnerung geweckt. Laß mich dir erzählen: Robert war der Primus unserer Klasse. Er war ein feiner, ein wenig einsamer, in sich versponnener Knabe. Er hatte wenig Freunde. Aber ich war sein Freund, und ich war stolz darauf. Eines Tages, es war nach den Sommerferien, war sein Platz leer.

Robert war ein guter Schwimmer. Doch nun hatte er wohl seine Kräfte überschätzt. Weit war er ins Meer hinausgeschwommen und kam nicht mehr zurück. Man hat ihn nie gefunden.

Für mich brach eine Welt zusammen. Ich wurde krank, mein Lehrer besuchte mich. ‹Alfred›, sagte er, ‹ich weiß, was du verloren hast, doch darfst du dich nicht verlieren im Kummer um den Freund. Sieh, ich bin alt, habe Verluste erlitten, habe geweint, gehadert wie du.

Und eines Tages kam mir die Erleuchtung. Ich besuchte einen Vortrag, er hieß 'Schicksal und wiederholte Erdenleben'. Als Skeptiker betrat ich den Saal, als Überzeugter verließ ich ihn. Ja, so ist es, es kann nicht anders sein, wenn das Erdenleben einen Sinn haben soll. Wir werden geboren. Aber das, was dann da ist als Kind, später als Mann oder Frau, das ist nur die Hülle für ein Geistiges, das darin lebt, verborgen lebt. Und dieses Geistige, diese geistig-seelische Individualität, die ist unsterblich.

Sie war da, bevor wir einzogen in diese Leibeshülle. Sie ist durch viele, viele Erdenleben hindurchgegangen und wird noch durch viele Inkarnationen hindurchgehen. Robert war reif, er brauchte nur dieses kurze Eintauchen in sein jetziges Leben, um zurückzukehren in die geistige Welt, in die eigentliche Heimat. Schicksal, Alfred.›

Der Lehrer schwieg. Noch heute sehe ich seinen gütigen Blick auf mir ruhen.

‹Bist du getröstet?›

‹Ich weiß es nicht›, sagte ich, ‹und was ist nun mit Robert?›

‹Das Geistig-Seelische, das in ihm lebte und bei seinem Tode die sterbliche Hülle verließ, ist nicht untätig. Es macht eine Entwicklung durch auf geistige Art, die viele hundert Jahre dauern kann. Und wenn es reif geworden ist im geistigen Dasein wie einst im Erdendasein, dann wird es von großer Sehnsucht nach der Erde ergriffen; es beginnt einen Erdenleib zu suchen.›

Wieder schwieg mein Lehrer.

‹Und das Ende?›

‹Es gibt kein Ende, nur Wandlung.›»

Martina hatte sich aufgerichtet und gespannt zugehört.

«Wenn das wahr wäre!» sagte sie leise. «Doch jetzt muß ich gehen. Nachtwache. Bei uns ist schon wieder einer krank.»

Fred wollte sie zurückhalten. Das sei doch ein Skandal, sie zur Nachtwache zu bestimmen.

«Wie willst du das denn aushalten? Laß mich dir wenigstens etwas zur Stärkung geben!»

Er wandte sich zum Arzneischrank. Doch da war Martina schon draußen. Ohne Adieu, ohne Dank. Sie kam noch einmal zurück.

«Du bist ein lieber, guter Freund, Fred, ein vorbildlicher, und ich bin dir wirklich dankbar. Doch sorge dich nicht um mich. Ich muß und will und werde noch viel mehr aushalten. Darauf kannst du dich verlassen. Bitte, denk weiter nach über meine Fragen, auch mich wird beschäftigen, was du mir offenbart hast. Hab Dank, und jetzt leb wohl!»

Sie winkte ihm zu, und ehe er es verhindern konnte, war sie verschwunden.

Lange noch stand er sinnend vor dem Platz, auf dem sie eben noch gesessen hatte. Wieder und wieder schüttelte er den Kopf. Was war das doch für ein eigenartiges, krauses und doch so liebenswertes Geschöpf. Er seufzte tief auf. Was war sie doch für ein seltsames Mädchen!

Die Wochen vergingen. Schon war Ostern vorüber und Pfingsten in Sicht. Es war warm; der frische Wind wehte rein und kräftig vom Flusse her.

Martina lag hinter der Baracke auf einer Decke im frischen Gras und blinzelte in die blaue Luft. Auf diese Weise pflegte sie an schönen Tagen ihre kurze Mittagspause zu genießen. Ihre Zigarette war zu Ende. Im Dienst rauchte sie Pfeife wie ihre männlichen Kollegen. Der Infektion wegen, sagte man, so nahm niemand Anstoß daran.

Nach wie vor hielt der Tod reiche Ernte in den Seuchenbaracken. Ganze Fässer Tee mit Rum – oder besser gesagt, Rum mit Tee – wurden konsumiert. Auch daran hatte sie sich gewöhnt. Auch das war männlich und angenehm zugleich.

Sie zog die Knie an und legte ein Bein über das andere. Der Anzug aus grober Sackleinwand gestattete jede Lage.

So fand sie Alfred Überall, der sie auf der Station vergeblich gesucht hatte. Er ließ sich neben ihr nieder und wartete geduldig, an einem Grashalm kauend, daß sie die Augen öffne. Sie schlief nicht, hatte ihn kommen hören, aber ein sicheres Gefühl sagte ihr, daß er eine unangenehme Nachricht brachte.

Aufschub war natürlich Unsinn, und so entschloß sie sich zur Aufgabe ihrer Passivität. Mit einem Ruck setzte sie sich auf. Noch versuchte sie zu scherzen: «Tag, Fred, was führt dich her zur ungewohnten Stunde?» Und noch ehe er antworten konnte: «Also, schieß los, ich bin auf alles gefaßt!»

So, so, sie war auf alles gefaßt. Trotzdem begann er zögernd:

«Sag mal, Martina, es ist natürlich deine eigene Angelegenheit, aber ... trägst du Männerkleidung und zeigst dich damit auf der Straße?»

Das war es also. Ihr Abenteuer, das sorglich gehütete, war nicht unbemerkt geblieben. Martina atmete heftig, ihre Nasenflügel bebten, die Mundwinkel waren nach unten gezogen, was ihrem Gesicht einen spöttischen Ausdruck verlieh. Zum Teufel, konnte man denn niemals tun und lassen, was man wollte?! Sie wandte sich dem jungen Manne zu und fragte:

«Und wenn es so wäre, hättest du etwas dagegen?» Alfred Überall mußte ein Lächeln unterdrücken.

«Es steht mir nicht zu, etwas dagegen zu haben, wenn – nun ja, wenn ich es mir auch nicht erklären kann. Aber Martina, die Sache ist vielleicht ernster, als du denkst. Du bist gesehen und erkannt worden.»

Es vergingen einige Minuten, ehe Martina sich gefaßt hatte. Sie war blaß geworden; ihre Stimme klang nun spröde. Trotzdem versuchte sie noch zu bagatellisieren:

«Nun, wenn es weiter nichts ist?! Aber wenn du es so genau weißt, warum fragst du mich denn? Oder hast du den Auftrag, mich zu verhören?»

«Martina, bitte sei vernünftig! Niemand hat mir einen Auftrag gegeben. Ganz im Gegenteil. Ich komme ganz freiwillig, einzig von der Sorge getrieben. Helfen will ich dir. Es ist sogar so ernst, daß ich dich bitten muß, niemand zu sagen, daß ich mit dir darüber gesprochen habe. Kannst du mir das versprechen?»

Langsam begann Martina zu begreifen, daß es sich um etwas anderes handeln mußte als um eine bloße Eifersucht ihres Freundes. Sie nickte heftig. «Natürlich verspreche ich das, ich will dir doch keine Unannehmlichkeiten machen.»

«Also gut, ich will es kurz machen. Gestern kam eine Anfrage aus Kolomea. Ob mir bekannt sei, daß die hier tätige Schwester Martina Marsell sich in Männerkleidung, gemeint sei in diesem Falle in der Uniform eines Sanitätssoldaten, in der Stadt zeige. Die Anfrage sei dienstlich, und ich sei nicht befugt, darüber zu sprechen.

Natürlich konnte ich mit gutem Gewissen antworten, daß mir davon nichts bekannt sei und ich keine Veranlassung habe, diese Vermutung für wahr zu halten.

«Immerhin, Martina», die Augen des jungen Mannes verfolgten angelegentlich einen Schwalbenschwarm hoch am Himmel, «immerhin kenne ich deine Vorliebe für den Dienstanzug. Du legst ihn ja nicht einmal in der Freizeit ab, wie eben jetzt auch. Da dachte ich, es sei an der Angelegenheit vielleicht doch ein Körnchen Wahrheit, und ... wollte dich einfach warnen. Das ist alles.»

Den schlichten Worten folgte Stille. Die Blässe in Martinas Gesicht war einem tiefen Rot gewichen. Spontan streckte sie ihre Hand aus, die nur zu gern ergriffen wurde.

«Du bist wirklich ein guter, anständiger Kerl, Fred, und der letzte, der es verdient, beschwindelt zu werden. So sollst du die ganze Wahrheit erfahren.

Ja, ich bin in Uniform ausgegangen, und zwar damals im März. Es war ein wüster Schneefall, und beinahe wäre ich dabei umgekommen. Ja, mach nur nicht so entsetzte Augen, wenn das Schneegestöber nicht im richtigen Moment aufgehört hätte, läge ich nun gewiß irgendwo im Wasser der Theiß, erfroren und ertrunken. Kein angenehmer Gedanke. Nun, ich bin, wie man so sagt, noch einmal davongekommen. Aber wer kann mich denn nur gesehen haben? Kannst du mir das sagen? Ich kann mich nicht erinnern, einem von unseren Leuten begegnet zu sein. Merkwürdig. Oder darfst du das nicht verraten?»

Überall lachte.

«Strafbar habe ich mich sowieso gemacht, und wenn du nicht dichthältst, dann ... aber das hast du ja versprochen. Da sollst du das nun auch noch wissen. Kannst du dich erinnern, daß auf der Brücke ein Wagen an dir vorüberfuhr? Es saß ein Offizier darin.»

Jetzt war es an Martina, zu lachen.

«Und ob ich mich erinnere! Natürlich, mit weichen Knien bin ich strammgestanden und habe Männchen gemacht. Himmel, war das ein Augenblick! Mir läuft es noch jetzt kalt den Rücken hinunter, wenn ich daran denke.»

Sie schüttelte sich wie ein nasser Pudel. Nachdenklich senkte sie den Kopf.

«Ist mir völlig rätselhaft, die ganze Geschichte. Der hat mich doch überhaupt nicht angesehen!»

«Mir ist es nicht rätselhaft», meinte Überall. «Du hast ihn wirklich nicht erkannt?»

«Keine Ahnung, von wem du sprichst. Aber nun sag's doch schon, ich platze ja bald vor Neugier.»

«Sambach war es, der in der Kutsche saß.»

Sambach, der verflossene Chef der Abschubleitung! So, so, da hatte sie die Quittung für etwas, das sie nicht hatte geben können. Nun war alles klar. Rache, nichts als niederträchtige, kaltblütige Rache dafür, daß sie ihm nicht zu Willen gewesen war. Nun, er würde nichts unversucht lassen, um sie zu schädigen. Beinahe tat er ihr leid. Wie konnte ein Mensch nur so gemein sein?! Mußte das nicht einmal auf ihn zurückfallen, früher oder später?

Ihre angeborene Ehrlichkeit sträubte sich gegen jede Lüge. Aber hier konnte sie nicht nachgeben, durfte sie nichts zugeben. Zwingen konnte sie niemand. Abscheuliche Situation! Sie, der jede Unwahrheit in tiefster Seele zuwider war, sah sich gezwungen zu lügen.

Aber diesem Menschen den Triumph lassen, sie gedemütigt und bestraft zu sehen? Nein, unmöglich.

«Fred», sagte sie, ihre Uhr zu Rate ziehend, «jetzt muß ich auf Station. Darf ich dir heute Abend die Uniform bringen? Es könnte doch sein, daß man meinen Schrank durchsucht, vielleicht auch nicht, aber falls man es tut, und man fände die Sachen, wäre ich doch grenzenlos blamiert. Verstehst du das, und . . . tust du mir den Gefallen?»

Der Apotheker lachte.

«Nichts lieber als das. Aber du bist nicht nur ein seltsames, du bist ein ganz unmögliches Mädchen. Wie kannst du dich nur in solche Abenteuer stürzen?! Denkst du denn gar nicht an . . . deine Zukunft? Na ja, nun geh schon, und heute Abend erwarte ich dich.»

Gut, daß er sich rechtzeitig besonnen hatte. Eigentlich hatte er sagen wollen: «Denkst du denn gar nicht an mich?» Aber dazu hatte er kein Recht; und wie er sie kannte, hätte sie es wohl eher als Beleidigung aufgefaßt. Nun, man würde sehen. Sie war ja noch so jung, und er . . . war geduldig.

Sehr nachdenklich tat Martina an diesem Nachmittag ihren Dienst. Es war ihr fast unmöglich, ihre Gedanken zusammenzuhalten und bei der Sache zu sein. Mehr als einmal schaute sie der alte Sanitäter erstaunt an, als sie gemeinsam von Bett zu Bett gingen. Sie spürte es wohl und nahm sich zusammen. Zum Glück verlief der Tag ruhig, ohne besondere Ereignisse. Nach der Arbeit ging sie ernstlich mit sich zu Rate und machte sich Gedanken über ihr künftiges Leben.

«Unmögliches Mädchen», hatte Alfred Überall gesagt. Gewiß, sie tat ihren Dienst gewissenhaft. Er ermöglichte ihr, dabeizusein, nicht abseits zu stehen. Aber, war das eine Lösung ihrer Probleme? Nein, gewiß nicht. Nüchtern sagte sie sich, daß sie nichts übers Knie brechen könne und abwarten müsse, bis die Zeit reif sei. Damals, als Dr. Czaki ihr Geduld empfohlen hatte, war sie versucht gewesen, diesen Rat als Mangel an Verständnis auszulegen. Heute wußte sie, daß es der beste Rat gewesen war, den er ihr hatte geben können. Wie notwendig es war, ihn zu befolgen, hatte sie heute erfahren.

So schwer es auch sein würde, sie nahm sich vor, in Zukunft geduldig und . . . vernünftig zu sein.

Am Abend machte sie sich auf den Weg zur Apotheke. Sie trug ein umfangreiches Paket unter dem Arm. Wie lange wohl würde sie das äußere Zeichen der Männlichkeit, die geliebte Uniform, verbergen müssen? Sie schaute hinauf zum sternenbesäten Himmel. Aber auch von dort kam keine Antwort; die Sterne schwiegen, kalt und glitzernd.

## IV

Martina beschloß, ihren Urlaub einzureichen. Sie tat es mit einem flauen Gefühl. Würde sie zurückkehren an den Platz, den sie so sehr liebte? Mußte es denn überhaupt sein, daß sie ging? Es trieb sie niemand dazu, man war ja froh über jede helfende Kraft. Aber da war noch etwas, das sie ihren Entschluß in die Tat umsetzen ließ.

Ihr «Abenteuer im Schnee», wie sie es nannte, hatte mehr Staub aufgewirbelt und weitere Kreise gezogen, als sie geahnt hatte und ihr lieb war. Beinahe bereute sie ihre Kühnheit, aber eben nur beinahe. Die Erinnerung an die Episode stimmte sie froh, barg sie doch Hoffnungen und Möglichkeiten für die Zukunft. Jetzt aber mußte sie sich den Gegebenheiten stellen, und die waren alles andere als angenehm.

Dr. Sambach hatte sich mit dem Bericht von Alfred Überall nicht zufriedengegeben. Er lehnte den Apotheker als befangen ab und verlangte die Durchführung einer regelrechten Untersuchung. Er bohrte und wühlte so lange, bis man sich höheren Orts «im Interesse der Disziplin», wie es im Protokoll beschönigend hieß, genötigt sah, die Sache erneut aufzugreifen und weiterzuverfolgen.

Ohne daß Martina eine Ahnung hatte, wurden sämtliche Sanitätssoldaten, die in erreichbarer Nähe waren, befragt, wer von ihnen eine Uniform ausgeliehen habe.

Wie vorauszusehen, war das Resultat gleich Null. Jeder der Befragten erfuhr zum ersten Male von dem Ereignis. Manch einer schmunzelte vor der Tür und hätte sich ganz gern in das Abenteuer verwickelt gewußt. Keiner hatte die gleiche oder auch nur eine ähnliche Statur wie Martina.

Diese aber schwieg hartnäckig. Auf jede Frage nach der Herkunft der fraglichen Kleidungsstücke zuckte sie die Achseln. Man konnte sie nicht zum Sprechen zwingen, und Strafexerzieren oder Arrest für Krankenschwestern waren noch nicht erfunden.

Martina war teils wütend, teils machte ihr das Rätselraten Spaß. Darauf, daß ein alter Flickschneider im Ort ihr geholfen hatte, «Soldat zu werden», kam niemand. Auf Meister Happental konnte sie sich verlassen. Der hielt den Mund, der durch ein Päckchen Tabak ab und zu noch extra fest versiegelt wurde.

Eines Tages hieß es, die Sache sei erledigt. Nur wurde Martina nahegelegt, dergleichen Unfug in Zukunft zu unterlassen und nicht wieder öffentliches Ärgernis zu erregen. Sie zog eine Grimasse und legte die Angelegenheit ad acta. Was wußten die Leute denn schon von ihren Lebensbedürfnissen?!

Martina saß im Zuge wie damals, als sie einem unbekannten Ziel entgegenfuhr. Heute hatte sie den Urlaubsschein und die Adresse der Familie Czaki in der Tasche. Den Abschied hatte sie so kurz wie möglich gestaltet. Und doch war er schmerzlich gewesen. Ihr war, als bliebe ein Stück ihres Lebens zurück in den Baracken, bei der Abschubleitung, bei den Menschen, mit denen sie sich schicksalhaft verbunden fühlte.

Sie nestelte an ihrem Umhang. Er war unerträglich warm, obwohl sie die leichteste Kleidung gewählt hatte. Mit einem Seufzer der Erleichterung legte sie ihn zusammengerollt über sich ins Netz.

Genau wie damals fuhr der Zug durch ein Stück Pußta. Genau wie damals übten Honvédhusaren auf ihren kleinen, struppigen Pferden und machten ihre Kapriolen.

Martinas Gedanken waren bei dem jungen Fähnrich. Damals, es waren kaum acht Monate vergangen, war er voller Leben, voller Stolz und Zuversicht gewesen.

Und heute?

Verstümmelt oder tot?

Wer konnte es wissen. Grübelnd lehnte sie sich zurück. Die Schatten des Krieges zogen in ihren Gedanken vorüber und bedrängten ihr Herz. Ein seltsames Gefühl der Verlorenheit überkam sie, als sie den Zug verließ, der mit schrillem Pfeifen in das kleine Nest eingefahren war.

Wie sehr hatte sie sich gefreut auf diesen Besuch, und nun? Plötzlich wünschte sie, sie hätte sich nicht darauf eingelassen. Ratlos stand sie als einziger Fahrgast auf dem leeren Bahnsteig. Der Mann an der Sperre winkte ungeduldig, also raffte sie ihr kleines Gepäck zusammen und machte sich auf den Weg zum Ausgang.

Während sie noch grübelte, in welcher Sprache sie die Wohnung ihrer Gastgeber erfragen könnte, sah sie ein Mädchen in langen Sprüngen daherlaufen. Das mußte Elena sein. Sie lief um die Wette mit einem spitzohrigen, gelben Steppenhund. Schnaufend blieb sie vor Martina stehen:

«Sie müssen entschuldigen, Schwester, aber ich habe die Zeit verschlafen. Bei der Hitze! Das hält ja kein Mensch aus. Aber nun kommen Sie, lassen Sie mich etwas tragen. Übrigens, ich bin Elena Czaki, doch das werden Sie wahrscheinlich schon gemerkt haben!»

Die Worte waren gefolgt von hellem Lachen, während Martinas Hand kräftig geschüttelt wurde.

Fasziniert starrte Martina das Mädchen an. Ihr Herz klopfte zum Zerspringen, und flammende Röte überzog ihr Gesicht. So gut es ging, versuchte sie, ihre Freude darüber auszudrükken, daß sie hier als Gast weilen durfte. Auch die Grüße des Arztes überbrachte sie; aber sie fühlte deutlich: das waren Phrasen, die ihrem Wesen sonst fremd waren. Die eigene Stimme klang ihr rauh und brüchig im Ohr. Ihr schien, als schaue Elena sie erstaunt und forschend an. All das trug nicht dazu bei, die Unsicherheit, die seit dem Verlassen des Zuges nicht von ihr gewichen war, zum Verschwinden zu bringen. Zum Glück fiel ihr ein, Elena zu fragen, wieso sie so gut deutsch spreche.

Nun, das hatte verschiedene Gründe. Elena gab eine ausführliche Erklärung, die es Martina erlaubte, sich zu sammeln.

«Einmal», sagte das Mädchen, «liebe ich die Deutschen und ihre Sprache. Auch stammt meine Schwägerin, Enjòs Frau, aus Siebenbürgen. Sie gehört zu den Siebenbürger Sachsen. Wir sprechen gern deutsch miteinander. Die Eltern, die sprechen allerdings nur ungarisch. Aber das macht nichts, ich dolmetsche.»

Langsam kletterten die beiden immer höher. Ab und zu mußten sie stehenbleiben, um zu verschnaufen und sich den Schweiß von der Stirn zu wischen. Die Familie Czaki wohnte wunderschön. Dicht an den Felsen gebaut, sah das Anwesen aus wie eine alte Burg.

Das war es auch gewesen, vor vielen hundert Jahren, wie Elena erklärte. Mit glühender Begeisterung hatten die Kinder Räuber und Prinzessin gespielt, immer unter Anteilnahme der gesamten Dorfjugend.

So, jetzt kam noch ein letzter, steiler Anstieg, dann umfing sie die Kühle einer weiten, dämmrigen Halle. Alle hatten sich eingefunden, den Gast zu begrüßen. Der alte Herr küßte Martina nach alter Kavalierssitte die Hand, was sie peinlich berührte. Vor der Hausfrau verneigte sie sich tief. Diese sah mit ihrem schneeweißen Haar, das sie wie eine Krone auf dem Haupte trug, ungemein würdig und vornehm aus. Elisabeth, die junge Arztfrau, gab sich ungezwungen und herzlich und wollte viel wissen von ihrem Manne, der nur wenig von seinem Dienst erzählte, wenn er daheim war.

Sie reichte Martina ein zappelndes Bündel, ihren Sohn. Der Kleine quietschte vor Vergnügen und versuchte, Martina die Haube herunterzuziehen. Unter allgemeinem Gelächter versuchte sie, sich des Angriffs zu erwehren; vergebens, die Mutter mußte sie von Ernö befreien, der daraufhin in ein mörderisches Geschrei ausbrach.

Eine Magd nahm das Gepäck und brachte es in den oberen Stock. Elena faßte Martina unter und schimpfte:

«Wir sind wirklich ein rücksichtsloses Volk. Da überfallen wir die arme Martina, als ob es nie eine heiße, stundenlange Bahnfahrt gegeben hätte. Pfui über unsere Gastlichkeit. Was würde Enjò sagen?!»

Wieder Lachen und Fröhlichkeit, man nahm das Schimpfen nicht ernst. Aber Elena konnte Martina nun endlich auf ihr Zimmer führen.

Es war ein mäßig großer Raum mit schöner, lichtbrauner Holztäfelung. Die Möbel waren gediegen, sparsam und zweckmäßig verteilt. In dieser Umgebung konnte man sich behaglich fühlen.

Trotzdem beschlich Martina eine unsagbare Traurigkeit, vermischt mit einer unerklärlichen, angstvollen Wehmut.

Sie wurde durch Elena abgelenkt, die sie an das breite Fenster zog, das den Blick nach Süden in ein weites Tal freigab.

«Sehen Sie den schmalen Fluß da unten, Martina? Das ist die Poprad. Auf dieser, unserer Seite wohnen Ungarn, drüben Deutsche. In meiner Kindheit gab es ein fleißiges Hin und Her, ein Hinüber und Herüber. Das erklärt auch, wieso ich so gut deutsch sprechen gelernt habe. Jetzt will ich aber endgültig gehen. Sicher wollen Sie die Kleider wechseln und sich frisch machen. Wenn es Ihnen recht ist, hole ich Sie in einer Stunde ab, ja?»

Martina dankte für die freundliche Fürsorge und meinte, in einer Stunde werde sie bereit sein.

Als sie allein war, sank sie auf den Diwan und weinte, als müsse ihr das Herz brechen.

Martina kam in einem Zustand nach Hause, der ihre Schwester Wilma heftig erschreckte. Sie war ratlos. Alle ihre Fragen lösten nur ein Kopfschütteln aus und die Bitte, Geduld zu haben.

Die Lösung kam schneller als erwartet.

Die Leitung der Schwesternschaft vom Stammlazarett forderte Martina auf, sich zu melden, sobald es ihr Gesundheitszustand erlaubte.

Wilma bemerkte eine seltsame Unruhe, die sich Martinas beim Lesen dieser Nachricht bemächtigte. Trotzdem schien sie irgendwie erleichtert. Es war unheimlich und unerklärlich, und wieder einmal befürchtete die Schwester, Martina habe sich etwas zuschulden kommen lassen, im Dienst oder privat. Doch was hätte das sein können? Einer verwerflichen Handlung hielt sie Martina niemals für fähig. Wieso bisher diese Lethargie und nun plötzlich die Eile?

Martina bestand darauf, bereits am nächsten Tage mit dem Frühzuge zu fahren. Wilma gab zu bedenken, ob es nicht besser wäre, einige Tage zu warten, ein paar Spaziergänge zu unternehmen vor dieser Fahrt?! Oder ob sie mitfahren solle, es wäre eine Beruhigung für sie? Martina lehnte alles ab. Sie sei ja eigentlich nicht krank, und wenn sie erst einmal Gewißheit habe, wie alles weitergehen werde mit ihrer Verwendung, dann komme sie sicher ganz schnell wieder auf die Beine.

«Mach dir nicht so viel Sorgen meinetwegen, Wilma.»

Sie zog den Kopf der Schwester zu sich herunter und drückte ihr einen scheuen Kuß auf die Wange.

«Es kommt schon wieder alles zurecht, du mußt nur ein wenig Geduld haben.»

Wilma unterdrückte einen Seufzer. Geduld und immer wieder Geduld! Wie lange würde das noch so weitergehen? Aber der kleine Liebesbeweis rührte und freute sie zugleich. Am nächsten Morgen brachte Martina es tatsächlich fertig, beizeiten aufzustehen und mit dem ersten Zuge nach L. zu fahren. Es war wie ein Wunder.

Wilma hatte alles sorglich vorbereitet, und so schickte sie die Schwester mit guten Wünschen auf den Weg.

Als sie später in Martinas Zimmer trat, fand sie in einem Buch, das als Schreibunterlage gedient haben mochte, eine Anzahl loser, beschriebener Blätter. Sie lagen so offen und griffbereit da, daß man sie unmöglich übersehen konnte. Offenbar hatte Martina sie mit Absicht nicht weggeschlossen.

Trotzdem mußte Wilma ihre Scheu überwinden, ehe sie nach den Blättern griff und zu lesen begann. Wenn sie helfen wollte, mußte sie es tun. Vielleicht gab es etwas zu verhüten, aber sicher würde sie klarer sehen und Martina besser verstehen können. So machte sie es sich in einem Sessel bequem und nahm das erste Blatt, das mit Martinas steilen, eigenwilligen Schriftzügen eng beschrieben war.

«. . .Hätte ich doch auf meine Ahnung, daß mich in Poprad-Felka nichts Gutes erwarten würde, geachtet und wäre nicht ausgestiegen! Ein Grund dafür wäre bestimmt zu finden gewesen, kam ich doch aus einem Seuchenlazarett. Ein jeder hätte mir ein Unwohlsein geglaubt und die Vorsicht, andere nicht zu gefährden, anerkannt. Aber ich verließ den Zug trotz der inneren Stimme. War ich feige, wollte ich mich nicht blamieren, oder war ich einfach neugierig, die Familie kennenzulernen? Ich weiß es nicht.

Nur eines ist mir klar geworden. Ich bin nicht wachsam genug gewesen, ich muß lernen, auf meine innere Stimme zu hören und ihr zu folgen.

Schon am Bahnhof begann es. Als Elena im Laufschritt angesprungen kam, da hatte ich zum ersten Male in meinem Leben ein Gefühl, das ich bisher noch nicht kannte. Ich möchte es als Zorn, und zwar als Zorn auf mich selbst bezeichnen. Es war ein deutliches Bedauern dabei, jedoch das Grundgefühl war Ärger, war Zorn – Zorn darüber, daß ich kein Mann bin. Doch das trifft die Sache nicht richtig. Natürlich bin ich ein Mann in meinem Denken, Fühlen und Wollen. Immer deutlicher spüre ich, wie diese Eigenschaften in mir immer männlicher werden. Auch kann ich die Veränderungen, wie sie sich seit geraumer Zeit an meinem Körper vollziehen, nicht übersehen. Natürlich bin ich nicht naiv; ich kenne die Unterschiede der Geschlechter, bin ich doch mit Brüdern aufgewachsen. Aber eben, diese Unvollkommenheit ist es, die mich quält.

Warum bin ich nicht bei der Geburt gestorben?!

Als mir Elena die Hand reichte, durchzuckte es mich wie ein Blitz. Ich kann mich nicht erinnern, je ähnliches empfunden zu haben ...

Dr. Czakis Angehörige bereiteten mir einen so herzlichen Empfang, wie ich ihn nie erwartet hätte.

Elena führte mich auf mein Zimmer. Als ich allein war, mußte ich weinen – grundlos, wie mir schien.

Später holte sie mich zum Abendessen. Alle waren fröhlich, nur ich war tieftraurig. Das Essen war vorzüglich, ungarisch stark gewürzt. Man lachte, als mir die Tränen über die Wangen liefen; aber es waren wohl nicht alles ‹Paprikatränen›.

Da das Abendessen sehr früh eingenommen wurde, blieb noch viel Zeit, bevor man sich zur Ruhe begab.

Lange saßen wir auf der windgeschützten Terrasse, hinter uns und seitlich hohe, braune Felsen, unter uns das Tal mit der schmalen Wasserstraße, vom Mond silbrig beschienen. Der süße ungarische Wein, den wir in kleinen Schlücken zu uns nahmen, machte warm. Auch brachte der Wind, obwohl ein wenig kühler als am Tage, keine wirkliche Erfrischung. Ab und zu schrie ein Tier, ein Vogel piepste im Schlaf, Grillen zirpten. Hoch droben, über der Hohen Tatra, stand der ‹Große Wagen›, oder wie man hier sagte, der ‹Große Bär›. Immer wieder mußte ich hinaufschauen zu ihm. So stand er nun auch über Friedrichsruh, über den Menschen, die mir lieb waren. So stand er über Marmarosch mit den Leidenden in den Baracken, die vielleicht gerade in diesem Augenblick mit dem Tode rangen. So stand er über allem, was geschah an Gutem und Bösem, und je mehr der Abend in die Nacht überging, um so strahlender wurde der Himmel. Der Mond wanderte nach Westen und verlor langsam seine Leuchtkraft, gab sie ab an die Sterne, deren Glanz erhöhend.

Den Eltern wurde es zu kühl; sie verabschiedeten sich, und auch die junge Frau zog sich zurück, um nach ihrem Knaben zu sehen. Wir sollten uns nicht erkälten, mahnte sie, die Nächte seien oft tückisch, und es werde dann plötzlich empfindlich kalt. Ich mußte lächeln bei dem Gedanken an Kälte, wurde es mir doch immer heißer.

Elenas Lippen glühten, und mein Mund spürte ihre Süße, ohne daß er sie berührte. Meine Hände zuckten nach ihrem seidig glänzenden Haar.

Ich erwachte wie aus einem Traum, als sie sagte, sie habe nun genug von der Nacht und wolle ins Haus und zu Bett gehen. Ich half ihr das Geschirr zusammenstellen. Dabei berührten sich unsere Hände, wobei es mich wie ein elektrischer Schlag durchzuckte. Sie hingegen schien nichts zu empfinden und lachte über mein Ungeschick. Tatsächlich zitterten meine Hände so stark, daß die Gläser fast zu Boden fielen. Nun, sie schob es auf den langen Tag und meine Übermüdung.

Vor meiner Tür verabschiedete sie sich mit guten Wünschen für eine angenehme Ruhe. Ich war so töricht in meine Gefühle verstrickt, daß mich ihre Gleichgültigkeit schmerzte. Was ich erwartet hatte, kann ich nicht sagen. Heute, beim Niederschreiben dieser Erinnerungen, komme ich mir albern und lächerlich vor.

Ich zögerte, in mein Zimmer zu gehen, wollte ich doch wissen, wo sich das ihrige befand. Es lag neben dem meinen. Ich war erregt und beruhigt zugleich. Mit meinen Gedanken würde ich sie begleiten.

Lange Zeit stand ich am weit geöffneten Fenster und schaute hinaus in die Nacht. Ich spürte die Kühle nicht, aber ich gewahrte, daß der Himmel sich bedeckt hatte. Kein Stern war mehr zu sehen, und mich dünkte, als sei es auch in mir dunkler geworden, als sei auch für mich ein Stern untergegangen . . .»

«Arme Martina!»

Wilma hatte es laut ausgesprochen, als sie die Blätter sorglich ordnete und sinnend darauf niederschaute. Gern hätte sie zu Ende gelesen, doch als sie auf die Uhr schaute, stellte sie erschrocken fest, daß es bald Mittag war – Zeit für die Küche; auf Fanny, die Hilfe, war kein Verlaß. Wilma legte die Blätter an ihren Platz zurück. Martina hatte noch einen Besuch machen wollen. Sie würde nicht vor dem Abend zurück sein. Also blieb noch Zeit, die restlichen Aufzeichnungen zu lesen.

Am nächsten Morgen war Martina wie ausgewechselt. Unbefangen erschien sie zum Frühstück im allgemeinen Wohn- und Speisezimmer. Bisher hatte sie das noch nicht getan. Sie aß und trank mit bestem Appetit, als wäre es nie anders gewesen. Ihre Stimmung war ausgezeichnet. Leider fehlte die unvermeidliche Zigarette nicht zum Abschluß der Mahlzeit. Wilma schwieg. Sie wollte die offensichtliche Wandlung zum Guten nicht durch eine, wenn auch noch so berechtigte, Kritik gefährden. Sie konnte sich diesen Umschwung nicht erklären, und Martina hüllte sich beharrlich in Schweigen. Ganz nebenbei äußerte sie, daß sie noch einmal nach L. fahren müsse. Für übermorgen sei sie noch einmal bestellt, dann würde sie Genaues erfahren über ihren neuen Einsatz. Zunächst sei sie für drei Wochen beurlaubt. Leider, so bedauerte sie, sei ja schon eine Woche vorüber.

Mehr konnte Wilma nicht erfahren. Nun tat es ihr leid, daß sie die Aufzeichnungen nicht mehr hatte zu Ende lesen können. Martina würde die Blätter jetzt wohl an sich nehmen und gut verwahren.

Doch das geschah nicht, und fast schien es, als habe Martina jegliches Interesse an ihren Aufzeichnungen verloren. Unbeachtet lag das Buch mit dem schwerwiegenden Inhalt an seinem alten Platz, und als Martina wiederum nach L. gefahren war, machte sich die besorgte Schwester kein Gewissen mehr daraus, nun auch noch den Rest zu lesen:

«... Langsam begann ich mich auszuziehen. Ich zergrübelte mir den Kopf nach einem Vorwand, der es mir ermöglicht hätte, Elena noch einmal aufzusuchen. Aber mir fiel nichts ein. Zu dumm, daß ich nicht auf der Terrasse etwas hatte liegen lassen. Dann hätte ich sie bitten müssen, mir den Weg zu zeigen, um es zu holen. Vielleicht hätte sich dann nochmals ein Zusammensein ergeben.

Kaum hatte ich diese Idee ausgesponnen, als ich mich meiner Durchtriebenheit auch schon schämte. Lange noch lag ich wach und starrte in die Dunkelheit, abwechselnd von Hitze- und Kälteschauern geschüttelt. Vor dem Fenster klagte ein Uhu. Es klang schauerlich, paßte aber zu meiner Stimmung. Ich fühlte mich richtig krank und bedauernswert.

Mein Kopfkissen wurde feucht von hemmungslos strömenden Tränen. Aber endlich muß ich wohl doch eingeschlafen sein ...

Als ich erwachte, war es heller Morgen. Die Luft schien zu dröhnen vom Jubilieren der Vögel. Ein wunderbar kräftiger Wind blies durch das weit offene Fenster, und vor meinem Bett stand Elena.

Lachend schaute sie auf mich herab; sie sah aus, als hätte sie der frische Bergwind soeben hereingeweht.

‹Schlafmütze›, rief sie vorwurfsvoll. ‹Wie kann man nur so verschlafen sein an einem solchen Morgen?! Komm, steh auf, Martina, wir wollen ausreiten, die Ponys werden schon gesattelt. Früh am Morgen gehen sie am besten. Wenn es erst heiß wird, sind sie nicht mehr zu gebrauchen.›

Ich muß wohl ein recht dummes Gesicht gemacht haben, jedenfalls wirbelte Elena vor lauter Vergnügen im Zimmer herum, und mir fiel langsam ein, daß wir gestern ganz zum Schluß noch so etwas wie Brüderschaft geschlossen hatten. Der Vorschlag war von Elena gekommen, die behauptete, wir seien doch fast gleichaltrige ‹junge Mädchen›, da sei das steife ‹Sie› nicht am Platz.

Was blieb mir anderes übrig, als darauf einzugehen, obwohl meine Hemmungen nicht gering waren. Dumm wie ich war, empfand ich auch die Bezeichnung ‹junge Mädchen› als peinlich und beschämend. Auch war es mir eher unangenehm als erfreulich, daß Elena so ganz selbstverständlich in mein Zimmer eingedrungen war. Ihr schien es ganz in der Ordnung. Sie deutete auf die mitgebrachten Kleidungsstücke, die sie auf dem Stuhl ausgebreitet hatte, und sagte: ‹Nun zieh dich rasch an. In der Tracht kannst du doch nicht reiten. Ich mache uns noch ein kleines Frühstück zurecht.›

Damit war sie zur Tür hinaus und ich mit meinen Gefühlen und dem Reitdreß allein.

Geschwind stieg ich aus dem Bett und erfrischte mich mit kaltem Wasser.

Dann schlüpfte ich in die Hose. Oh Wonne! Endlich wieder ein Kleidungsstück, das meiner Art gemäß war. In der Länge paßte sie gut, nur in den Hüften war sie viel zu weit. Aber das machte mir nichts aus, war sie doch von Elena.

Unter der gestreiften Bluse wölbte sich kein Busen, die Weste saß wie nach Maß gemacht. Sogar die Stiefel hatte Elena nicht vergessen, sie waren aus feinem, weichem Leder mit biegsamem Schaft. Auch sie paßten wie für mich angefertigt. (Diese Stiefel schenkte mir Elena nach unserem Ausritt, und ich hatte nicht den Mut, sie zurückzugeben, wie es sich gehört hätte!)

Ich besah mich im Spiegel und war höchst zufrieden mit meiner Erscheinung ...

Als ich hinunter kam, saß Elena bereits auf der Terrasse in einem bequemen Korbstuhl und kaute behaglich an einer Scheibe Toast. Es schien mir, als betrachte sie mich mit einigem Erstaunen. Mich befremdete das keineswegs, war ich mir doch meines männlichen Aussehens durchaus bewußt. Sie selbst sah in ihrem Reitkostüm sehr weiblich aus, mit allen Rundungen und ausgeprägten Formen.

Wir aßen schnell ein paar Bissen und tranken eine Schale Tee. Dann ging es los.

Es überraschte mich, daß Elena einfach voraussetzte, ich könne reiten. Tatsächlich hatte ich als Kind oft und gern auf Pferderücken gesessen, doch das lag weit zurück. Nun, alles ging gut. Die lammfrommen Ponys zu besteigen und sich auf ihnen in mäßigem Trab zu halten war keine Kunst. Bald waren wir weit draußen im Gelände.

Wie selbstverständlich hielt ich mich beständig an Elenas linker Seite. Ganz Kavalier, wie ich mir einredete. Sie war von unbekümmerter Heiterkeit und genoß die reine Schönheit dieses strahlenden Sommermorgens in vollen Zügen.

Fast hätte ich sie beneiden mögen ob ihrer Unbeschwertheit. Denn an mir nagte unentwegt das, was die Menschen als ‹Anomalie› bezeichnen. Diesen Ausdruck hatte Dr. Czaki bei unserem Gespräch gebraucht. Ich nahm mir vor, das von ihm erwähnte Institut in Berlin so bald wie möglich aufzusuchen.

Nach einer guten Stunde wendete Elena ihr Pferdchen.

‹Schon?› fragte ich enttäuscht und hatte recht wenig Lust, es ihr gleichzutun.

‹Ach, es ist zu dumm›, antwortete sie, ‹es strengt mich doch mehr an, als ich gedacht habe. Mir ist nicht gut. Allerdings ist es schon fast vorbei, morgen wird es besser gehen.›

‹Wieso ist dir nicht gut?› fragte ich ahnungslos und erstaunt.

Nun war es an ihr, erstaunt zu sein, und beinahe vorwurfsvoll meinte sie: ‹Aber Martina, wie sagt man denn bei euch zu der monatlichen Regel der Frau? Du bist doch kein Kind mehr.›

‹Ach so, ja, natürlich›, stotterte ich und versuchte, meine Verlegenheit zu verbergen. ‹Ich dachte nur, dir sei vom Reiten schlecht geworden.›

Der Heimweg verlief ohne viele Worte. Elena sah nun wirklich blaß und elend aus. Sie vermied es, Trab zu reiten. Ich aber hatte wieder etwas zu grübeln über einen neuen Beweis, daß mit mir etwas nicht stimmte. Lebhaft erinnerte ich mich, wie Mitschülerinnen nicht mitzuturnen brauchten, weil ... ihnen nicht gut war. Sie wurden heftig beneidet; denn sie durften als Zuschauer auf Bänken an der Wand sitzen, flüsternd kritisieren und sich amüsieren.

Ich hatte nie einen Grund gehabt, mich dispensieren zu lassen. Nun, ich kenne das nicht und werde es wohl niemals kennenlernen ...»

Wilma ließ die Hände sinken. Wie Schuppen fiel es ihr von den Augen. Konnte Martina überhaupt wie eine Frau empfinden? Das war doch kaum möglich. Sie schüttelte ratlos den Kopf. Armes Ding! So zwischen den Geschlechtern zu stehen war gewiß kein leichtes Los; es würde nur mit Mühe zu meistern sein. War etwas versäumt worden an diesem jungen Menschenkind, hätte nicht längst schon einmal ein Arzt befragt werden müssen? Wie aber wäre das möglich gewesen bei der Verschlossenheit Martinas in allem, was ihre eigene Person betraf?

Der Bericht umfaßte nur noch wenige Seiten; Wilma beeilte sich, zum Ende zu kommen, und las weiter.

«... Dann überstürzten sich die Ereignisse, und ich will nur das Wichtigste herausgreifen.

Der Rest des Tages nach unserem Ausritt war der Ruhe gewidmet und verlief in völliger Harmonie. Wir faulenzten ausgiebig. Ab und zu gesellte sich ein Mitglied der Familie zu uns, was der teilweise schwierigen Verständigung wegen zu allerlei lustigen Irrtümern führte.

In der Nacht schlief ich tief und fest. Der Aufenthalt in der würzigen, frischen Luft tat wohl, und der Wechsel von Klima und Umgebung trug viel zu meiner Entspannung bei.

Der nächste Tag verlief ähnlich. Gar zu gern wäre ich mit

Elena noch einmal ausgeritten, aber da sie keinerlei Neigung dafür zeigte, wollte ich nicht unbescheiden sein; ich verzichtete lieber und sagte nichts. Ich war ja schon glücklich, wenn ich Elena nur anschauen durfte, und dazu hatte ich reichlich Gelegenheit. Das aber steigerte mein Verlangen, sie zu umarmen, aufs heftigste. Wie sollte ich nur damit fertigwerden? Wie machten es die Erwachsenen, wenn sie ihre Triebe bezwingen mußten? Auf den Gedanken, meinen Aufenthalt vorzeitig abzubrechen, kam ich leider nicht.

So kam die dritte Nacht heran, die ich im Hause Czaki verbrachte. Wir hatten uns eine gute Nacht gewünscht und waren in unsere Zimmer gegangen.

Es war ungewöhnlich heiß an diesem Abend, man konnte geradezu körperlich spüren, daß ein Gewitter in der Luft lag. Es dauerte auch nicht lange, da blitzte und donnerte es. Es krachte ganz gehörig, und so lief ich bei einem heftigen Donnerschlag in Elenas Zimmer. Bewußt übertrieb ich meine Angst vor Gewittern. Normalerweise fürchte ich mich nicht davor; in Friedrichsruh habe ich viel zu oft die heftigsten Unwetter erlebt und überstanden. Aber es war dies die einzige Gelegenheit, Elena aufzusuchen, und diese Chance wollte ich mir nicht entgehen lassen.

Als ich in ihr Zimmer stürmte, schlief sie fest, hatte vom Donner noch nichts gehört und war über mein Erscheinen sichtlich erschrocken. Trotzdem war sie viel zu höflich, als daß sie mich abgewiesen hätte. Zitternd saß ich auf ihrem Bettrand. Das schob sie meiner Angst zu, zumal es jetzt wirklich heftig blitzte und donnerte. Offenbar hatte sie Mitleid mit mir, denn sie hieß mich in ihr Bett kommen, damit ich mich nicht erkälte. Sie bat mich, vorher das Fenster zu schließen, denn sobald es regne, könne es empfindlich kalt werden.

Ich tat, wie sie wünschte, und schlüpfte unter ihre Decke. Oh, welches Glück, ihren Körper so dicht an dem meinen zu spüren! Donner und Blitz, Sturm und Regen waren mir gleichgültig. Mein Herz klopfte rasend schnell. Ich fühlte meinen Puls hämmern und konnte nicht begreifen, daß Elena schlief. Ja, sie schlief schon wieder so tief und fest, daß sie einen Namen flüsterte, ohne davon zu erwachen. Es war ein ungarischer Männername.

Ich lag wie erstarrt. Mit einem Mal wurde mir klar, daß Elena einen Freund, vielleicht einen Geliebten hatte – wer, war mir gleichgültig, jedenfalls einen Mann. Ihr Herz war nicht mehr frei.

Mein Entschluß, ihr von meinem Schicksal zu erzählen und dadurch ihr Mitgefühl, vielleicht ihre Liebe zu erringen, fiel in nichts zusammen. Langsam kam mir die Erkenntnis, daß Elena ein Mädchen war wie andere auch, mit den üblichen und normalen Neigungen zu dem anderen Geschlecht.

Draußen war es still geworden. Das Gewitter hatte sich verzogen, nur noch einzelne Wolken trieben am hellen Himmel dahin. In breitem Strahl floß das Mondlicht durch das Fenster und machte das Zimmer fast taghell.

Um so heftiger tobte der Sturm in meinem Innern.

Elena lag in tiefem Schlaf, das schöne Gesicht dicht vor mir auf das Kissen gebettet. Den halbgeöffneten Lippen der Schlafenden entströmte ihr frischer Atem. Ich starrte sie wie gebannt an, und plötzlich übermannte mich eine unbezwingliche Sehnsucht, diesen Mund zu berühren, zu küssen.

Ich tat es. Behutsam, zaghaft, bis ich in ausbrechender Leidenschaft mich an diesen Lippen festsaugte, sie nicht mehr lassen konnte. Ich war wie von Sinnen.

Elena wehrte sich, schrie auf, so entsetzlich, laut und anhaltend, daß das ganze Haus alarmiert wurde. Was weiter geschah, weiß ich nicht.

Von Entsetzen gepackt bin ich geflohen, in mein Zimmer gewankt und wie betäubt in Schlaf gesunken. Am nächsten Morgen brachte mir die Magd das Frühstück aufs Zimmer. Auf dem Tablett lag ein Brief von Elena. Er enthielt nur wenige Zeilen. Sie bat mich, mit dem nächsten Zuge – die Zeit war angegeben – abzureisen. Sie und ihre Angehörigen wollten mir und sich selbst das Peinliche eines weiteren Beisammenseins ersparen. Das einzige, was sie für mich tun könne, sei zu schweigen; auch ihrem Bruder gegenüber, damit mir keine Schwierigkeiten erwachsen sollten bei meiner Rückkehr nach Marmarosch.

Mit guten Wünschen für mich und der Unterschrift ‹Elena› schloß der Brief.

Lange starrte ich auf das Schreiben, bevor ich es in winzig

kleine Fetzen zerriß und aus dem Fenster streute. Ich sah die kleinen weißen Papierstückchen hinunter schweben. Wie Schneeflocken sahen sie aus, und der grau verhangene Himmel paßte dazu.

Einen Augenblick ergriff mich eine heftige Sehnsucht, es ihnen gleichzutun. Wie, wenn ich mich ein wenig weiter aus dem Fenster beugte? Da unten war Platz genug für einen Körper, der sich nicht nach dem richtete, was Geist und Seele von ihm verlangten.

Schon hatte ich einen Fuß auf die schmale Fensterbank gesetzt. Es war verlockend. Aus, alles wäre aus. Vorbei aller Kampf, alle Qual mit einem Schlag zu Ende!

Da war mir, als hörte ich die Stimme eines verehrten Lehrers aus der Vergangenheit. Ich war damals im neunten Schuljahr, als einer unserer Mitschüler sich das Leben nahm. Kurt, ein stiller, freundlicher Bursche, den alle gern mochten, erschoß sich. Den Grund für seine Tat haben wir nie erfahren. Es hieß nur, er habe ‹Dummheiten gemacht›. (Auch ich hatte nun eine ‹Dummheit› gemacht.)

Der Lehrer sprach mit uns. Nicht daß er Kurt verdammt hätte, nein, er bedauerte ihn zutiefst. Dann sprach er ganz allgemein von dem größeren Mut, den es braucht, um ein Leben, das nicht mehr lebenswert erscheint, zu meistern, statt es von sich zu werfen. ‹Das letztere ist Feigheit, wirkliche Feigheit. Man muß doch schließlich zu seinen Taten stehen.›

Das alles kam mir jetzt in den Sinn, und ich dachte an Elena. Würde sie mich nicht auch der Feigheit bezichtigen müssen? Nein, diese Schande wollte ich ihr und mir ersparen.

Rasch zog ich mich an, packte meinen Koffer und verließ – offenbar unbemerkt von den Bewohnern – das Haus, dessen Gastlichkeit ich mißbraucht hatte.»

Hier endeten die Aufzeichnungen.

Wilma war erschüttert. Wie sollte sich Martinas Leben weiterhin gestalten, welchen Beruf konnte und wollte sie ergreifen?

Noch nie in ihrem Leben war sie so rat- und hilflos gewesen wie in diesem Augenblick. Wenn Onkel Herbert wenigstens zu erreichen wäre. Als Vormund hatte er nicht nur das Recht zu wissen, wie die Dinge lagen, sondern auch die Pflicht, sich mit ihnen auseinanderzusetzen. Doch seit Wochen wurde er vermißt; er war von einem Patrouillengang in Frankreich nicht zurückgekehrt. Sein Schicksal lag völlig im Dunkeln.

So blieb wohl nichts anderes übrig, als auch diesem Schicksal seinen Lauf zu lassen und abzuwarten. Hatte Martina nicht ein Institut in Berlin erwähnt, dessen Adresse ihr der Arzt gegeben hatte?

Da würde es wohl am besten sein, nicht vor- und einzugreifen. Wilma beschloß, wachsam zu sein, sich aber den Schein der Ahnungslosigkeit zu geben.

## V

Langsam rollte der Zug in die weite Halle.

Anhalter Bahnhof, Kopfstation. «Berlin, alles aussteigen!» Alles drängte durch die Sperre. Jeder war froh, die fünf Stunden Fahrt hinter sich zu haben. In einer Ecke entdeckte Martina einen Stadtplan. Sie nahm ihr Notizbuch zur Hand; denn merken konnte sie sich die Straßen doch nicht. Sie folgte mit dem Finger der gesuchten Strecke und merkte nicht, daß hinter ihr die Menschen drängten, lachten und schimpften.

«Na Frollein, nehm Se nu man schon Bleistift und Papier, als immer so mi'm Finger ruff und runter! Oder ... soll ick Se valleicht hinbringen?»

Alles lachte, auch Martina. Das war Berlin. Fröhlich lehnte sie ab und gab rasch den Platz an der Tafel frei.

Ein Blick auf die Tafel für die Abfahrtszeiten sagte ihr, daß sie nicht am Abend zurückfahren konnte. Der nächste Zug fuhr am Morgen in der Frühe.

Gut so, nun hatte sie Zeit und brauchte nichts zu überstürzen.

Sie verließ die Halle und trat auf den Askanischen Platz. Es war sonnig und heiß, die Luft nicht eben rein. Trotz Krieg und Not pulsierte das Leben wie wohl in wenigen Städten. Berlin!

Martina atmete schneller, ihr Herz schlug höher. Ein bisher unbekannter Drang, sich in dieses Leben zu stürzen, sich von ihm auffangen und tragen zu lassen, erfaßte sie mit fast magischer Gewalt. Es war ein Gefühl der Zugehörigkeit, seltsam und selbstverständlich zugleich.

«Na, wenn Se noch lange so steh'n und in de Luft gucken, sin Se Ihrn Kram bald los, Frollein!»

Martina erschrak. Sie hatte am hellen Tage geträumt. Als jungen schneidigen Mann hatte sie sich gesehen, mitten im Gewühl wie alle anderen irgendeiner Tätigkeit nacheilend.

Ein alter Dienstmann stand vor ihr, die Uniform hing an ihm wie an einem Kleiderstock.

«Is det Kofferle schwer? Brauchen Se etwa en Jepäckträjer?»

Martina sah belustigt auf den Mann, der sich die rote Knollennase rieb. Er lachte sie aus verschmitzten Augen an. Sie mußte ebenfalls lachen und dankte. Für den winzigen Koffer einen Träger?! Nein, aber ob er ihr vielleicht ein Hospiz nennen könne, wo sie ein Zimmer bekäme. Leicht würde das nicht sein, meinte er, Berlin sei überfüllt, aber versuchen könne sie es. Drei Minuten von hier, in der Anhalter Straße. Sie dankte nochmals, hob ihr Köfferchen auf und machte sich auf den Weg.

Glück muß der Mensch haben, und sie hatte Glück. Ein einziges Zimmer war noch frei. Zimmer war allerdings übertrieben. Der Raum glich mehr einer Zelle. Das schmale Fenster ging hinaus auf den Hinterhof. An der kahlen Wand gegenüber hingen ein paar armselige Wäschestücke. Ein trostloser Anblick. Tief unten, wie in einem Schacht, reckte ein mageres Bäumchen seine dünnen Äste dem spärlich eindringenden Licht entgegen.

Martina sah alles, und alles war ihr recht. Es war wie ein Rausch über sie gekommen. Irgendwo dudelte ein Grammophon mit heiserer Blechstimme: «Berlin, Berlin, ich lieb dich ...» Martina mußte lachen. Grundlos, glücklich. Ihr Blick blieb an einer großen, weißen Wolke hängen, die über dem viereckigen Häuserausschnitt langsam dahinsegelte.

Wohin geht dein Weg, Wolke? Ins Uferlose, Weite, Unbegrenzte. Das, weißer Wolkensegler, würdest du sagen, wenn du reden könntest.

Wie Martinas Schicksalsschiff. Auch sie wußte nicht, wohin es trieb. Nur eine Ahnung war in ihr. Eine Wendung würde kommen, mußte kommen. Noch war sie allerdings fern, und das beglückende Gefühl des Untertauchens ins Neue, Unbekannte, des Auf-dem-Wege-Seins zu einem Ziel, sollte nur zu bald einer tiefen Enttäuschung weichen.

Aber noch war das Herz voller Zuversicht, die Brust geschwellt von der Hoffnung auf einen klaren Entscheid aus berufenem Munde, der richtungweisend das fernere Leben beeinflussen würde.

Martina erfrischte sich rasch ein wenig und versuchte das Haar zu bändigen, das sich in eigenwilligen Ringeln um die Stirn legte. Im Speisesaal erhielt sie ein bescheidenes Gedeck. Es mundete gut, dieses erste Mahl in Berlin.

Im Telefonbuch fand sie nach einigem Mühen die gewünschte Adresse. Das Institut lag in einer kurzen Straße, ganz in der Nähe des Reichstagsgebäudes. Sie informierte sich in aller Ruhe und machte sich eifrig Notizen.

Auch die Friedrichstraße und die berühmten Linden wollte sie sich anschauen, vielleicht noch einen Tag zugeben, es lag ja alles so schön beieinander. Nun, man würde sehen.

Jetzt aber machte sie sich auf den Weg, voller Erwartung, was die nächsten Stunden bringen würden.

Der Potsdamer Platz beeindruckte sie ungeheuer, ebenso das «Kaffee Vaterland» mit der riesigen Kuppel und der unentwegt wogende Verkehr. Sie wartete geduldig, bis der bärbeißige Mann mit der Pickelhaube den Verkehr freigab. Endlich konnte sie die Leipziger Straße überschreiten. Es lockte sie zum Kaufhaus Wertheim. Doch nein, später, jetzt nur weiter.

Schon sah sie das mächtige Gebäude des Reichstags vor sich. Sie verhielt den Schritt. So groß und imponierend hatte sie es sich nicht vorgestellt. Es wirkte wie für die Ewigkeit gebaut. Hoch ragte die Siegessäule in den blauen Himmel. Die goldenen Flügel der Siegesgöttin schimmerten in der klaren Luft. Friedlich standen die weißen, unbeweglichen Gestalten der Herrscher in der Siegesallee nebeneinander.

Martina wurde unruhig. Hätte sie nicht schon längst am Ziel sein müssen? Sie zog das Notizbuch zu Rate. Nein, sie hatte sich nicht verirrt, in kurzer Zeit würde sie an Ort und Stelle sein. Dr. Magnus Hirschfeld, hatte im Telefonbuch gestanden, Leiter des Instituts für Sexualwissenschaft.

Was war er für ein Mensch? Würde sie Vertrauen zu ihm

fassen und Hilfe finden können? Furcht wollte ihr Herz beschleichen, sie mußte sich mit aller Kraft dagegen wehren.

Da war sie schon, die kurze Straße, und gleich am Anfang die Nummer neun, ein großes, palaisartiges Gebäude. Richtig, Dr. Czaki hatte ja erwähnt, daß es einst einem Fürsten gehört hatte.

Das Haus machte nicht den Eindruck, als sei es bewohnt. Seltsam. An allen Fenstern waren schwere Läden herabgelassen. Auf den Stufen, die zum Aufgang führten, lag Unrat. Da war es wieder, das Gefühl der Bangigkeit.

Martinas Fuß stockte. War die Reise umsonst gewesen? Existierte die einzige Stelle, die ihr eine konkrete Hilfe geben konnte, nicht mehr? War auch sie der alles plattdrückenden Kriegswalze zum Opfer gefallen?

Neben der großen Tafel, die über die Namen der Ärzte, über Sprechzeiten und Anmeldung Auskunft gab, hing eine kleinere: «Das Institut bleibt während des Krieges wegen Militärdienst der Ärzte und Personalmangel geschlossen.»

Martina starrte wie betäubt auf die wenigen Worte, die wuchtig und unbarmherzig wie mit einem schweren Hammer das Gebäude ihrer Hoffnung zerschlugen. Ihr war, als hätte ihr jemand den Boden unter den Füßen weggezogen. Diese Enttäuschung war unerwartet und brutal.

Fort, nur fort, die Leute brauchten sie nicht heulen zu sehen. Nun lockten Freiheit, Ungebundenheit, pulsierendes Leben nicht mehr. Die Zuflucht war das Hospiz. Die harte Bettstatt war gut, hier konnten die Tränen ungehindert fließen.

Genau eineinhalb Jahre waren vergangen, seit Martina im kahlen Büro von Hauptmann Leonhard ohnmächtig geworden war und hatte einsehen müssen, daß es nicht guttut, mit dem Kopf durch die Wand stoßen zu wollen.

Damals war sie noch keine siebzehn Jahre alt gewesen, heute war sie über achtzehn und hatte damit das Alter erreicht, das sie befähigte, Pilot zu werden.

Aber ach – und das war der Wermutstropfen, der in den Becher der Freude fiel –, sie konnte nur Pilotin, ein weiblicher Pilot, werden. Trotzdem träumte sie davon, bei den Männern, beim Militär eingesetzt zu werden. Unsinn, dummes Zeug?

Nun, im Krieg war manches möglich, was in normalen Zeiten unmöglich schien.

Nun saß sie abermals im Zug nach Berlin. In die Ecke der Polsterklasse gedrückt, die Augen geschlossen, müde vom eintönigen Gerassel der Räder, schien sie zu schlafen.

Doch sie schlief nicht.

Hellwach war es hinter der hohen blassen Stirn, um die sich das braune Gelock ringelte.

Was war geschehen in den kurzen zwei Wochen, seit sie das erste Mal im gleichen Zug in gleicher Richtung gefahren war? Sie entsann sich der großen Enttäuschung, die das geschlossene Institut in ihr ausgelöst hatte. Sie war damals im Hospiz eingeschlafen und erst gegen Abend erwacht. Da sie hungrig war, verließ sie das Haus, das nur Frühstück servierte, und ging zu Aschinger. Das war ein riesiges Speisehaus, das die Menschen aufsaugte, sie für kürzere oder längere Zeit in sich behielt, sie dann wieder ausspie, um einen neuen Strom aufzunehmen.

Martina fand einen leeren Stuhl an einem Tisch, an dem zwei Frauen saßen, Arbeiterinnen, wie es schien. Sie sprachen fachlich über einen Vorgang beim Granatendrehen. Einer Frau war die Hand zerschnitten worden.

«Wird nu vielleicht anders werden», meinte die eine. «Is doch keene Sache, so ohne Schutz für die armen Pfoten. Wenn ick denke, ick wäre det, na mein Alter würde en Krach machen, der sich jewaschen hat.»

«Is halt Krieg», war die lakonische Antwort, «da geht's eben drunter und drüber. Aber komm man, muß noch Windeln waschen. Mein Kleener kümmert sich nicht ums Geschieße da draußen, der schießt nach hinten, und Muttern muß waschen.»

Martina hatte interessiert zugehört und ihren eigenen Kummer ein wenig vergessen. Nun setzte sich ein Mann auf einen der freigewordenen Stühle. Er sah müde und abgespannt aus. Zum Gruß nickte er kurz. Dann vergrub er sich in seine Zeitung. Martina spürte wieder ihre Müdigkeit und wollte gerade aufbrechen, als ihr Blick auf eine Annonce der Zeitung fiel, die der Mann in der Hand hielt:

Junge, lerne fliegen!
Wo? Nur in der einzigen jetzt noch

bestehenden Privatfliegerschule: HANS HEIMANN
BORKWALDE

Das Ganze war umrahmt mit einem dicken schwarzen Rand und nicht zu übersehen.

Fliegen! Das Stichwort war gefallen.

Martina schlief tief und traumlos in dieser Nacht. Hellwach sprang sie aus dem Bett, als am Morgen der Wecker läutete. Da lag die Zeitung, das letzte 8-Uhr-Abendblatt, das sie noch erwischt hatte. Es war kein Traum: Junge, lerne fliegen!

Martina bereitete sich auf einen kleinen Kampf vor und legte sich einen Plan zurecht. Sie würde Wilma einfach überraschen, auf ihrem festen Entschluß beharren und nicht nachgeben.

So begrüßte sie die Schwester reichlich stürmisch und drückte ihr ohne Umstände die Zeitung in die Hand, wortlos auf die Annonce deutend.

Wilma las, ihre Wangen wurden abwechselnd rot und blaß. Schweigend legte sie das Blatt schließlich weg und wandte sich zum Fenster.

Martina war gekränkt. Sie konnte die Stille nicht ertragen und fuhr los:

«Kannst du dich nicht freuen mit mir? Das ist doch das, was ich suche, ersehne, das einzige, was ich bejahen kann in diesem verrückten Krieg. Sei doch vernünftig, Wilma. Gönne mir mein bißchen Glück!»

Mein bißchen Glück, hatte sie gesagt. Das also war das Glück, von dem sie träumte, bewußt und unbewußt.

Wilma schwieg noch immer.

Trotzig rief Martina: «Ich will es so, und du wirst mich nicht hindern. Du nicht und niemand!»

Wilmas Blick irritierte sie. Warum nur dieses Mitleid darin? Was wußte die Schwester von ihr? Plötzlich kam ihr die Erleuchtung: die Tagebuchblätter, die Aufzeichnungen über ihr Abenteuer in Poprad-Felka. Ob Wilma das gelesen hatte und sie deshalb bedauerte? Nun, dann erst recht!

«So rede doch, Wilma! Ich will, hörst du, ich will, und ich brenne durch, wenn ich keine Erlaubnis bekomme. Dann aber komme ich nie mehr zurück.»

Wilma strich sich über die Stirn. Ein Lächeln glitt über das ernste Gesicht, als sie sagte:

«Wie hart du sein kannst, Martina. Durchbrennen, wie ein Schulbub, dem es zu Hause nicht mehr gefällt, das wäre ein schlechter Start für dich. Ich werde dich nicht hindern, werde dir nicht im Wege stehen. Großmutter wird nicht mehr lange bei uns sein. Onkel Herbert ist verschollen, die Brüder sind im Felde, so schnell nicht erreichbar. Also liegt wieder einmal der Entscheid allein bei mir. Leicht wird es mir nicht, das kannst du mir glauben. Aber ich will dich nicht davon abhalten, dein bißchen Glück, wie du es nennst, zu finden. Möge es nur wirklich dein Glück sein!» –

Es war ein kurzer Kampf gewesen um Zukunft und Zukunftsglück. Es hatte nur eines geringen Einsatzes bedurft, das vorläufige Ziel zu erreichen.

Ach, wie war doch das Leben schön!

So empfand es Martina, und keiner konnte es ihr verübeln, als sie nun im Zuge saß, Berlin und der unbekannten, lockenden Zukunft entgegen.

Borkwalde war ein winziges Nest in der Mark Brandenburg, wenige Kilometer von Berlin entfernt. In acht Häusern wohnte die gesamte Einwohnerschaft. Dazu kamen eine Wirtschaft und die Flugzeugfabrik von Hans Heimann. Es war eine öde, einsame Gegend, in die es Martina verschlagen hatte. Karger Boden. Brandenburgische Erde, genannt die «Märkische Streusandbüchse».

Weithin dehnten sich riesige Bestände alter, knorriger Kiefern und Fichten, vorwiegend Stämme, deren Kronen nur spärlichen Nadelwuchs aufwiesen.

Karg und verschlossen wie die Landschaft waren auch die Menschen. Hatte man aber ihr Herz gewonnen, besaß man einen Schatz. Martina sollte es noch erfahren.

Jetzt war sie ganz frohe Erwartung und Zuversicht. Etwas müde und sehr durstig war sie als einziger Ankömmling aus dem Berliner Zug geklettert, war über die Geleise gestolpert und stand nun vor dem Gasthof, der in der brütenden Mittagssonne zu schlafen schien. Aber nein, doch nicht; denn plötzlich sprang Gelächter auf, und im Chor erschallte es: «Trink, trink, Brüderlein trink, laß doch die Sorgen zu Haus ...»

Martina lachte laut auf. Das war wirklich ein guter Willkomm! Nun, sie brauchte keine Sorgen zu Haus zu lassen, es waren keine vorhanden. Flüchtig huschte es durch ihren Sinn: «Gute, liebe Wilma.» Aber bitte, keine Rührseligkeit, nur hinein ins lockende, volle Leben; als hätte sie einen unsichtbaren Stoß erhalten, fand sie sich mitten in der hellen, freundlichen Gaststube.

Etwas benommen stand sie da. Bei ihrem Eintritt war der Gesang verstummt, und sieben Augenpaare starrten sie an wie einen Geist. Dann lautes Gelächter, Stimmendurcheinander, Stühlerücken.

«Dat is se doch!»

«Klar, Mensch, wer kommt denn sonst in unsere Sandwüste?!»

«'n zweiter Immelmann, passt man uff.»

«Mensch, die is nett!!»

Martina wußte nicht recht, was tun. Mitlachen oder beleidigt sein? Ach was, mitlachen war das beste.

Ein junger, gutgewachsener Mann trat auf sie zu. Daß er ein wenig hinkte, war kaum zu bemerken. Er stellte sich als Ernst Mehrlin vor. Kameradschaftlich schüttelte er Martina die Hand. Damit war der Bann gebrochen und Martina aufgenommen.

«Nicht wahr, Sie sind doch Martina Marsell? Herr Heimann hat Sie mir schon als neue Flugschülerin avisiert. Schade, daß wir nicht gewußt haben, wann Sie eintreffen. Dann hätten wir Sie bestimmt gebührend empfangen.»

«Na, gebührender hätte es ja kaum sein können», meinte Martina lachend. «Ich danke Ihnen auch so. Ja, ich möchte fliegen lernen. Hoffentlich schaffe ich es.»

Das Grammophon dröhnte: «Untern Linden, untern Linden, gehn spaziern die Mägdelein ...»

«Nun reich schon das Mägdelein auch mal her», rief einer vom Tisch herüber. «Abwarten», tröstete Mehrlin, «erst mal zu Tante Anna und Onkel Fritz.»

«Onkel Fritz aus Neuruppin, ging spazieren hinter Wien», erscholl es im Chor, und wie auf Kommando erschien eine kleine, kugelrunde Frau mit einer weißen Schürze über dem stattlichen Bauch. Ihr folgte ein hagerer, würdig aussehender Mann mit eisgrauem Haar, dickem Schnauzbart und hellen, blitzenden Augen unter den dichten Brauen.

Mehrlin stellte vor: «Tante Anna und Onkel Fritz, und das ist das neue Fliegerbaby, Martina Marsell. Nehmt es unter Eure bewährten Fittiche, bis es erwachsen ist. Ich hoffe, es macht Euch genausowenig Kummer wie ich und alle anderen.»

Martina kam nicht dazu, beleidigt zu sein. Herzlich wurden ihre Hände ergriffen und geschüttelt. Eine Flut freundlicher Worte ließ sie sich wohl und geborgen fühlen.

Dann zog Mehrlin sie an den Tisch, an dem die Fliegerkameraden saßen, und stellte alle der Reihe nach vor. Da war Fritz Salb, ein zarter, blasser Junge, Jan Bok, ein robuster Holländer, Wilhelm Weber, ein strammer Pommer.

«Und hier», Mehrlin machte die Andeutung einer Verbeugung, «das ist unser Glanzstück, Renate Machert. Exakt, gewissenhaft, strebsam und unnahbar . . .» Das sollte gewiß scherzhaft klingen, aber Martina spürte so etwas wie eine Herausforderung. Auch die Erwiderung: «Sei doch nicht so albern, immer mußt du mit mir händeln», klang keineswegs nach absolutem Hausfrieden. Doch jetzt war nicht die Zeit, darüber nachzudenken.

Der nächste war Robert März, ein baumlanger Uckermärker, und schließlich Heinz Krämer, der den Neuankömmling aus träumerischen, wie mit Plüsch bezogenen Augen musterte. Offenbar war er sehr schüchtern, denn er schien sich dauernd für sein Dasein zu entschuldigen.

Zwischen ihn und Mehrlin kam Martina zu sitzen. Onkel Fritz stellte ein Glas schäumendes Bier vor sie hin.

«Zum Willkomm», sagte er, «und daß es Ihnen gut gehen möge bei uns!»

Martina dankte herzlich. «Ein Schmollis», tönte es von allen Seiten, und auch Renate Machert hob ihr Glas, wenn auch ein wenig zögernd.

Martina gewöhnte sich schnell ein. Sie wurde bald heimisch im Horst. Zunächst noch von allen Seiten als das jüngste Kükken bemuttert, wuchsen ihr bald die Flügel.

Jahrelang hatte sie sich mit der Theorie des Fliegens, mit Flugzeugen und ihren Konstruktionen befaßt, so daß sie die anderen leicht einholte und ihnen an theoretischen und praktischen Kenntnissen bald weit voraus war. Da sie die Situation nicht ausnützte, sondern bescheiden und lernfreudig blieb, mißgönnte ihr keiner die kleinen und größeren Erfolge. Sie war ein einwandfreier Kamerad; ein freundschaftliches, herzliches Verhältnis verband sie mit allen.

Auch Renate Machert gegenüber gab sie sich unbefangen und ohne Hemmungen. Trotzdem war sie auf der Hut. Renate konnte so bohrend fragen. Ob sie, Martina, schon einmal verliebt gewesen sei, ob sie in einen der Jungen hier verliebt sei, und wie sie zu Mehrlin, dem Fluglehrer stehe?

Ach, was ging Martina das alles an?! Sie wollte etwas leisten in der Fliegerei, etwas ganz Besonderes. Sie wollte, wie es im Fliegerjargon heißt, eine Kiste drehen, Eindruck schinden.

Aber warum denn eigentlich? Wem und warum wollte sie imponieren? Wenn sie darüber nachsann, ergriff sie eine seltsame Unruhe, und sie wurde sich erneut zum Rätsel.

In ruhigen Augenblicken schalt sie sich töricht und inkonsequent ... Was fällt dir denn ein, Martina, wie kommst du mir vor? Etwa doch verliebt, was? Nein, Unsinn, lächerlich, so etwas gibt es doch nicht! Außerdem, Hans Heimann ist verheiratet, wenn auch nicht gerade sehr glücklich, aber eben doch gebunden. Kamen schon wieder neue Konflikte auf am Horizont? Nur das nicht, Poprad-Felka war ihr noch in schrecklicher Erinnerung. Nein, sie wollte gewiß keine neuen Komplikationen. Und doch kam ihr innerer Mensch nicht zur Ruhe, fortgesetzt mußte er sich zur Wehr setzen.

Martina war mit wahrem Feuereifer bei der Sache. Sie machte gewaltige Fortschritte und zeigte sich bald jeder Situation gewachsen. Längst war sie über das Rollen am Boden, über das Geradeaus- und Schleifenfliegen hinaus. Sie flog nun ihre Runden mit der stärkeren, zweisitzigen Passagiermaschine.

Einmal hätte es beinahe ein Unglück gegeben, aber auch hier zeigte sich ihre überlegene Ruhe und Sicherheit. Einige der Jungen sahen ihrer nahen Einberufung entgegen, und so flogen jetzt immer zwei Maschinen gleichzeitig. An einem etwas nebligen Morgen startete Martina zu einem Übungsflug. Plötzlich sah sie auf gleicher Höhe das Schulflugzeug auf sich zufliegen. Es überlief sie kalt, doch ihre Gedanken waren messerscharf und glasklar. Darüber hinweg oder unten durch?

Besser nach oben, der Boden war zu nah.

Sie drückte den Steuerknüppel, die Maschine steilte auf und schnellte in einem förmlichen Sprung über die andere hinweg, die von Heinz Krämer gesteuert wurde und nun unter Martina hinwegglitt.

Dieses Manöver brachte Martina den Ehrennamen «Immelmann II» ein, nach dem Kampfflieger Max Immelmann, genannt «der Adler von Lille».

Einer nach dem anderen verließ den Horst, eingezogen zur Fliegertruppe, zum Bodenpersonal oder sonstwo.

Und eines Tages war der kleine Krämer tot. In einem schmalen Raum, dicht neben dem Hangar, lag er aufgebahrt, die Träumeraugen geschlossen, die Hände über der Brust gekreuzt. Still und ergeben wie im Leben war das Gesicht. Vielleicht war ihm der Tod als Freund begegnet und hatte ihn fortgenommen aus einem Leben, dem er in seiner sanften Art nicht gewachsen war.

In der Morgenfrühe war er zu einem Überlandflug gestartet, für den eine halbe Stunde vorgesehen war. Sie verging, auch eine zweite und eine dritte – kein Brummen war zu vernehmen, das die Rückkehr ankündigte.

Schon ahnte man Schlimmes; die Wartenden wurden unruhig. Da kam die Meldung aus der nächsten Ortschaft: abgestürzt, Totalbruch, der Pilot tot. Der Arzt hatte Genickbruch festgestellt.

Martina hatte manchen Jungen sterben sehen während ihres Einsatzes im Kriegsgebiet. Hier schien ihr der Tod noch sinnloser. Sie weinte um den toten Kameraden und schämte sich der Tränen nicht. Fast gleichzeitig traf die Nachricht ein, daß auch Fritz Salb nicht mehr unter den Lebenden war. Bei der Umschulung hatte es ihn erwischt. Eine alte AEG-Nachtmaschine war den vorgeschriebenen Übungen nicht mehr gewachsen gewesen: Flügelbruch in der Luft. Absturz und aus. Beide, der Fluglehrer und sein Schüler, fanden den Tod.

Martina, Mehrlin und Renate waren bedrückt. Heimlich stellten sich alle die Frage, wer wohl der Nächste sein würde ... Auch zwischen den dreien, die nun noch übrigblieben, war es nicht mehr wie einst. Etwas stand zwischen ihnen. Es war deutlich spürbar, aber nicht zu fassen. Zwar versuchte der Fluglehrer seinen beiden Schützlingen gleichermaßen gerecht zu werden und sie auch mit den Neulingen in Kontakt zu bringen. Vergeblich. Immer häufiger beanspruchte ihn Renate mit persönlichen Anliegen und Wünschen, was Martina veranlaßte, sich soviel wie möglich zurückzuhalten.

Sie fand keinerlei Verbindung zu den Neuen, obwohl diese sich nicht wenig um ihre Gunst bewarben. Es waren verwöhnte, eingebildete junge Leute die – vielleicht um sich noch ein wenig um die Einberufung zu drücken – diese private Fliegerschule ohne wirkliche Lust und Liebe zur Sache besuchten. Das aber war Martina ein Greuel, und so wurde sie einsam.

Eines Tages landete auf dem Platz eine LVG, eine Maschine der Luft-Verkehrs-Gesellschaft aus Johannistal, einem Vorort von Berlin. Ein Leutnant und ein Fähnrich sprangen aus dem Flugzeug. Beide waren jung und sahen vergnügt und optimistisch aus.

Das wären wieder Kameraden, wie ich sie mir wünschte, dachte Martina, als sie den beiden die Hände schüttelte.

Es sei möglich, daß eine Ersatzabteilung nach Borkwalde verlegt werden müsse, erklärte der Leutnant. Prachtvoll sei der riesige Platz. Das wäre doch eine feine Sache.

«Wissen Sie, Johannistal ist zu voll, da rollt man sich bald über die Zehen. Aber», er sah sich suchend um, «wo sind denn die Maschinen, hier soll es doch eine Fliegerschule geben?»

«Da ist gerade eine im Anrollen», antwortete Martina und deutete auf ein winziges Etwas, das soeben neben die LVG rollte und sich neben ihr ausnahm wie eine Mücke neben einer Libelle. Verblüfft blickten die Soldaten in die angegebene Richtung.

«Aber ... aber mit so etwas kann man doch nicht fliegen», meinte der Fähnrich verdattert. «Das ist doch der reine Selbstmord.»

«Ach nein, so schlimm ist das denn doch nicht», erwiderte Martina mit einiger Überlegenheit, «das sieht bloß so aus. Mag allerdings ein wenig riskanter sein als mit einer großen Kiste. Sehen Sie, da drüben steht die Maschine, mit der ich meinen Piloten gemacht habe. Viel größer ist sie auch nicht, aber immerhin 45 PS, und außerdem ist sie eine Passagiermaschine.»

Die Männer brachen in schallendes Gelächter aus.

«Heiliges Kanonenrohr, oh Sancta Simplicitas, 45 PS und Passagiermaschine! Ach, Fräulein, wir haben auch eine Pilotin im Horst, aber niemals würde sich unsere Rehbein in einer solchen Kiste vom Boden wegtrauen, geschweige denn einen Passagier mitnehmen.»

Martina war keineswegs beleidigt.

«Nun, sehr sicher sitzt man allerdings nicht unter dem Tank in dem offenen Lederkörbchen. Dazu muß man eben schwindelfrei sein und ... fliegen können.»

Inzwischen hatten sich die drei der Maschine so weit genähert, daß man die Einzelheiten unterscheiden konnte. Prüfend betrachtete der Leutnant das Leitwerk und betastete die Verspannung. Er war ernst geworden.

«Sie haben recht, es gehört mehr Mut dazu, in solch einem gebrechlichen Ding die Erde zu verlassen als in meiner dicken, rundum abgeschlossenen LVG. Entschuldigen Sie unser Gelächter, aber es war zu komisch, die kleine Biene neben dem großen Brummer.»

«Ich fand es auch komisch», sagte Martina trocken. «Aber da kommt der Chef. An ihn müssen Sie sich natürlich in erster Linie wenden.»

Hans Heimann trat auf die Gruppe zu, und Martina wollte sich verabschieden. Er hielt sie zurück: «Bleiben Sie doch, Martina, hier werden bestimmt keine Geheimnisse verhandelt. Außerdem scheinen Sie ja schon eine Eroberung gemacht zu haben!»

Das sollte scherzhaft klingen, aber es war ein Unterton darin, der Martina aufhorchen ließ. Was fiel Heimann denn ein? Aber ehe sie antworten konnte, hatte der Leutnant sich und seinen Begleiter vorgestellt und gewandt die Führung des Gesprächs übernommen.

Der langen Rede kurzer Sinn war eindeutig. Die Militärverwaltung beabsichtigte, eine Fliegerersatzabteilung nach Borkwalde zu verlegen. Gelände und sonstige Möglichkeiten sollten von dem Offizier geprüft werden, und außerdem sollte er die Meinung des derzeitigen Besitzers erkunden. Heimann hatte die Mütze in den Nacken geschoben. Das tat er immer, wenn er angestrengt nachdenken mußte und nicht sogleich zu einem Entschluß kommen konnte. Dieses Angebot kam unerwartet.

Martina meinte, die Gedanken hinter dieser mächtigen Stirn förmlich lesen zu können. Wie schon oft überkam sie ein seltsames Gefühl dabei. Was konnte das sein? Was ging von diesem Mann aus – so seltsam beunruhigend und wohltuend zugleich?

Als sein Blick sie wie zufällig streifte, wandte sie sich rasch ab.

Hans Heimann lud die Herren ein, für die weiteren Besprechungen ins Haus zu kommen, und Martina verabschiedete sich.

Nun überstürzten sich die Ereignisse, und die Konflikte nahmen zu.

Die Verhandlungen zwischen Hans Heimann und der Militärverwaltung hatten einen günstigen Verlauf genommen. Etwa drei Wochen nach dem unerwarteten Auftauchen des Leutnants landeten die ersten schweren Maschinen auf dem Flugfeld. In Windeseile entstanden ein Dutzend und mehr Hangars, einer neben dem anderen, und in jedem hatten eine oder zwei Maschinen Platz. Ein neues «Hans Heimann Werk» wurde gleichsam aus dem Boden gestampft. Und alle waren zufrieden.

Für Heimann bedeutete es die Rettung, hatte er doch kurz vor dem Ruin gestanden. Seine Maschinen genügten der modernen Kriegstechnik nicht, und Flugschüler waren selten geworden. Nur Martina hatte die Veränderung hart getroffen. Sie konnte sich nur mühsam in die neuen Verhältnisse fügen und wünschte sich sehnlich den alten, kleinen Flugbetrieb zurück. Doch nach ihren Wünschen ging es nicht, und so dachte sie an Abschied.

Die jungen Offiziere sahen in der Pilotin weniger den Kameraden als vielmehr die Vertreterin des anderen Geschlechts. Die Folge war eine mehr oder minder heftige Zudringlichkeit.

Der Platzkommandant, ein Leutnant Keckhut, fragte sie

einmal ganz ernsthaft, warum sie denn immer den scheußlichen Lederanzug trage und nie ein ordentliches Frauenkleid? Sie sei ja drauf und dran, jede weibliche Ausstrahlung zu verlieren, und das sei doch schade.

Es ist nicht schwer zu erraten, daß Martina – an ihrer schwächsten Stelle getroffen – mit aller Hochnäsigkeit, deren sie fähig war, eine Gegenfrage stellte:

«Meinen Sie nicht, Herr Leutnant, daß dies ganz allein mich und vielleicht noch Menschen, die in meinem Leben wichtig sind etwas angeht? Also Sie doch gewiß nicht!»

Sie mochte in ungewöhnlicher Schärfe gesprochen haben. Der junge Mann sah sie ziemlich ratlos an; offensichtlich war ihm die Sache peinlich, und beinahe tat er Martina leid. Aber das war nun einmal der dunkle Punkt in ihrem Dasein und die Stelle, wo sie am meisten verwundbar war. Das machte sie hart und erbarmungslos.

Am nächsten Tage bat Hans Heimann sie zu sich ins technische Büro. Es war ihr nicht klar, ob sie sich darüber freuen oder lieber absagen sollte. Doch wollte sie nicht feige sein. Schließlich war sie noch Herr ihrer Entschlüsse und fähig, mit klarem Verstand zu entscheiden. War sie das wirklich?

Hätte sie geahnt, welche Verwicklungen sich aus diesem Gespräch ergeben würden, hätte sie wohl lieber abgesagt, selbst auf die Gefahr hin, feige zu erscheinen.

## VI

Martina stand an der Werkbank.

Draußen über dem breiten Tor, das den Zugang zur Werkhalle freigab, stand in großen, weithin sichtbaren Buchstaben:

«Hans Heimann, Automobil- und
Flugzeugbau»

Martina war dabei, Ventilteller einzuschleifen. Eine eintönige Arbeit, die aber präzise und gewissenhaft ausgeführt werden mußte. Sie gab sich ihrer Tätigkeit mit Ausdauer und Liebe hin. Der Meister konnte nicht umhin, sich lobend zu äußern.

Überhaupt war Meister Riemer ein Schatz für sie. Durch ihn erfuhr sie, ob der Chef zufrieden war mit ihrer Leistung. Riemer behandelte sie als gleichberechtigte Mitarbeiterin und wußte sie vor etwaigen Übergriffen der männlichen Kollegen zu schützen.

Sie war nun schon so eingespielt auf ihre Arbeit, daß sie es sich gestatten konnte, ab und zu ihren Gedanken freien Lauf zu lassen.

Der Krieg dauerte jetzt bereits drei Jahre. Nachdem die Fliegerei für Martina ein Ende genommen hatte, war der Entschluß, nach Hause zu fahren, immer lebendiger geworden.

Da war die Aufforderung Hans Heimanns gekommen, ihn in seinem Büro aufzusuchen. Jetzt, in der Erinnerung, glaubte sie Schicksalhaftes zu erkennen.

Er hatte sie gebeten, Platz zu nehmen, und ihr eine Zigarette angeboten. Er selbst stopfte sich die unvermeidliche Shag und stieß dicke Rauchwolken aus, die sein Gesicht zeitweise völlig verhüllten.

Er schien eigentümlich erregt, obwohl er es zu verbergen suchte. Auch Martinas Gelassenheit war nicht ganz echt, aber die Neugierde überwog.

Dann stellte er eine Reihe komischer Fragen, wie sie zu Renate Machert, zu Mehrlin usw. stehe und ob sie überhaupt irgendwelche Bindungen habe.

Zuerst wollte sie aufbegehren und sich solche Indiskretionen verbitten. Aber Heimann sah ganz harmlos und freundlich aus, so daß ihre Antwort schließlich eher erstaunt als schroff klang.

Nein, sie habe keinerlei Bindungen, wenn man die an Wilma und die Brüder nicht rechne.

Da hatte er das Visier aufgeklappt:

Er und seine Frau lebten sehr einsam, kinderlos und nur auf sich allein angewiesen. Ob sie wohl Lust hätte, zu ihnen zu ziehen? Ein nettes Zimmer im Oberstock sei unbenützt, und ihr technisches Interesse rechtfertige eine Mitarbeit in der Fabrik. Entlöhnung nach erfolgter Einarbeitung, steigend mit den Leistungen. Bitte, Martina solle nichts übereilen, sich in Ruhe alle Für und Wider überlegen.

Hans Heimann war nun sachlich und nüchtern, mit einem

leichten, freundschaftlichen Unterton – ganz der Chef. Ihre eigene Erregung verflog. –

Sie hatte sich zum Bleiben entschlossen, und jetzt stand sie an der Werkbank und verrichtete Arbeit, wie sie der neuaufgenommene Automobilbau erforderte. Sie war Hausgenossin des Ehepaars Heimann geworden. Der Entscheid war ihr nicht schwergefallen, und bisher hatte sie ihn nicht bereut.

Doch eines Abends wurde das Gleichmaß, in dem sich ihr Leben zur Zeit abspielte, gestört.

Die Sirene heulte Betriebsschluß. Ihr langgezogener Ton löste ein Gewimmel aus wie in einem Ameisenhaufen. Täglich empfand es Martina als eine Wohltat, daß sie sich nicht um die Waschzuber zu drängen brauchte. Sie hatte ja kaum zweihundert Schritte zu gehen, um alles vorzufinden, was zu einer gründlichen Reinigung nötig war.

Das kleine Einfamilienhaus, das sich Hans Heimann gebaut hatte, stand ein wenig abseits. Durch den hinteren Eingang, der von den ständigen Bewohnern meistens benutzt wurde, gelangte man direkt in die Küche.

Hier war Frau Heimann nach Fabrikschluß regelmäßig bei der Bereitung des Nachtessens anzutreffen. Heute war die Küche leer, und auf der Anrichte stand ein Tablett mit Geschirr. Ein ungewohnter Anblick! Martina überkam ein Gefühl der Beklemmung.

Rasch wusch sie sich am Schüttstein die Hände und sprang, zwei Stufen auf einmal nehmend, die Treppe hinauf.

In ihrem Zimmer mußte sie tief Atem schöpfen und das wild schlagende Herz beruhigen. Auch hier, in ihren vier Wänden, war etwas anders als sonst. Ein süßlicher, milder Duft wie von Tabak hing in der Luft. Während sie noch stand und sann, hörte sie ihren Namen rufen. Es war Hans Heimann; als sie sich über das Geländer beugte, sah sie ihn unten stehen und zu ihr heraufschauen.

«Martina, würden Sie so freundlich sein, das Abendessen zu richten? Meine Frau mußte unerwartet verreisen und wird einige Tage wegbleiben. Da müssen wir uns behelfen, so gut es eben möglich ist.»

Das Ansinnen war sachlich und freundlich gestellt, halb Bitte, halb Befehl.

Trotz Beklemmung und inneren Widerstrebens antwortete Martina: «Gewiß, Herr Heimann, ich komme.»

Wenig später trug sie das Tablett ins Zimmer und deckte den kleinen runden Tisch so, daß sie Hans Heimann gegenüber zu sitzen kam. Bald war alles bereit.

Sie mußte noch warten. Angestrengt lauschte sie, von der Küche her hörte sie Wasserrauschen und Gläserklirren. Wieder wollte das beklemmende Gefühl aufkommen. Nun, sie würde auf der Hut sein.

Das Mahl verlief einsilbig. Martina versuchte das Schweigen zu brechen und das Gespräch auf ihre Arbeit zu lenken. Auf diesem Boden fühlte sie sich sicher, und Hans Heimann ging, wenn auch widerwillig und zögernd, darauf ein.

Ja, er war zufrieden mit ihren Leistungen, die, wie Meister Riemer immer betonte, erstaunlich und ungewöhnlich seien für eine Frau.

Martina gab es einen Stich. Schon wieder diese kränkende Betonung des Geschlechts! Sollte das denn nie aufhören?! Sie mußte sich beherrschen, um nicht davonzulaufen. Ihr Gesicht aber hatte sie nicht in der Gewalt, so daß der Mann die Verstimmung bemerken mußte, die sich wie ein Schatten auf ihrem Antlitz ausbreitete. Hatte er etwas Unpassendes gesagt? Es war doch ein Lob gewesen und ganz ehrlich gemeint.

«Ganz im Ernst, Martina, Sie ersetzen uns vollständig eine männliche Arbeitskraft, und das ist doch bestimmt keine Beleidigung. Aber», er zögerte, «ich, ja, ich hatte mir den Verlauf des Abends etwas anders vorgestellt. Ich habe geglaubt, Sie hätten mich ein wenig gern, hätten etwas übrig für mich. Oder ... habe ich mich da getäuscht?»

Sein Blick suchte den ihren, doch Martina hielt beharrlich den Kopf gesenkt. Sie sah sehr blaß aus; Schweigen stand zwischen ihnen. Draußen bellte Harro, der große Schäferhund, in hellen, scharfen Tönen.

«Will mal sehen, was er hat», murmelte Heimann und erhob sich. Die Störung kam ihm nicht unwillkommen. Beim Hinausgehen dachte er kopfschüttelnd: «Ein seltsames Mädchen.» Vielleicht mußte sie Zeit gewinnen, vielleicht war er nicht behutsam genug gewesen und hatte sie erschreckt. Aber wie anders sollte er denn sagen, was ihn bewegte?!

Seiner einfachen, geraden Mannesnatur waren alle Umwege zuwider. Schöne Reden waren nicht seine Sache. Er war sich völlig klar darüber, daß er Martina liebte, wie ein Mann eben eine Frau liebt, mit aller Hoffnung auf die letzte Erfüllung. Sie war das pure Gegenteil von Christina, seiner Frau: frei, großzügig, mit brennendem Interesse für alles, was Technik hieß. Ihre Fragen waren so klar und fachmännisch sicher, daß er einmal förmlich erschrocken war. Es war Krieg, und jeder mußte denken: «Feind hört mit.» Sie schien damals seine Gedanken erraten zu haben, sie hatte ihn angeschaut mit einem Blick, den er nie würde vergessen können. So war es heute zu dem Ausspruch gekommen: «Ich habe geglaubt, sie hätten etwas übrig für mich.» Heimann schrak aus seinen Gedanken auf.

«Sie können ruhig schlafen, Chef. Der Hund hat mich nicht gleich erkannt, darum hat er angeschlagen. Es ist alles im Lot.»

«Ach ja, Rückert, auf Sie kann ich mich verlassen, und ich verlasse mich auch weiterhin auf Sie.»

«Das können Sie, Chef, gute Nacht.»

«Gute Nacht, Rückert. Aber wenn doch was los ist, dann sofort Alarm. Na, Sie wissen ja Bescheid.»

Als Hans Heimann ins Zimmer zurückkam, war es leer und Martina verschwunden. Verblüfft schaute er sich um. Was er sah, war peinliche Ordnung, der Tisch abgeräumt, die Stühle untergeschoben. Durch das weit offene Fenster strömte reine, klare Luft herein. Der Mann mit der Flasche und den beiden Gläsern in der Hand sah nicht gerade geistreich aus.

Lange noch saß er an dem Platz, an dem Martina gesessen hatte, und dachte nach über das «seltsame Mädchen», von dem er geglaubt hatte, es habe etwas für ihn übrig.

«Martina», rief er halblaut und wußte, daß er nicht gehört wurde.

«Es war stockfinster, als ich aus dem Schlafe geweckt wurde durch ein Gepolter, als würde etwas umgestoßen. Sie können mir glauben, Herr Sanitätsrat», Martina sah dem alten Arzt, dem sie lange Zeit später diese Nacht schilderte, mit offenem Blick in die Augen, «ich hatte Angst, ganz gewöhnliche Angst, und mein Herz schlug wie ein Hammer. Aber, und das war das Seltsame, dieser Zustand dauerte nicht lange. Plötzlich wandelte sich das Angstgefühl in eine deutliche Empfindung von Wohl und Wehe. Noch während ich in die Finsternis lauschte, merkte ich, daß ich nicht mehr allein im Zimmer war. Ich wollte rufen, aber die Stimme versagte mir. Plötzlich lag Hans Heimann neben mir im Bett. Er war nackt, das spürte ich durch mein leichtes Nachtkleid. Seine zitternden Hände begannen an meinem Körper herumzutasten. Es kam zu einem erbitterten Ringen, in dem ich Sieger blieb; endlich ließen seine Hände von mir ab. Der Mann seufzte wie gequält; still lag sein Körper neben dem meinen, der in keiner Weise reagiert hatte. Ach, ich weiß nicht, wie soll ich es nur erklären?!»

Martina hielt inne in ihrem Bericht, sie schien erschöpft zu sein, so daß der Arzt sagte: «Wenn Sie heute nicht weitersprechen wollen, dann warten wir bis zum nächsten Mal.»

Martina, wie aus einem Traum erwachend, erwiderte: «Nein, bitte nein, Herr Doktor, hören Sie mich an, diese Nacht möchte ich noch schildern dürfen. Es ist nur so schwierig, verständlich zu machen, was ich empfunden habe. Doch ich will versuchen, mich deutlich auszudrücken.

Wie ich schon sagte, mein Körper reagierte in keiner Weise, weder zustimmend noch ablehnend. Er war so starr und reglos wie ein Stück Holz.

Um so lebendiger wurde es in meiner Seele. Ein bisher unbekanntes Wohlgefühl durchströmte mich. Von dem starken, warmen Körper an meiner Seite ging es auf mich über wie ein wohltätiger Strom, der mich einhüllte von Kopf bis Fuß. So hätte ich liegen mögen in alle Ewigkeit. Ein Mensch lag neben mir. Nicht ein Mann, sondern einfach ein Mensch, geschlechtslos und nah. Ein Mensch, dem ich ein bisher nicht gekanntes, ungeahntes Glück verdankte. Ich konnte sein Gesicht nicht erkennen, nur ahnen neben dem meinen. Von Dankbarkeit ergriffen, suchte ich den herb geschlossenen Mund und küßte ihn. Küßte die geschlossenen Augen, die nicht mehr begehrenden Hände. Der Körper neben mir erzitterte wie in einem Fieberschauer. Eine große, gute, warme Hand glitt über mein Gesicht, und zwei Lippen berührten scheu meinen Mund. Dann war der Platz neben mir leer.

Leise fiel die Tür ins Schloß, und ich ahnte, daß dies eines der schönsten und reinsten Ereignisse meines Lebens gewesen war . . .»

Ende des Jahres 1917.

Immer noch lief die Kriegsmaschine, wenn auch nicht mehr auf vollen Touren. Alle Beteiligten schienen es satt zu haben, aber von keiner Seite kam ein wirklich rettender Gedanke als Basis für den endgültigen Schlußstrich. Die maßgebenden Stellen schienen blind und taub zu sein, aller Vernunft und Einsicht zum Trotz.

Peter Marsell war gefallen. Ein Volltreffer hatte seine Batterie erwischt und ihn mit zerrissen.

Wilma schrieb sehr traurig, aber gefaßt und ergeben. In Martina flammte heftiger Schmerz und Zorn auf.

Unbegreiflich auch dieser Tod. Peter, der junge, hoffnungsvolle, kerngesunde Mensch, begabt mit allen Möglichkeiten für ein erfülltes, nutzvolles Leben in dieser Welt und für die Menschheit. Warum er und nicht sie?! Sie strich sich über die Stirn und blickte auf den Stock, der neben ihr an der Wand lehnte.

Wie war das doch gewesen?

Es war schon einige Wochen her, da hatte sie ihre geliebte 45-PS-Maschine aus dem Hangar gerollt, um wieder einmal einen kleinen Rundflug zu wagen. So lange hatte sie das entbehrt. Sie hatte alles geprüft und in Ordnung gefunden. Leicht hob sich der Riesenvogel vom Boden. Das Flugfeld wurde immer kleiner. Tief unten lag die Fabrik, daneben die kleine Villa. Martina dachte an den Mann, der sie liebte und den sie nicht lieben konnte, wie er es hoffte und wünschte.

Runde um Runde zog die Maschine ihre Bahn, und der Motor sang sein helles, metallenes Lied dazu.

Vier Uhr dreißig, um fünf Uhr war Wecken. Dann würde es bald wimmeln am Boden und in der Luft. Also hinunter. Immer enger wurden die Spiralen, die Erde kam näher.

Plötzlich bemerkte sie entsetzt, daß sie dem Wald entgegenflog. Schon erkannte sie deutlich, fast in Augenhöhe, die Spitzen der Bäume. War sie zu tief hinuntergeraten? Scharf legte sie das Seitensteuer ein. Oh Unglück! Sie hatte die Kurve zu steil genommen, die Maschine raste dem Boden zu, rutschte über den Flügel ab.

Krachen, Splittern, ein dumpfer Schlag gegen den Kopf, Dunkelheit. Dann wußte Martina nichts mehr.

Doch, da war noch etwas. In Sekundenschnelle rollte ihr ganzes bisheriges Leben vor ihrem inneren Auge ab. Darüber aber sprach sie später nie . . .

Sie erwachte in ihrem Bett, um das drei Menschen standen. Das Ehepaar Heimann und ein Arzt bemühten sich um sie und warteten darauf, daß sie die Augen aufschlug. –

Ja, so war es gewesen. Martina seufzte tief auf. In ihrer Hand knisterte der Brief von Wilma, den sie soeben erhalten hatte.

«Peter, armer Peter», dachte sie. Dann gingen ihre Gedanken wieder zurück in die Vergangenheit.

Das erste, was sie erblickt hatte, war das bleiche, angstvolle Gesicht Hans Heimanns gewesen. Aber ihr erster Gedanke hatte der Maschine gegolten, der 45er, seiner geliebten «blauen Maus», wie er sie gern nannte. Sie konnte sich nicht mehr erinnern, was sie gesagt hatte, doch plötzlich hatte sich sein Gesicht erhellt:

«Die blaue Maus? Auf die kommt es nicht an, die flicken wir wieder zusammen. Hauptsache, Sie leben, Martina, und werden wieder gesund.»

Dann waren die drei aus dem Zimmer gegangen, Hans Heimann als letzter. Rasch hatte er sich über sie gebeugt. Wieder ein scheuer Kuß und: «Martina, daß du lebst!»

Danach war sie eingeschlafen, hatte geschlafen, immer wieder geschlafen. Wochenlang.

Nun war sie entlassen aus der ärztlichen Fürsorge. Zwar war der Kopf noch recht empfindlich, und das Gehen fiel ihr schwer. Aber es wurde doch merklich besser.

Sie müsse halt Geduld haben!!

Geduld, es schien ihr wieder einmal, als sei ihr ganzes Leben eine einzige Prüfung in dieser so schwierigen menschlichen Eigenschaft.

Und dabei merkte sie gar nicht, wie jung, wie köstlich jung sie war. Das ganze Leben stand ihr offen; denn daß der Tod sie noch nicht haben wollte, das hatte der Absturz bewiesen.

Mit keinem Wort hatte Wilma geklagt oder angedeutet, die Schwester solle heimkommen. Doch Martina hatte den Ruf zwischen den Zeilen gelesen und beschlossen, sofort zu reisen. Peters Tod rechtfertigte den schnellen Entschluß. Eine innere Stimme sagte ihr allerdings, die Reise sei eine Flucht ...

Nun war Martina schon vier Wochen daheim. Sie hatte sich bemüht, nur noch sporadisch an Hans Heimann zu denken, Abstand zu gewinnen. Das war ihr nur zum Teil gelungen. Immer wieder tauchten die Erinnerungen an die letzten Stunden auf.

Sie hatte ihren Entschluß, Borkwalde zu verlassen, sofort ausführen wollen. Hans Heimann und seine Frau saßen mit einem Gast zusammen, als sie kam, um sich zu verabschieden. Sie habe eine fremde Stimme gehört und nicht stören wollen, entschuldigte sie sich. So fiel es nicht auf, daß sie bereits reisefertig war. In einer Stunde fuhr der Zug. Martina, den Trauerbrief in der Hand, bat für die Eile um Verständnis. Hans Heimann war wieder ungewöhnlich bleich und bestand darauf, Martina an den Zug zu bringen. Er wollte unbedingt ihr Gepäck tragen. Seine Frau unterstützte ihn und bedauerte, daß sie nicht mitkommen konnte. Doch sie wollte den Gast nicht allein lassen. Sie drückte Martina ihr Beileid zu Peters Tod aus und meinte, es sei verständlich, daß sie jetzt der Schwester beistehen müsse.

Der kurze Weg zum Bahnhof war eine Qual gewesen, die Martina in Gedanken noch oft durchlebte. Es zog sie mit aller Macht zu dem Mann, den sie liebte, und doch wäre es ihr unmöglich gewesen, das Angebot, das er ihr im Schutze der eintretenden Dunkelheit machte, anzunehmen: Er wollte sich scheiden lassen, falls Martina bereit war, ihn zu heiraten.

Ein wonniges Gefühl durchströmte sie. Der Gedanke, immer bei ihm zu sein, Tag und Nacht, Wochen und Monate, viele Jahre vielleicht, löste einen beglückenden Schauer aus.

«Sag ja, Martina, und werde meine Frau!»

Da erwachte sie wie aus einem Traum. Nein, nein, unmöglich. Sie hörte sich reden, hastig, atemlos. Was ihm denn einfalle, seine Frau, die so viele schlimme Zeiten mit ihm durchgehalten habe, einfach wegschicken wollen? Daß er ihr so etwas zumuten könne!

Sie wußte genau, daß es unehrlich, verlogen war, was sie da

redete. Aber hätte sie ihm verraten dürfen, wie es in Wirklichkeit in ihr aussah? Hätte sie das Herzweh schildern können, daß sie am liebsten hinausgeschrien hätte: «Ich liebe dich ja, mehr als irgendeinen anderen Menschen auf der Welt. Aber nur meine Seele kann dich lieben, nicht mein Leib!»

Weit hatte sie sich aus dem Fenster des Zuges gelehnt, bis die geliebte Gestalt kleiner und kleiner geworden und zuletzt mit den wenigen Lichtern, die den Bahnhof erhellt hatten, im Dunkel verschwunden war.

Borkwalde! Es war eine schöne, reiche Zeit – und alles in allem eine unbeschwerte Zeit gewesen.

Liebevoll hatte Wilma die Schwester empfangen und tat alles, um ihr das Leben zu erleichtern. Um so schmerzlicher war der neuerliche Abschied nach der viel zu kurzen Zeit des Beisammenseins, denn es schien, als wolle die Vergangenheit Martina nicht loslassen. Renate Machert hatte sich erschossen. Die Polizei forderte Martinas Anwesenheit und Zeugenaussage.

So fuhr sie wieder nach Borkwalde, und als sie nach der langen Fahrt aus dem Zuge stieg, sah sie bleich und erschöpft aus. Wieder war sie der einzige Fahrgast, der in dem kleinen Ort aus dem Waggon kletterte. Aber damals war alles neu, unbekannt, voller Spannung und Erwartung gewesen. Heute war es anders; statt freudigen Drängens fühlte sie bange Traurigkeit.

Sie schüttelte sich. Nur nicht weich werden! Energisch nahm sie ihren Koffer auf, der ihr schwerer vorkam als am Morgen. Schnell überschritt sie die Geleise.

Der kleine Gasthof glich einem Bienenkorb. Die Ausbildung von Militärpiloten lief auf Hochtouren. So waren viele Schüler privat im Gasthaus Vogler untergebracht.

Tante Anna zog Martina in die Küche, den einzigen Ort, an dem es ruhig war, wo man ungestört ein Wort reden konnte.

Die rundliche, immer fröhliche Wirtin sah elend und verhärmt aus.

Sie schob Martina einen Hocker hin und reichte ihr eine Tasse starken Kaffee. Das tat gut, in einem Zuge trank Martina die Tasse leer. Dann fragte sie:

«Was ist denn nun eigentlich geschehen, Tante Anna? Ich

habe nur Bruchstücke gehört und weiß eigentlich gar nichts. Sie brauchen mich nicht zu schonen. Ich bin auf alles gefaßt.»

Der Bericht war nur kurz. Renate hatte mit Mehrlin ein Verhältnis gehabt; als sie ihrem Leben ein Ende setzte, war sie im sechsten Monat schwanger. Mehrlin hatte die Einberufung erhalten und am Morgen vorher Borkwalde verlassen müssen. Am Nachmittag war es dann geschehen. Onkel Fritz hatte den Schuß gehört und Renate auf dem Bett liegend gefunden. Sie war sofort tot gewesen. Dann war der Arzt gekommen, die Polizei.

«Ach, es war schrecklich, daß uns das passieren mußte!» Tante Anna weinte leise vor sich hin, mehr aus Mitleid mit sich selbst als mit Renate, wie Martina schien.

Das Telefon klingelte. Tante Anna nahm den Hörer ab.

«Herr Heimann», flüsterte sie, «er hat schon ein paar Mal nach Ihnen gefragt.»

Martina zwang sich zur Ruhe, vielleicht wartete man schon wieder auf eine neue Sensation.

«Ja, Herr Heimann, ich bin soeben angekommen.»

Sie lauschte auf die Stimme von drüben, die ihr so lieb und vertraut war.

«Also ich nehme Ihr Angebot, bei Ihnen zu wohnen, dankend an. Bitte sagen Sie auch Ihrer Frau meinen Dank. Mein Koffer? Ach, der ist nicht schwer. Aber wenn Sie mich trotzdem holen wollen, bin ich froh; denn ich bin sehr müde.»

Sie legte auf.

«Heimanns wollen, daß ich bei ihnen wohne, solange ich hier bin. Mir ist es recht, ruhiger ist es da bestimmt als hier unter den Soldaten.»

Tante Anna pflichtete ihr bei. Wenig später hielt Hans Heimann mit seinem komischen Gefährt vor dem Gasthof.

Martina hatte es schon von weitem gesehen und mußte lachen. Was war das doch für ein lächerliches Vehikel. «Nuckelpinne» hatten es die Flugschüler getauft, und keiner außer dem Erbauer konnte es fahren.

Nachdem er Martina begrüßt und sie samt dem Gepäck verstaut hatte, klemmte er sich hinter das Lenkrad, was nicht ohne engste Berührung mit dem Fahrgast möglich war.

Während der kurzen Fahrt wechselten sie kein Wort. Frau

Heimann empfing Martina am Aufgang zur kleinen Villa. Ihr Wesen, sonst eher herb und kühl, war freundlich, ja beinahe herzlich. Sie schien noch ganz unter dem Eindruck des tragischen Geschehens zu stehen.

Während ihr Mann den Wagen versorgte, führte sie ihren Gast ins Haus.

Renate war gestern beerdigt worden. Unerwartet hatte die Polizei die Leiche freigegeben, nachdem einwandfrei geklärt war, daß kein Einfluß von dritter Seite im Spiel gewesen war. Alles war so überstürzt gekommen, daß niemand daran gedacht hatte, Martina zu benachrichtigen.

«Dann hätte ich ja gar nicht zu kommen brauchen. Ich war der Meinung, die Polizei müsse mich verhören?!»

Martina fing einen bittenden Blick Hans Heimanns auf, der gerade ins Zimmer trat und ihre Worte gehört hatte.

Erst jetzt bemerkte sie, wie unglücklich er aussah. Deshalb fügte sie sanfter hinzu: «Natürlich freue ich mich, wieder einmal hier zu sein, wenn auch der Anlaß kein freudiger ist.»

Martina schlief tief und traumlos. Spät am Morgen erwachte sie und mußte sich erst besinnen, wo sie eigentlich war. Im Haus war es still. Der Tisch mit dem Frühstück war sorglich vorbereitet. Sie aß mit gutem Appetit und fühlte sich frei und leicht.

Von draußen drangen die wohlbekannten Geräusche an ihr Ohr, vertraut und lockend.

Der Brotkorb war leer. Sie trug das Geschirr in die Küche. Frau Heimann war wohl im Hühnerstall, sie sah die Tür offen stehen.

Renate fiel ihr ein, und ihre frohe Stimmung trübte sich. Kaum zwei Monate waren es her, daß sie ihr – zum letzten Mal begegnet war.

Warum nur, rätselte sie, warum nur konnte man es nicht bewußt erleben, dieses letzte Mal? War das ein Glück oder Unglück? Sollten die Augenblicke einer letzten Begegnung zwischen Menschen nicht getrübt werden durch Gedanken an Sterben und Vergehen? Und doch, wie gut wäre es, darum zu wissen. Man solle jeden Abschied als den letzten betrachten, hatte sie gelesen. Sie nahm sich vor, in Zukunft wacher zu sein.

«Haben Sie gut geschlafen, Martina?» Frau Heimann trat an den Schüttstein und wusch sich die Hände.

«Wie ein Bär, kaum zum Aufwachen. Aber ... Frau Heimann, ich schäme mich, ich habe alles aufgegessen, was auf dem Tisch stand. Und das im Krieg. Sind Sie mir sehr böse?»

Die Frau lachte.

«Unsinn, Martina, was heißt hier schämen? Was auf dem Tisch steht, ist zum Essen da. Übrigens, wenn Sie fertig sind, gehen Sie doch gleich ins Büro zu meinem Mann. Er will Ihnen seine neuen Pläne zeigen und freut sich, wie er sagt, auf Ihr fachmännisches Urteil.»

War es Täuschung, oder hatte in den letzten Worten ein Unterton von Ironie mitgeklungen? Martina faßte sich schnell, obwohl ihr das Blut in die Wangen schoß.

«Das freut mich, Frau Heimann, glauben Sie mir, die Technik fasziniert mich; ich wünschte, ich könnte mich richtig ausbilden. Ob so etwas wohl möglich ist, und ... ob es dazu bei mir reichen würde?»

Frau Heimann hielt den Kopf gesenkt, das nervöse Spiel ihrer Finger zeigte, daß sie nicht so ruhig war, wie es schien.

«Nun, da muß wohl erst der Krieg vorbei sein, und seine Auswirkungen müssen klar werden, bevor man Pläne schmieden kann. Aber jetzt gehen Sie, mein Mann wird schon ungeduldig sein.»

Richtig, dachte Martina, die Kriegsfolgen müßten abgeklärt sein und noch manches andere. Dabei dachte sie an ihre eigene Körperlichkeit.

Hans Heimann stand über das Zeichenbrett gebeugt, doch der Stift in seiner Hand ruhte; seine Gedanken schienen nicht bei der Sache zu sein. Er wandte Martina das Profil zu, so daß sie ihn betrachten konnte, ehe er sie gewahrte. Er schien ihr gealtert, sah gequält und müde aus. Jetzt drehte er sich um; bei ihrem Anblick leuchtete es in seinem Gesicht auf wie Sonne an einem trüben Tag. Dasselbe hatte sie doch schon einmal erlebt, doch wo und wann?

Blitzartig tauchte in ihrer Erinnerung die Apothekerbaracke in Marmarosch-Szighet auf. Ein Mann darin, Alfred Überall. Dort hatte sie dasselbe Aufleuchten erlebt bei ihrem Erscheinen. Und damals hatte es sie ebenso erschreckt wie jetzt. Erwartungen lagen darin, die sie nicht erfüllen konnte, weder hier noch dort . . .

Sie wurde traurig und wünschte sich weit fort.

Erschrocken trat Hans Heimann auf sie zu.

«Was ist, Martina, fühlst du dich schlecht?» Behutsam drängte er sie auf einen Stuhl. «Wie blaß du bist, komm setz dich!»

Ihre Knie zitterten. Zu dumm, daß sie sich so wenig beherrschen konnte. Wenn er nur nicht fragen wollte! Sie fühlte die Hand des Mannes auf ihrer Schulter, diese große, gute Hand, die sie so oft im Traum gespürt hatte und die sie jetzt so sehr erschreckte.

Sie schlug die Hände vors Gesicht. Ihn nur jetzt nicht anschauen müssen. So unglücklich und hilflos wie im Augenblick hatte sie sich schon lange nicht mehr gefühlt. Verflogen waren alle Hoffnungen und Pläne.

Hans Heimann war ratlos.

«Freust du dich denn gar nicht, wieder bei mir zu sein? Bedeute ich dir nichts mehr?»

Ehrlicher Kummer und ein leichter Vorwurf schwangen in seinen Worten mit.

«Ach, wie kann ein Paria sich freuen?!»

Fast unhörbar, aber doch verständlich, waren ihr die Worte entschlüpft. Sie lauschte ihnen nach, und erschreckt wurde ihr bewußt, daß sie die Karten aufgedeckt hatte. Das Spiel war verloren, war aus.

Mit einer Zartheit, die man dem eher rauhen Mann nicht zugetraut hätte, wandte er den Kopf Martinas zu sich und löste die Hände von ihrem Gesicht.

«So darfst du nicht sprechen, Martina! Ein Paria! Ein Ausgestoßener, ein Zweitrangiger, das bist du nie und nimmer. Was immer auch sein mag, gib dich nicht auf, setz dich durch. Du bist ein Mensch mit dem gleichen Lebensrecht wie jeder andere. Hörst du? Lebe, mir zuliebe. Doch nein, was sage ich da – dir zuliebe. Laß uns Freunde sein, auch wenn das Geheimnis, das in jedem Menschen verborgen lebt, zwischen uns steht. Ich ahne manches. Komm, laß uns abschütteln, was auf uns lastet . . . schau dir meine Arbeit an!»

Den 9. November 1918 verlebte Martina in Borkwalde, im Hause Heimann.

Revolution, Aufbruch der Massen, Zertrümmerung aller Traditionen – Chaos, wohin man blickte. Aber endlich Waffenruhe, Kriegsende, Schluß mit dem sinnlosen Morden.

Der Betrieb war stillgelegt. Die Arbeiter feierten. Niemand wußte, wie es weitergehen sollte. Zu Ausschreitungen war es nicht gekommen. Dazu war das Verhältnis zwischen Chef und Arbeiterschaft zu gut, zu kameradschaftlich.

Ruhe und Beschaulichkeit taten gut. Es würde noch einige Zeit vergehen, bevor man im Werk die Arbeit wieder würde aufnehmen können. Der Betriebsrat mußte ja funktionieren. Hans Heimann kümmerte sich nicht viel um diese Dinge. Wenn eine Abordnung mit Vorschlägen kam, hörte er sich diese ruhig an, sagte ja, wenn ihm die Sache einleuchtete, sagte nein, wenn er sie nicht akzeptieren konnte. Seine gute Art, mit Menschen umzugehen, erleichterte die oft nicht einfache Aufgabe wesentlich.

Alles schien in bester Ordnung.

Zwischen Heimann und Martina hatte sich ein schönes Verhältnis herausgebildet. Lehrender und Lernende. Martina war glücklich und gab sich frei und ungezwungen.

So merkte sie nicht, wie das Unheil heranschlich und die Wolken sich türmten, denn die Ruhe war trügerisch.

Eines Tages sprang die Bestie auf, die bis dahin geschlummert hatte. Leidenschaft brach aus den sonst so ruhigen Augen Hans Heimanns, seine Hände zitterten, rauh klang seine Stimme. Anklagen, nichts als Anklagen schleuderte er ihr entgegen, und plötzlich schrie er: «Geh!!»

Martina war zutiefst betroffen, war sie sich doch keiner größeren Schuld bewußt als der eines allzugroßen Vertrauens, einer allzu großen inneren Hingabe. Sie schüttelte das Weh ab, das sie überkommen wollte. Zurück blieb eine Mischung von Zorn, Wut, Enttäuschung und mitleidiger Verachtung. Jetzt sah sie klar. Hier war ihres Bleibens nicht mehr, und noch ehe der Abend anbrach, hatte sie das Haus und Borkwalde verlassen.

Als sie die lange Straße hinunterblickte, an deren Rand der kleine Friedhof mit dem einsamen Grab Renate Macherts lag, wollte sie ein leises Gefühl des Neides beschleichen. Für Renate gab es keine Probleme mehr, sie hatte sie selbst gelöst. Vorzeitig? Unsinnig? Wer konnte es wissen!? Doch nein, so wollte sie nicht enden, niemals ...

Berlin-Wilmersdorf, Holsteinische Straße 25, bei Simmel, das war Martinas neue Adresse.

Eine winzige Mansarde. Ein Bett, ein Tisch, ein Stuhl, ein Kleiderkasten, und hinter einem Vorhang die Waschgelegenheit.

Das verhältnismäßig große Fenster gab den Blick frei auf die Dächer und ein wenig Hinterland, auf den Himmel mit einem weiten Horizont. Die Lage, Südwesten, verhieß Sonne, wenn sie geneigt war, hinter dem Wolkenvorhang hervorzukommen.

Martina Marsell, seit drei Tagen Bewohnerin dieses Domizils, lag auf dem Bett und rauchte. Der Aschenbecher auf dem dicht herangezogenen Stuhl war voller brauner Stummel, die Luft stickig vom vielen Rauch. Martina hustete, sprang auf und öffnete weit das Fenster. Es roch nach Frühling und Regen. Martina atmete tief und gierig. Jetzt hatte sie das Gefühl: das Leben ist gut, einfach weil es gut ist zu leben.

Morgen wollte sie an Wilma schreiben; sie hatte ganz bestimmte Pläne für die Zukunft.

Da klopfte es an die Tür. Frau Simmel, die Vermieterin, meldete einen Herrn an.

Martina erschrak. Unwillkürlich griff ihre Hand zum Herzen. Nur das nicht! Nur nicht ein Besuch von Hans Heimann. Die Wunde war noch zu neu, schmerzte, war noch nicht vernarbt.

Doch ihre Sorge war unnötig, es war Henry, ihr Bruder. Wortlos umarmten sich die Geschwister. Frau Simmel zog die Tür hinter sich zu.

Henry faßte sich zuerst.

«Fürstlich hast du es hier nicht gerade, Mart», meinte er, sich umschauend und ihren Kosenamen gebrauchend. «Aber nun erzähl mal, warum bist du nicht mehr in Borkwalde?»

Martina, immer noch mit Rührung und Überraschung kämpfend, half ihm, den schweren Mantel abzulegen und bat ihn, zuerst von sich, von Wilma und überhaupt von daheim zu erzählen. Sie hoffte, er würde so die Frage nach Borkwalde vergessen.

Viel war nicht zu berichten. Immerhin gab es einige Neuigkeiten. Henry und Olly, seine langjährige Freundin, würden heiraten. Wann? Bald, wahrscheinlich schon im Mai.

Und Wilma hatte sich verlobt. Was, die tapfere, selbständige Wilma wollte das Joch der Ehe auf sich nehmen?

Ja, eine merkwürdige Schicksalsfügung. Man konnte es gar nicht anders bezeichnen.

Ein Freund von Peter Marsell war nach Friedrichsruh gekommen, um von Peters letzten Stunden zu erzählen. Der Freund war bis zuletzt mit dem Gefallenen zusammen gewesen. Er hieß Karlheinz Ortloff, und er und Wilma waren einander begegnet wie zwei gute alte Bekannte. Später bekannten sie, sie hätten vom ersten Augenblick an das Gefühl gehabt, für einander bestimmt zu sein.

Ortloff war Architekt, nicht mehr ganz jung, und hatte in seiner Heimat bereits einen guten Namen. Wilma würde es gut haben und entschädigt werden für die verflossenen harten Kriegsjahre mit ihren oft schwerwiegenden Belastungen und Entscheidungen. Das war ihr zu gönnen.

Jetzt würden er, Henry, und Olly die Zügel in die Hand nehmen. Gewiß, es würde nicht leicht sein, trotz Jugend und unverbrauchter Kraft, das Anwesen wieder hochzubringen. Nun ja, wer hatte es schon leicht nach einem verlorenen Krieg, wenn er ehrlich und anständig auf die Beine kommen wollte?!

«Übrigens», Henry richtete sich auf von dem Bett, auf dem er sich ausgestreckt hatte, «willst du nicht mit sein von derPartie? Schließlich ist Friedrichsruh doch auch deine Heimat, und Olly wäre glücklich, eine Schwester zu bekommen.»

Martina sprang auf, sie sah nicht die ehrliche Sorge im Auge des Bruders, sie sah einfach rot.

«Nie», zischte sie und durchmaß den kleinen Raum mit langen Schritten von einer Ecke zur anderen. Da war es also wieder, das Gezeichnetsein, das Weib-sein-Müssen, das man nicht wollte, aber sein sollte, nur weil es im Taufregister so verzeichnet war. Wo hatten sie nur damals ihre Augen gehabt, der Arzt, die Hebamme, die Mutter? Ach, verflucht, einem Geschlecht angehören zu müssen, das man weder begreifen noch bejahen, das man nur hassen konnte.

Henry hatte sich erhoben, hilflos, mit gesenktem Kopf stand er da. «Wir meinen es ja nur gut», brachte er stammelnd hervor. «Zwingen sollst du dich natürlich nicht, Mart, aber wissen, daß du uns jederzeit willkommen bist. Vergiß das nicht. Nun, es ist wohl besser, ich gehe», fügte er hinzu, als Martina immer noch schwieg.

«Bleib», sagte sie, trat dicht an ihn heran und riß sich mit einem Ruck das Hemd auf. Henry fuhr zurück.

«Verzeih», sagte er und wandte sich ab. «Verzeih, das habe ich ja nicht gewußt, Mart.» Martina schloß das Hemd über der flachen Jünglingsbrust, deren starke Behaarung dunkel war wie das Haar ihres Hauptes.

«Nun weißt du es», sagte sie, sich zur Ruhe zwingend. «Setz dich, Henry, du kannst doch ebensowenig dafür wie ich.»

Lange sprach Martina; als sie geendet hatte, begann es bereits zu dunkeln. Leidenschaftlich klagte sie ihr Schicksal an, das solche Mißgeburten in die Welt setzte – einfach so, nun sieh zu, wie du damit zurecht kommst.

Henry hörte aufmerksam zu; ab und zu stellte er eine Frage. Er kam sich vor wie ein Beichtvater, und schließlich erfuhr er die ganze Not. Er hörte von der Sache mit der Uniform in Galizien, vom Werben des Apothekers, von der Leidenschaft zu Elena Czaki mit dem unglücklichen Ausgang; er erfuhr von der ersten Enttäuschung in Berlin und von der letzten mit Hans Heimann. – Er war tief erschüttert. Für ihn hatte es bisher keinerlei Zweifel an der alleinigen, gottgewollten Polarität der beiden Geschlechter Mann und Weib gegeben. Eine Verirrung der Natur, wie sie offenbar seiner Schwester zugestoßen war, traf ihn beinahe wie eine persönliche Beleidigung.

So groß sein Mitleid mit Martina war, sie wurde ihm plötzlich fremd, und ihre Weigerung, nach Friedrichsruh zu kommen, empfand er als eine Erleichterung. Mußte er nach dem soeben Vernommenen nicht auch für Olly bangen?!

Aber ... was sollte werden? Was sollte Martina beginnen? Wie schwer würde sie es haben, sich in der Welt durchzusetzen! Während er noch einer Lösung nachgrübelte, kam ihm Martina zuvor. Sie war jetzt wieder ganz ruhig; sich einmal aussprechen zu können hatte wohlgetan. Nun zeigte ihr Gesicht keinerlei Erregung mehr, eher Gleichmut, gemischt mit ein wenig Spott.

«Ja, so ist es nun um mich bestellt. Ein Paria, ein Ausgestoßener, zweitrangig, minderwertig. Laß gut sein», wehrte sie ab, als Henry aufbegehren wollte. «Ich weiß, was ich sage. Und nun höre meinen Plan. Ich wäre froh, wenn du zustimmen könntest. Ihr wollt also im Mai heiraten, Olly und du. Dann tut mir die Liebe und legt diesen Tag mit meinem Geburtstag zusammen, der ja auf den 17. Mai fällt. An diesem Tage werde ich einundzwanzig Jahre alt, also mündig. Feiert mit mir, ich feiere mit euch, es ist für alle ein bedeutungsvoller Tag. Dann bin ich noch einmal Martina, bin noch einmal eure Schwester, ein letztes Mal. Und dann gebt ihr mir mein Erbteil, auf das ich am Tage meiner Mündigkeit Anspruch habe. Dann bin ich selbst verantwortlich für mein Schicksal, und ihr seid mich los, seid befreit von mir.

Ich weiß nicht, was mir das Leben bringen wird. Trägt es mich nach oben, oder wirft es mich in den Abgrund?! Beides werde ich akzeptieren; ich werde mich nicht unterkriegen lassen. Darauf könnt ihr euch verlassen.

Sag ja, Henry! Du bist bis jetzt der einzige, der mein Geheimnis in voller Tragweite kennt. Laß mich meinen Weg gehen. Ich weiß, er wird anders sein als der Weg der sogenannten Normalen. Es wird aber *mein* Weg sein, ich muß ihn gehen. Vertritt mich bei Wilma und Olly. Ich bitte dich herzlich darum. Aber liefere mich nicht aus. Laß mich mein Leben leben . . .

## VII

Im Westen von Berlin, in der Tauentzienstraße, einer der belebtesten Straßen der Metropole, stand ein junger Mann am Rand des Gehsteigs. Über der Stadt wölbte sich ein blaßblauer Himmel, an einigen Stellen in ein lichtes Grün übergehend. Ein paar milchweiße Wolken zogen träge dahin wie Segel auf dem Meer. Es wehte ein leichter, kühler Wind. Er wirbelte vereinzelte gelbe Blätter vor sich her, die sich in diese steinerne Schlucht verirrt hatten.

Ein solch krauses Gebilde fiel dem jungen Mann direkt vor die Füße. Er bückte sich, hob es auf und hielt es in der Hand wie eine Kostbarkeit. Sinnend, beinahe liebevoll blickte er darauf nieder. Er achtete nicht der Vorübereilenden, von denen ihn mancher teils spöttisch, teils mitleidig musterte.

Das Blatt zerkrümelte zwischen seinen Fingern. Bald hatte der Wind die letzte Spur verweht.

Der junge Mann lächelte, schob die Hände in die Taschen der kurzen Sportjacke und setzte sich langsam in Bewegung. Es wurde höchste Zeit; denn schon hatten sich einige Neugierige eingefunden, eine Sensation witternd. Da nichts geschah, gingen sie enttäuscht davon.

Indessen war der Jüngling in der Menge untergetaucht. Vor der Kaiser-Wilhelm-Gedächtniskirche hielt er an. Sollte er sich noch einen Tee oder einen Mokka double gönnen, bevor er sich in die «Höhle des Löwen» begab? Nun, schaden konnte es nicht, das zaghafte Gemüt ein wenig aufzumuntern.

So betrat er das Romanische Kaffee, das um diese Zeit nicht übermäßig besetzt war, und suchte sich im Hintergrund einen Tisch.

Seine Aufmerksamkeit galt den bereits Anwesenden. Wie würden sie auf sein Erscheinen reagieren? Würden sie ihn besonders aufs Korn nehmen, oder würden sie ihn ignorieren?

Zu seiner Genugtuung war letzteres der Fall. Niemand beachtete ihn. Ein junger Mann in einem Kaffee, ein Nichtstuer. Es gab deren viele, jetzt nach dem Krieg.

Der Jüngling fühlte sich merklich sicherer. Auch ein Blick in die Spiegelscheibe des gläsernen Aufsatzes an der Theke trug nicht unwesentlich dazu bei.

Der dunkle, gut geschnittene Anzug saß vorzüglich, und die Kravatte war tadellos. Hut und Mantel hingen in Sichtweite an einem Haken. Gleichmütig nahm der Kellner die Bestellung entgegen: Mokka double, eine Packung Zigaretten, Blaupunkt.

«Zehn oder zwanzig Stück?»

«Zwanzig, bitte.»

Der Mann ging gleichmütig weg, tippte einen Bon, gab ihn am Buffet ab und kam mit den Zigaretten zurück. Er reichte dem Gast die geöffnete Packung und gab ihm Feuer.

Der junge Mann dankte und lehnte sich behaglich in seinem Sessel zurück.

Abermals ging sein Blick in die Runde, und wieder überkam ihn das beruhigende Gefühl: ich bin unauffällig, es beob-achtet mich niemand, ich bin Mann unter Männern, Gast unter Gästen.

Während der Mokka abkühlte, vertiefte er sich zum x-tenmal in den Inhalt eines Schreibens, das er aus der Innentasche seines Jacketts gezogen hatte. Sein Gesicht verdüsterte und erhellte sich abwechselnd.

Der Brief enthielt die Aufforderung, sich im Institut für Sexualwissenschaft zur Untersuchung und Beratung einzufinden. Ein Blick auf die Uhr zeigte zehn Uhr – also noch eine Stunde Zeit bis zum angegebenen Termin.

Gut so, eine Gnadenfrist. Der junge Mann atmete erleichtert auf. Angenehm würde dieser Gang gewiß nicht sein. Noch konnte er sich dagegen entscheiden. Doch nein, er wollte sich nicht drücken. Das wäre Feigheit, und feige wollte er nicht sein, auf keinen Fall. Er wollte die Wahrheit unbedingt erfahren; endlich wollte er klarsehen, und das war nur auf diesem Weg möglich.

Langsam faltete er das Schreiben zusammen und steckte es in den Umschlag zurück. Die Anschrift war mit Maschine geschrieben und lautete:

Herrn Martin Marsell
Tauentzienstraße 156/Gartenhaus
bei Remus
*Berlin/W*

Der junge Mann, bis vor kurzem noch *Martina* Marsell, mußte lachen, was er diskret zu verbergen suchte, indem er sich umständlich die Nase putzte . «Herrn Martin Marsell», das war nicht so einfach zu erreichen gewesen, wie es hier auf dem Briefumschlag zu lesen war. Vorläufig war der männliche Vorname noch illegal und Grund für die verhaltene Heiterkeit.

Es hatte sich allerlei ereignet bis zu diesem Zeitpunkt, und es ist notwendig, die Uhr ein wenig zurückzudrehen.

Die nüchternen Tatsachen waren die, daß Martina ihr Erbteil ausgezahlt erhalten und den Sprung ins männliche Lager ganz offiziell getan hatte, hier in Berlin wohnte und sogar polizeilich gemeldet war. Vier wichtige Fakten, die es wohl wert sind, ein wenig näher beleuchtet zu werden:

Als Henry seine Schwester in der Holsteinischen Straße verlassen hatte, war ihm klar geworden, daß sich hier ein Schicksal erfüllen mußte, dem eine andere Wendung zu geben nicht möglich war.

Das einzige, was geschwisterliche Liebe und Fürsorge tun konnten, mußte darin bestehen, Hindernisse nicht aufzubauen, sondern nach Möglichkeit zu beseitigen.

Mit diesen Erkenntnissen reiste er nach Hause. Er hinterließ das Versprechen, schnellstens Nachricht zu geben, wie er hoffte, in positivem Sinne. Trotzdem vergingen volle drei Wochen, bevor der erwartete Bescheid eintraf.

Diese dreimal sieben Tage waren für Martina eine unruhige, qualvolle Zeit, war es doch unmöglich, irgendwelche Entschlüsse zu fassen oder gar für die Zukunft etwas Konkretes zu unternehmen.

So ging die Zeit dahin mit Lesen, Spazierengehen, Herumliegen und – leider – auch mit dem Rauchen ungezählter Zigaretten. Letzteres war beinahe zum Laster geworden, und die Vorwürfe von Frau Simmel waren nicht unberechtigt.

Martina entschuldigte ihre Leidenschaft für den Tabak mit ihrer nervösen Unruhe, ausgelöst durch Unsicherheit und Zukunftssorgen. Das sagte sie sich auch immer wieder selbst zu ihrer eigenen moralischen Entlastung. In Wirklichkeit war es anders. Sie empfand Befriedigung durch die Wechselwirkung des Nikotins: euphorische Aufmunterung, narkotische Entspannung! Außerdem war das Rauchen noch ein ausgesprochen männliches Privileg. Nur wenige Frauen huldigten dem Tabakgenuß, und wenn sie es taten, dann geschah es heimlich, nie in der Öffentlichkeit. Also war es forsch und männlich, dem Wesen Martinas angenehm und angemessen ...

Endlich kam der erlösende Bescheid.

Es ging alles nach Wunsch. Henry und Olly würden heiraten, am 17. Mai, an Martinas einundzwanzigstem Geburtstag, dem Tage ihrer Mündigkeit.

Gleichzeitig würde ihr auch das Erbe zur Verfügung stehen.

Das zu erreichen war mit etlichen Schwierigkeiten verknüpft gewesen, wodurch die Verzögerung entstanden war. Friedrichsruh mußte hypothekarisch belastet werden. Das war ein Opfer für die Geschwister. Ob Martina seine Größe zu würdigen wußte? Kaum. Ihre Sehnsucht nach Freiheit und Selbständigkeit war so heftig, daß sie jede andere Regung überdeckte. Gewiß war ihre Dankbarkeit groß, aber sie galt mehr der Bereitwilligkeit der Geschwister, sie ihren Weg ziehen zu lassen, als der eigentlichen Opfertat.

Die kleine Feier verlief harmonisch. Hochzeit und wichtiger Geburtstag zugleich, das gab es nicht alle Tage.

Die Kriegserlebnisse der Männer und Martinas Pilotenzeugnis, das ausgesprochenen Seltenheitswert besaß, gaben Stoff genug, das Gespräch zu beleben und die Zeit vergehen zu lassen. Zu Martinas «Brautführer» hatte man einen jungen Anwalt bestimmt, einen Kriegskameraden von Henry. Er war halb aus Freundschaft, halb dienstlich anwesend; denn er hatte gleichzeitig die Erbschaftsangelegenheit zu regeln.

Dr. Leeser bemühte sich vergeblich, seiner jungen, rassigen Tischnachbarin den Hof zu machen. Er mußte bald einsehen, daß er es nicht mit einem gewöhnlichen jungen Mädchen zu tun hatte. Resigniert gab er auf, versuchte auf ihren Ton einzugehen und sachliche, männliche Gespräche zu führen.

Olly und Henry reisten noch am gleichen Abend zu einem kurzen Aufenthalt in ihre geliebten Berge.

Alle Formalitäten waren erledigt, und damit war Martina Inhaberin eines Vermögens von rund dreißigtausend Mark. Eine schöne runde Summe.

Eine wilde Freude ergriff Martina. Ihr erster Impuls war, ihr Äußeres so weit wie nur möglich nach der männlichen Seite hin zu verändern. Haarschnitt und Kleidung waren die ersten, wichtigsten Unternehmungen. Als sie mit ihrem Koffer, der die alten Kleider enthielt, durch die Sperre im Bahnhof schritt, nahm man ihr die Karte ab ohne das übliche «Guten Tag, Fräulein Marsell». Ein erster, fast berauschender Erfolg!

Das zweite Kriterium war Wilma. Sie stutzte, als sie den fremden, schlanken jungen Mann vor sich sah. Dann aber fiel sie ihm lachend um den Hals.

«Nun habe ich also wieder einen Bruder und werde mich wohl an den ‹Martin› gewöhnen müssen.»

Damit war das Stichwort gefallen, und so kam es, daß Martina jetzt hier im Romanischen Kaffee saß, Martin hieß und Mokka double trank.

Sie war, nachdem sie sich endgültig für die männliche Rolle entschieden hatte, noch eine kurze Zeit in Friedrichsruh geblieben – teils zur Freude, teils zum Leidwesen der Geschwister. Natürlich war ihre Liebe zu Martina die gleiche geblieben, jedoch war die Verwandlung auf die Dauer nicht zu verheimlichen, und so tauchten immer mehr neugierige und ungebetene Frager auf. Das führte oft zu peinlichen Situationen, unter denen besonders Wilma zu leiden hatte. Doch niemand konnte sich entschließen, Martina zur Abreise zu drängen.

So kam es nicht ungelegen, daß die Berliner Wirtin in der Holsteinischen Straße reklamierte und energisch verlangte, Martina müsse zurückkommen oder aber das Zimmer aufgeben. Wohnungsnot in Berlin! Also packte sie wieder einmal ihren Koffer.

Frau Simmel war eine biedere und bis zu einem gewissen Grade auch einsichtige Frau. Doch wenn Martina nicht im Besitze des Wohnungsschlüssels gewesen wäre, hätte die sonst so freundliche Wirtin ihr die Tür vor der Nase zugeschlagen.

Verlegen zupfte sie an ihrer Schürze, als sie Martina, die sich auf dem Bett niedergelassen hatte, auf dem einzigen, wackligen Stuhl gegenübersaß.

«Ick will Ihnen ja nich zu nahe treten, nee, janz jewiß nich, und wat Se mir da erzählen, alles scheen und jut, aber wissen Se, da is doch noch die Polizei, und mit der will ick absolut nischt zu tun haben. Könn'n Se dat vastehn?»

Martina verstand. Da war also bereits die erste Schwierigkeit in ihrem kurzen männlichen Dasein. Es würde nicht die einzige und letzte sein.

Sie hatte Frau Simmel, so gut es ihr möglich war, die Situation erklärt und sie dem einfachen Gemüt verständlich zu machen versucht.

Wie weit ihr das gelungen war? Nun, wenigstens so weit, daß sie bleiben konnte, bis eine andere Unterkunft gefunden war.

«Ick will Se ja nich uff de Straße stellen, nee, wirklich nich, aber ne andre Bleibe müssen Se sich suchen, dat jeht nun mal nich anders.»

Damit war das letzte Wort gesprochen; Martina begab sich auf die Suche nach einem neuen Zimmer und hatte nach einigen Fehlschlägen Erfolg.

Das Ehepaar Remus war kinderlos, beide waren berufstätig, ein Mieter würde hier in keiner Weise gestört werden. Allerdings war das Logis teurer als die Mansarde in Wilmersdorf. Doch Martina fühlte sich reich, so reich wie noch nie im Leben. Sie wollte genießen, leben, frei und unabhängig sein.

Die Anmeldung im Revier gelang durch einen kleinen Trick. Sie stellte sich in die Reihe der Wartenden und reichte dem Beamten die ausgefüllten Scheine.

«Und Ihre Abmeldung?»

«Ich komme soeben von L. und muß mir die Abmeldung nachsenden lassen.»

Eine Notlüge. Ihre Stimme klang ruhig, sie schaute den Beamten unbefangen und treuherzig an.

Der streifte sie mit prüfendem Blick.

«Nicht vergessen, junger Mann, kostet fünf Mark Strafe!»

Damit wandte er sich bereits dem nächsten zu und kümmerte sich nicht mehr um sie.

Martinas Finger schlossen sich um das Papier in ihrer Hand. Daß das so gut gegangen war! Sie hätte es nicht für möglich gehalten. Aber da stand es schwarz auf weiß:

Martin Marsell, Student
Tauentzienstraße 156/Gartenhaus
bei Remus, *Berlin/W*

Darunter der Stempel des Polizeireviers Tiergarten, Klopstockstraße 24.

Das war der Sprung über die Klippe. Als Student hatte sie sich bezeichnet, weil sie sich als solcher fühlte. Nirgends immatrikuliert, an keinen Hörsaal gebunden, war sie doch ein Student, einer, der anfing, das Leben zu studieren – das Leben und die Menschen, die es lebten.

## VIII

Hatte Martin Marsell schon durch das Schreiben erfahren, daß das Institut für Sexualwissenschaft seine Pforten geöffnet und seine Tätigkeit wieder aufgenommen hatte, so konnte er sich heute ganz persönlich davon überzeugen.

Wie anders war es diesmal als vor Monaten, da er vor verschlossenen Türen gestanden hatte; und was hatte sich seither alles geändert.

Das Haus war aufs beste renoviert und machte nun einen wahrhaft fürstlichen Eindruck.

Ein riesiger Vorraum empfing den Besucher; eine Anzahl Türen, in Weiß und Gold gehalten, führten zu den unteren Räumen. Um einen runden Tisch waren Polster- und Ledersessel verteilt, die zum Verweilen einluden. Einige waren besetzt. Ältere und jüngere Leute lasen in Zeitschriften oder unterhielten sich flüsternd. Teils diskrete, teils neugierige Blicke folgten Martin, als er die Treppe hinaufstieg, die in weitem Schwung nach oben führte. Er hatte nur stumm, mit einem Neigen des Kopfes, gegrüßt. So hatte man ihn als Neuling registriert. Er hielt sich dicht an das schöne, schmiedeiserne Geländer, das die breiten Marmorstufen nach der Mitte hin abschirmte.

Die Türen im oberen Stock waren mit beschrifteten Schildern versehen. Auf einem stand «Besuchszimmer»; das war wohl das Wartezimmer, wie beim Arzt.

Er klopfte, und als er keine Antwort erhielt, öffnete er vorsichtig die Tür und trat ein.

Der Vorsicht hätte es allerdings nicht bedurft. Die vier Jünglinge, die da im Halbkreis beieinander saßen, waren so vertieft in den Anblick eines fünften, daß sie die Störung gar nicht bemerkten. Dieser hatte sich einen Fuchspelzkragen um den Hals geschlungen und versuchte eifrig, sich eine betont weibliche Note zu geben.

Martin stand etwas ratlos auf der Schwelle. Er konnte sich die Szene nicht erklären – das blieb einer späteren Zeit vorbehalten.

Endlich bemerkte man ihn. Der Fuchspelzträger war gar nicht verlegen. Beinahe graziös entledigte er sich seines Umhanges und warf ihn einem der Jünglinge zu.

«Bert Bosse», stellte er sich vor und schüttelte Martin kräftig die Hand. «Sie sind gewiß Martin Marsell; der Sanitätsrat erwartet Sie bereits. Lassen Sie Ihren Mantel hier, ich führe Sie zu ihm.»

Gehorsam schlüpfte Martin aus dem Mantel und hängte ihn samt Hut an einen freien Haken. Jetzt werden sie vielleicht damit spielen, dachte er und unterdrückte ein Lachen. Er war plötzlich ganz vergnügt. Das bange Gefühl, das ihn hatte beschleichen wollen, war verschwunden.

Vor einer geschlossenen Tür hielt sein Begleiter an, klopfte, und auf das «Herein» öffnete er und meldete: «Da ist Martin Marsell, den Sie bestellt haben, Herr Sanitätsrat!»

Martin sah sich einem kleinen, korpulenten Manne gegenüber mit einem mächtigen Schädel, den wirres Haar umgab. Ein hängender, dichter Schnurrbart verdeckte nicht ganz die vollen Lippen. Der erste Eindruck war nicht gerade sympathisch. Aber die Augen blickten gütig, wenn sie den Besucher auch kritisch musterten. Eine kleine, fleischige Hand streckte sich ihm entgegen, und auf die Aufforderung, sich einen Stuhl heranzuziehen, setzte sich Martin, begierig zu erfahren, ob er hier finden würde, was er suchte.

«Sie sind also Martin Marsell, gerade einundzwanzig Jahre alt geworden. Nun, Sie sehen gut und frisch aus, genau, wie es sich für einen jungen Mann gehört. Jetzt erzählen Sie von sich. Beginnen Sie mit der frühen Kindheit, aber ganz zwanglos, so wie es Ihnen gerade einfällt.»

Und Martin erzählte. Erzählte und sprach, lange, lange.

«Ich wollte spielen, wie die Buben spielten, ich durfte es nicht. Ich wollte auf Bäume klettern wie sie, ich durfte es nicht. Wenn ihre Hosen schmutzig waren, wurden sie stillschweigend gewaschen. Ich wurde angehalten, auf meine Kleider zu achten.

Zog Henry mit seinen Freunden los, hieß es, das sei nichts für Mädchen, ich solle im Garten mit meinen Puppen spielen.

Ich begann alles zu hassen, was mit Mädchenspielzeug zusammenhing. Eines Tages geschah etwas Schreckliches.

Wir hatten jeder unsere Spielecke. Tabu für den anderen. Henry respektierte das, ich nicht, und in einem jähen Anfall von Zorn zertrat ich seine Bleisoldaten bis zur Unkenntlichkeit. Die mühsam gebastelte Burg schlug ich so zusammen, daß sie nicht mehr zu gebrauchen war.

Sicher wäre noch mehr passiert, wenn nicht das Kindermädchen, aufgeschreckt durch mein Toben, mich daran gehindert hätte. Berta hatte alle Mühe, mich zu bändigen. Ich muß in einer schrecklichen Verfassung gewesen sein; denn das arme Ding war voller Biß- und Kratzwunden, bevor es gelang, mich zu überwältigen und ins Bett zu stecken.

Ich war todunglücklich. Aber ich war mir bewußt, daß ich Henry nicht aus Bosheit hatte schädigen wollen. Meine innere und äußere Einsamkeit hatte sich in diesem Wutausbruch Luft gemacht.

Ich beschloß zu sterben.

Unverstanden, ungeliebt – sicher würden alle froh sein, wenn ich tot sein würde. Dann würden sie an meinem Grabe stehen, und die Reue würde sie plagen. Das war die Strafe.

Doch wie sollte ich es anfangen zu sterben? Gewöhnlich starben die Leute, wenn sie alt geworden waren oder krank, oder wenn sie verunglückten.

Verunglücken! Das war das Stichwort.

Ich mußte verunglücken; und von da an begann ich den Tod zu suchen. Ich stürzte von einem hohen Baum. Ich brach mir nicht das Genick, sondern nur einen Arm, der mich monatelang behinderte. Mit meinem ersten Fahrrad fuhr ich gegen eine Mauer. Ich brach mir nicht das Genick, sondern landete auf der anderen Seite in einem saftigen Misthaufen, unbeschädigt an Leib und Seele, aber fürchterlich stinkend. Noch lange wurde über diese Sache gelacht.

Beim Schlitteln fuhr mir ein Junge mit einem Eisenschlitten in die rechte Seite. Man brachte mich bewußtlos nach Hause. Der Arzt vermutete zuerst einen tödlichen Leberriß, aber es waren nur drei Rippen gebrochen. Der Schreck hatte mich der Sinne beraubt.

Ein Pferd ging durch und über mich hinweg. Da geschah überhaupt nichts.

So erging es mir unzählige Male. Nie trat das ein, was ich erwartet hatte. Der Tod wollte mich offenbar nicht haben.»

Hier endete Martins erster Bericht. Der junge Mann war

sichtlich erschöpft, und der Arzt bedeutete ihm, daß es genug sei für heute.

Er dankte ihm für das Vertrauen, das er bewiesen hatte, und für die guten, ausführlichen Angaben.

Als er merkte, daß Martin die Tränen in den Augen standen, legte er ihm väterlich die Hand auf die Schulter und sagte:

«Kommen Sie übermorgen wieder, dann werden wir weiter sehen. Doch das möchte ich Ihnen schon heute mit auf den Weg geben: nehmen Sie die Menschen nicht allzu ernst und das eigene Schicksal nicht allzu schwer. Man muß auch einmal über sich selber lachen können. Gewiß, das ist nicht alles, aber es sind wesentliche Faktoren, um mit dem Leben zurechtzukommen, um nicht daran zu zerbrechen. Distanz gewinnen! Nun, ich glaube, das wird Ihnen nicht schwerfallen.»

Nach diesen Worten war Martin entlassen. Im Nebenzimmer erwartete ihn Bert Bosse und geleitete ihn zum Ausgang. Martin überkam ein tröstliches Gefühl der Geborgenheit, der Zugehörigkeit. Vielleicht, sann er, würde Bert ein guter Freund, ein guter Geist für ihn werden, der ihm über manche Schwierigkeit hinweghelfen könnte. Dieser Gedanke war neu und wunderbar und verließ ihn auch am nächsten Tage nicht, den er mehr träumend als wachend verbrachte. Die Bilanz des ersten Besuches war so gut, daß er am liebsten sofort wieder ins Institut geeilt wäre.

Unmöglich, der nächste Termin lautete auf morgen. Also versuchte er, Ordnung in seine bunt durcheinander schießenden Gedanken zu bringen. Er wollte die Ereignisse so gut und zusammenhängend schildern wie am ersten Tag.

Da war zuerst das Rokokospiel anläßlich der Silberhochzeit der Eltern. Es handelte sich darum, das Meißner Porzellan in einem kleinen Singspiel zu verherrlichen. Martin, damals noch Martina, hatte sich mit einer bis dahin nie gezeigten Konsequenz geweigert, die Mädchenrolle zu spielen.

Nun erzählte er:

«Es war so, daß ich meinen Anblick im Spiegel einfach nicht mehr ertragen konnte. Die weißgepuderte Perücke, hochgetürmt, ein enges Mieder, ein Reifröckchen mit Schößen auf den Hüften, alles war zierlich und fein. Es war schrecklich, und noch heute träume ich manchmal davon.

Neben mir saß Henry in weißen Atlashosen, weißer Weste und Frack. Der letztere und mein Kostüm waren vom gleichen Stoff, bedruckt mit dem berühmten Meißner Zwiebelmuster. Henry sah wunderschön aus, die weiße Perücke mit dem steifen Zopf stand ihm vorzüglich.

Ich war nicht zu bewegen, meine Rolle zu lernen. Wohl aber beherrschte ich die von Henry nach allen Regeln der Kunst. Bei den Proben spielte ich den Knaben und schob meinem Bruder die Mädchenrolle zu. Das war natürlich ein Unding und auf die Dauer nicht zu verantworten.

Henry fand die Lösung. Ich sollte endgültig seine Rolle übernehmen. Die meine könne eine Cousine spielen, die ungefähr im gleichen Alter war wie ich.

Ich dankte Henry überschwenglich, wußte ich doch, daß der Verzicht ein großes Opfer für ihn bedeutete.

Von da ab trug ich so oft wie möglich Knabenkleidung.

Mit meiner Mutter hatte ich wenig Kontakt. Sie konnte sehr jähzornig sein und wegen Kleinigkeiten schnell außer sich geraten.

Die Zeit, von der ich jetzt spreche, fällt in mein achtes bis neuntes Lebensjahr . . .»

Der helle Summton des Telefons unterbrach die Rede. Martin wollte sich entfernen, doch Dr. Hirschfeld winkte ihm zu bleiben. Der Arzt lauschte aufmerksam in den Apparat, und als er den Hörer auflegte, verharrte er in nachdenklichem Schweigen.

Dann wandte er sich Martin wieder zu.

«Sagen Sie, wie war das doch? Sie schrieben mir seinerzeit unter dem Namen ‹Martin› Marsell, und Sie sind, wie Sie mir sagten, auch unter diesem Namen bei der Berliner Polizei gemeldet. Sie berichteten, es sei gewissermaßen der Sprung über das kleine ‹a› gewesen.

Nun, Sie wissen, daß so etwas nicht statthaft ist. Ich mache Ihnen keinen Vorwurf, das kommt mir nicht zu. Aber es gibt nun einmal Gesetze, die man nicht so ohne weiteres umgehen kann.»

Der Sanitätsrat war aufgestanden. Mit langen Schritten ging er in dem weitläufigen Raum auf und ab; es schien, als falle es ihm schwer, weiterzusprechen.

«Sie brauchen nicht zu erschrecken», beruhigte er Martin, der einen sichtlich betroffenen Eindruck machte. «Solange Sie hier im Institut und bei mir sind, so gewissermaßen als Patient, kann Ihnen niemand etwas anhaben. Doch wir müssen alles daransetzen, Ihre Belange zu klären, damit Ihnen keine Behörde Schwierigkeiten machen kann. Ich will Ihnen nicht vorenthalten, was ich soeben vernommen habe.

Dr. Kronfeld, einer meiner Mitarbeiter, hat mir folgendes erzählt. Aus dem Landwehrkanal wurde die Leiche eines jungen Mannes geborgen. Er hatte Papiere bei sich, die auf den Namen Julian Egger lauteten. Ganz in Ordnung. Die gerichtliche Untersuchung jedoch ergab einen ähnlichen Fall wie bei Ihnen, Martin. Die üblichen Ermittlungen, die nun naturgemäß folgten, ergaben, daß es gar keinen ‹Julian› Egger gab, wohl aber eine ‹Juliana›. Nun, man kann der armen Seele keinen Prozeß mehr machen. Aber wer weiß, vielleicht war die Ungesichertheit der Namensführung, die Furcht vor Entdekkung der Grund für die unglückselige Tat?! Die Stimme Dr. Kronfelds gilt viel bei den Behörden. Ich hoffe, er kann Ihnen in Ihren diesbezüglichen Schwierigkeiten helfen.»

Wie aber sollte es nun weitergehen?

Martin war zum ersten Mal so richtig klargeworden, welche Unannehmlichkeiten man haben kann, wenn man nicht in der allgemein üblichen Ordnung sein Dasein zu verbringen gewillt ist.

Noch hatte er ja nicht am eigenen Leibe erfahren müssen, wie Gehetzt- und Gejagtwerden tut, aber könnte das Schicksal Julian Eggers nicht auch das seine werden?

Grübelnd schlenderte er die «Linden» entlang. An der Ecke Friedrichstraße sah er sich Bert Bosse gegenüber. Gern hätte er seiner Freude über die Begegnung beredten Ausdruck gegeben, doch dazu war die Bekanntschaft noch zu neu. Aber er erwiderte herzlich den Druck der Hand, die sich ihm unbefangen entgegenstreckte.

Bert hakte ihn ohne weiteres unter.

«Kommen Sie mit zu einem Tee. Ich weiß in der Nähe einen netten kleinen Tea-room, da können wir ungestört ein wenig plaudern.»

Martin war dieses freie, ungezwungene Wesen noch nicht gewohnt, aber es tat ihm gut, und freudig sagte er zu.

Sie bummelten durch die Friedrichstraße. Ab und zu nickte Bert einem Bekannten zu. Dann saßen sie in dem Lokal an der Dessauer Straße. Es war wirklich klein, aber urgemütlich, und Martin hatte das Gefühl, hier ganz unter seinesgleichen zu sein.

Bert Bosse ging ohne Umschweife auf sein Ziel los; denn er hatte Martin aus ganz bestimmten Gründen zu dieser Einkehr veranlaßt.

Sie saßen abgesondert in einer Nische. Um sie herum schwirrte es wie in einem Bienenstock. Nachdem der Kellner den Tee gebracht hatte, entwickelte Bert seinen Plan.

Es ging darum, für das Archiv, das dem Institut angegliedert war, einen geeigneten Menschen zu finden, der, interessiert genug und mit dem nötigen Verantwortungsbewußtsein begabt, das ungeheure Material sichtete und ordnete. Das mußte alles nach ganz bestimmten Gesichtspunkten geschehen, die der Betreffende sich würde erarbeiten müssen.

Am Abend vorher hatte Dr. Hirschfeld mit seinem Sekretär, eben Bert Bosse, die Angelegenheit besprochen und ihn beauftragt, ihm Vorschläge zu machen.

Die Begegnung mit Martin war für Bert wie eine Eingebung gewesen: Martin wollte er vorschlagen.

Natürlich mußte er erst einmal dessen Ansicht hören, und deshalb saß er mit ihm hier vor dem dampfenden Tee.

In Martins Kopf wirbelten die Gedanken in wüstem Durcheinander. Da war zuerst das technische Studium, das ihn nach wie vor lockte. Da waren aber auch die Worte des Sanitätsrats, die ihm gut in Erinnerung waren: «... solange Sie hier im Institut und bei mir sind, kann Ihnen keine Behörde etwas anhaben ...» War nun das Angebot nicht deutlich genug, war das nicht ein Wink des Schicksals? Mußten da nicht alle Pläne schweigen, zunächst wenigstens? Es war gut, daß sein Begleiter einen Bekannten getroffen hatte, mit dem er sich angelegentlich unterhielt. So hatte Martin Zeit, sich zu besinnen und einen Entschluß zu fassen.

Er prüfte sich gründlich und erkannte zu seinem Erstaunen, daß es nicht nur egoistische Gründe waren, die ihn zu einer Annahme bewegen würden, sondern ebenso ein ehrliches Interesse an den Menschen, mit deren Schicksalen er sich würde befassen müssen.

Als Bert an den Tisch zurückkam, fand er Martin bereit, den Vorschlag anzunehmen. Nur hatte er einige Bedenken. Würde er der Sache gewachsen sein? War die Materie für einen Laien, als den er sich doch bezeichnen müsse, nicht zu schwierig? Bert Bosse tröstete ihn. So schwierig sei die Sache gewiß nicht für jemand mit gesundem Menschenverstand. Den traue er ihm zu, und außerdem könne er ihn, Bert, doch jederzeit fragen, wenn etwas unklar sei.

So trennten sie sich in bestem Einvernehmen, und für Martin begann eine seltsame und, wie ihn zuweilen dünkte, unwirkliche Zeit.

Pünktlich jeden Morgen begab sich der neue Archivar von seiner Wohnung in der Tauentzienstraße zum Institut, verschwand hinter der Tür des Archivs, oft ohne jemand zu Gesicht zu bekommen.

Jeder, der im Institut arbeitete, war tagsüber voll beschäftigt. Nur in den kurzen Mittagspausen traf man sich regelmäßig; denn auch der Abend gehörte nicht immer privaten Angelegenheiten.

Martin fand sich gut in die ihm anvertraute Aufgabe. Nur selten brauchte er sich an Bert um Rat zu wenden. Die eigene körperliche und seelische Abwegigkeit schien ein verfeinertes Einfühlungsvermögen zu bewirken, so daß er fast immer selbst die Lösungen fand, sogar für schwierige Probleme. Überhaupt hatte er den Eindruck, als sei seine eigene Situation noch längst nicht die schwierigste, als hätten andere ein viel härteres Schicksal zu tragen. Es war gut, daß diese Erkenntnis in ihm wuchs; denn es geschah noch ab und zu, daß er verzweifeln wollte und seine Lage unerträglich fand.

Manches gute Gespräch hatte er mit Bert Bosse, der ein reiner Homosexueller mit eindeutiger Neigung zum Manne war. Er verstand aber auch die Zwischenstufen und vielen Zwiespältigkeiten, denen ein Mensch ausgesetzt sein konnte.

So wuchs Martin hinein in die Welt des Anormalen und sehnte sich doch insgeheim nach der Welt und Sphäre des Normalen.

Das zeigte sich besonders deutlich, wenn er am Sonntag, was er gern tat, sportliche Veranstaltungen besuchte, sei es nun Schwimmen, Reiten oder eine Flugveranstaltung, die es seit kurzem in bescheidenem Maße wieder gab. Dann konnte es geschehen, daß ihn eine starke Sehnsucht ergriff nach Menschen, die sich ihrer trainierten Körperlichkeit frisch und fröhlich freuen durften, ohne hemmende Komplexe und Probleme.

Gleichzeitig aber fühlte er sich isoliert, nicht zugehörig, und dann war er froh, am nächsten Tage in die Geborgenheit des Archivs flüchten zu können.

Es schien, als genügten die äußere Wandlung, die etwas gewaltsam forcierte Vermännlichung, und die wenn auch noch illegal bestehende Namensänderung nicht für die Ansprüche des gewöhnlichen täglichen Lebens.

Sein größter Kummer war, daß es mit der Namensänderung nicht schneller voranging.

Solange diese Angelegenheit nicht geregelt war, konnte er den Posten im Institut nicht aufgeben. Dann erst, wenn er legitim den Namen «Martin» führen durfte, konnte er daran denken, sich einen Beruf in der sogenannten normalen Welt zu suchen.

Borkwalde war so nahe bei Berlin, daß es ein leichtes gewesen wäre, einmal einen Sonntag für einen Besuch in der alten Fliegerheimat zu benützen. Martins Gedanken weilten oft bei Hans Heimann, doch war er nicht sicher, wie dieser auf ein Wiedersehen reagieren würde.

Ihr letztes Beisammensein war ja alles andere als erfreulich gewesen, und nun fürchtete er ähnliches. Freilich, damals war es noch eine Martina gewesen, die Heimann gegenüberstand und sein Begehren reizte. Heute würde es wahrscheinlich anders sein. Möglich, daß er sich sogar mit Ekel von dieser Metamorphose abwenden würde. Eines wäre so schmerzlich wie das andere, denn noch immer liebte Martin Hans Heimann. Diese Liebe hatte keinerlei Wandlung erfahren, nur daß sich jetzt ein schmerzliches Gefühl, eine leise Wehmut hineinmischte. Nach wie vor liebte Martin den Menschen und nicht den Mann.

Das war die Tragik seines Lebens, deren er sich immer klarer bewußt wurde, je mehr er in seine Archivtätigkeit hineinwuchs. Die Erfahrung, daß es unzählige Menschen gab, die zu einem Leben gezwungen waren, das ihrer Art und Anlage zuwiderlief, konnte nur ein schwacher Trost sein.

Und eine andere Erkenntnis zeichnete sich ab, die noch schwerer zu verkraften war.

Die meisten der anders Veranlagten waren ihrer Physis nach eindeutige Männer oder Frauen. Nur ihr sexuelles Begehren richtete sich auf das eigene Geschlecht oder aber auf beide Geschlechter.

Martin war weder das eine noch das andere vollständig. Auf Grund der Untersuchung wurde er als Hermaphrodit bezeichnet. Mit einem solchen jedoch wußten weder Frauen, die zu Frauen neigten, noch Männer, die sich zu Männern hingezogen fühlten, eine innigere Beziehung zu pflegen.

So kam es, daß Martin mit allen mehr oder weniger gut Freund war, ohne daß je eine engere Bindung zustande kommen wollte. Es war nicht einfach, ein Mensch zu sein, in welchem beide Geschlechter um die Oberhand stritten, ohne daß das eine oder andere sich durchsetzen konnte. Das führte zu einer spürbaren Diskrepanz, und ein Erlebnis machte das besonders deutlich.

Im Institut gab es von Zeit zu Zeit kleine Festlichkeiten. Es begegneten sich dort Menschen, die sonst nur wenig Gelegenheit hatten, mit Gleichgesinnten Kontakt aufzunehmen. Auch Martin nahm an diesen Abenden teil.

Seit einiger Zeit wurde er M.M. genannt als Gegenstück zu B.B., Bert Bosse.

Bei den festlichen Anlässen im Institut spielte der Alkohol keine geringe Rolle. Galt es doch nur zu oft, Hemmungen zu überwinden und Schüchterne freier zu machen. Martin war nicht an solche Getränke gewöhnt, liebte sie auch nicht und nahm sie nur mässig zu sich. Ein gewisses Quantum vertrug er gut, da fühlte er sich beschwingt und unbeschwert. Er vergaß alle Sorgen, und die unglückliche Leiblichkeit spielte keine Rolle mehr. Doch wenn er dem Alkohol kräftiger zusprach, erzeugte das bei ihm einen Zustand besonderer Wachheit, eine erhöhte Hellhörigkeit, die sich ins Unerträgliche steigern konnte.

In einem solchen Zustand befand er sich eines Abends, an dem ein solches Freundestreffen stattfand. Zuerst froh und vergnügt, war er überall gern gesehen. Jedoch die Stunden verrannen, und mit ihnen schwand der Inhalt der Flaschen. Was Wunder, daß die Gemüter sich erhitzten, das Blut zu brausen begann, die Sinnenfreudigkeit wuchs, die Begehrlichkeit zunahm.

Eine Gruppe junger Männer schien ganz im Banne eines Engländers zu sein, der sich betont weiblich zu geben versuchte. Als Martin näher kam, hörte er ihn flüstern – zu laut, um nicht verstanden zu werden: «Oh, M.M., that's a woman.»

Martin stockte der Atem. Das war wie ein Schlag ins Gesicht. Doch er beherrschte sich und tat, als habe er nichts gehört. Er wechselte ein paar belanglose Worte und entfernte sich nach kurzer Zeit trotz der Aufforderung zu bleiben.

Der zweite Schlag sollte dem ersten bald folgen.

Lustlos schlenderte er durch die Räume, bedrückt von dem Erlebten. Er erwog, ob es nicht besser wäre, heimzugehen. Während er noch unschlüssig überlegte, näherte er sich dem «kleinen Salon».

Dort saßen und standen eine Anzahl Menschen herum, jüngere und ältere; man hätte nicht ohne weiteres sagen können, ob es Männer oder Frauen waren.

Auch hier schien er ein Stein des Anstoßes zu sein. Er hörte Worte, die ihn ebenso trafen wie der Ausruf des Engländers: «Attention, c'est un homme!»

Also auch hier unerwünscht und abgelehnt. Es wurde gewarnt vor ihm, hier wie dort. Seltsame Duplizität!

Immerhin stand das zweite Erlebnis unter einem gewissen positiven Vorzeichen. Man hatte ihn als Mann gewertet und anerkannt, ja man hatte sogar vor ihm gewarnt.

Das war die Verzuckerung der bitteren Pillen, die Martin an diesem Abend schlucken mußte; daran klammerte er sich wie an einen Strohhalm. Doch das nützte nicht viel. In dieser Nacht betrank er sich. Es war das erste Mal in seinem Leben, aber er mußte vergessen. Die Vorstellung «Ich sitze zwischen zwei Stühlen» hatte ihn zu schwer getroffen, hatte ihn umgeworfen. Sie war bedrückend und beschämend zugleich.

Am nächsten Morgen hatte er nur eine vage Erinnerung an

das Erlebte. Er wollte sich erheben, fiel aber mit schmerzendem Kopf in die Kissen zurück. Schlafen, nur schlafen, war sein einziger Wunsch. Als er erwachte, war es spät am Abend. Der Tag war vertan, aber der Kopf war klar.

## IX

Fast ein Jahr war vergangen, seit Martin Marsell das erste Mal das Institut betreten hatte.

An Weihnachten war er für kurze Zeit in Friedrichsruh gewesen. Manches hatte er so verändert gefunden, das es ihm das Herz beschwerte. So trennte man sich früher als vorgesehen, aber allseits sichtlich erleichtert. Martin war glücklich, wieder in seinem Archiv untertauchen zu können.

War er wirklich glücklich? Zuweilen schien es so, und er wünschte, es möge immer so bleiben. Doch dann kamen Zeiten, da sagte ihm sein gesunder Menschenverstand und ein vages Gefühl, daß sein Leben nicht immer in so glatten Bahnen verlaufen könne wie eben jetzt.

Im Grunde genommen war das auch gar nicht sein wirklicher Wunsch. Dazu war er zu jung und lebenshungrig. Ein ganzes Leben lang sich mit Menschenschicksalen beschäftigen müssen, in denen sich Berge von Leid auftürmten, immer nur dabeistehen und nicht helfen können?! Das würde über seine Kraft gehen. Viel Not hatte er gesehen, seit er seine Tätigkeit aufgenommen hatte, und von mancher Entsagung, von manchem Opfer erfahren.

Am meisten erschütterten ihn die Selbstmorde, war er doch selbst nicht frei von Gedanken in dieser Richtung. Das Bewußtsein, aus freiem Entschluß sein Dasein selbst beenden zu können, gewissermaßen Herr über sein Erdenleben zu sein, hatte etwas Faszinierendes, war unheimlich und tröstlich zugleich.

Und doch, wenn wieder einmal solch ein unglücklicher Mensch Hand an sich gelegt, sein Leben weggeworfen hatte wie einen alten Rock, schauderte es ihn. Dann aber konnte es passieren, daß er sich feige schalt und aufging in Bewunderung für jene, die diesen Schritt gewagt hatten. Die Einsicht, daß oftmals mehr Mut dazu gehört, weiterzuleben als von eigener Hand zu sterben, fehlte ihm damals noch.

Zwei Vorkommnisse, die in diese Zeit fielen, belasteten ihn besonders schwer. Es war der Freitod zweier blühender junger Menschen.

Der eine von ihnen war Kurt Berghaus. Er hatte sich erschossen, weil er sich von seinem Freund verlassen wähnte.

Die Homophilen haben natürlich auch in der Liebe dieselben tiefen Gefühle wie die sogenannten Normalen: den Wunsch nach Besitz und Zusammengehörigkeit, die Eifersucht, das Nichtverzichtenwollen. Oft sind bei den ersteren solche Empfindungen sogar stärker und – wegen der größeren Schwierigkeit, einen neuen Lebensgefährten zu finden – ungleich komplizierter.

Martin war mit Kurt Berghaus durch eine schöne Freundschaft, durch ein wirklich kameradschaftliches Verhältnis frei von jeglicher Erotik, verbunden gewesen.

Oft hatten sie stundenlange Gespräche geführt, in denen das Problem der menschlichen Beziehungen stets obenan gestanden hatte. Berghaus hatte die Ansicht vertreten, daß man sich jeden Menschen geneigt machen könne, wenn man es nur verstehe und ernsthaft genug wolle.

Martin war da anderer Ansicht. Er glaubte nicht an die Möglichkeit, allein durch den Willen – auch wenn er ehrlich gemeint war – die Neigung eines Menschen zu gewinnen, wenn die Bereitschaft nicht auf beiden Seiten vorhanden war. Und schließlich gab es doch wohl so etwas wie ein schicksalhaftes Geschehen, nach dem sich Begegnungen gestalteten. Martin erinnerte sich noch gut der Stunde, da er diese Worte gesprochen hatte. Er hatte ihnen nachgelauscht, als hätte sie ein Fremder geäußert. Sie waren ihm neu und wie eine Offenbarung gewesen in ihrer Erkenntnistiefe.

Damals hatte ihm Berghaus eine heftige Neigung zu einem Berufssoldaten, einem höheren Offizier, gestanden. Dieser schien den viel jüngeren gern zu sehen. Er verwöhnte ihn mit Einladungen und kleinen Geschenken und ahnte vielleicht selbst nicht, was er damit im Herzen des Jungen für Empfindungen auslöste.

Berghaus aber wollte mehr als eine belanglose Liebelei, er

suchte eine auf Vertrauen und Treue fußende Verbindung. Er hatte eine freud- und liebelose Jugend verlebt und fand hier zum ersten Mal einen Menschen, dem er etwas zu bedeuten schien. Ihn fest und immer fester an sich zu binden war sein einziges Bestreben. Doch als sich dieser totale Anspruch zu deutlich offenbarte, zog sich der begehrte Freund immer mehr zurück und gab ihm schließlich den Laufpaß.

Kurze Zeit schien es, als seien Martins Überlegungen bei Berghaus auf fruchtbaren Boden gefallen. Doch Berghaus war seinem Temperament nach ein Choleriker; ihm war nicht gegeben, abzuwarten und Geduld zu üben. Als ihm klar wurde, daß es seinem Freunde Ernst war mit der Trennung, griff er zur Waffe und erschoß sich.

Martin, der die Erlaubnis erwirkt hatte, den Toten vor der Kremation noch einmal zu sehen, war zutiefst erschüttert über den Ausdruck grimmigen Triumphes, der über dem jungen Antlitz lag. Lange stand er an der Bahre in stummer Zwiesprache mit dem toten Kameraden. Er würde ihn sehr vermissen.

Wenige Wochen später erlebte er ein ähnliches Ereignis, welches das Institut direkt betraf.

Es schien in dieser Zeit so etwas wie eine Selbstmordwelle durch die Berliner Bevölkerung zu gehen. Fast täglich las man darüber in der Presse.

Max Richter war ein außerordentlich guter und beliebter Zahnarzt. Er war siebenundzwanzig Jahre alt und von zartgliedriger Gestalt. Martin hatte ihn bei verschiedenen Veranstaltungen getroffen, wobei ihm besonders die feinen, schmalen Hände aufgefallen waren, so recht für den diffizilen Beruf eines Zahnarztes geschaffen.

Er lebte mit einer Freundin zusammen, die er eifersüchtig bewachte. Deshalb verhielt sich Martin zurückhaltend, obwohl es ihn stets zu Max Richter hinzog. Wie er später erfuhr, war dessen Leiblichkeit der seinen ähnlich gewesen, was wohl das merkwürdige Gefühl der Zuneigung erklärte.

Der junge Mann hatte Zyankali geschluckt. Man hatte ihn eines Morgens tot auf dem Diwan gefunden. Die Presse brachte recht lieblose und unsachgemäße Kommentare.

Als Martin an diesem Abend seiner Wohnung zuschritt, empfand er zum ersten Mal, wie bitter es war, im Brennpunkt des öffentlichen Interesses zu stehen, das mehr unmenschlich als menschlich war.

Martin hatte ein paar Minuten pausiert und wollte sich gerade wieder seiner Arbeit zuwenden, als Bert Bosse ins Zimmer trat.

«Dr. Kronfeld möchte dich sprechen», sagte er und zog die Tür hinter sich zu. «Bleib noch», setzte er hinzu, als Martin aufsprang und davoneilen wollte. «Er erwartet dich erst um 11 Uhr, da haben wir noch eine halbe Stunde Zeit.»

Er schob ein paar Blätter zur Seite und setzte sich auf die Kante des Tisches.

«Wir haben lange nicht mehr miteinander reden können. Kein Wunder. Ich komme kaum zum Verschnaufen. Der Sanitätsrat schreibt an einem neuen Buch, da gibt es keine Pause. Und du? Du bist ja auch wie festgeleimt auf deinem Stuhl. Aber sag mal ganz ehrlich, wie fühlst du dich denn so mittenmang all dieser Koryphäen?»

Er deutete auf die Bilder, die rundum an den Wänden hingen und diese fast verdeckten: berühmte Homosexuelle, Transvestiten und Pervertierte. Daneben die vielen Aufnahmen derer, die durch das Institut gegangen waren.

Martin seufzte. «Wie ich mich fühle? Recht und schlecht, wohl und unglücklich zugleich. Alles durcheinander. Ich weiß selbst nicht, wie ich es bezeichnen soll. Manchmal möchte ich davonlaufen.»

«Dr. Hirschfeld wundert sich, daß du so lange durchhältst.»

«Nanu? Ich mache die Sache doch noch nicht einmal ein Jahr, hat denn niemand so lange ausgehalten?»

Bert lachte; es klang ein wenig gequält.

«Ach, du ahnst nicht, wie viele vor dir bereits diesen Sessel gescheuert haben mit ihrem Hosenboden. Du aber sitzt so ganz unbefangen darauf – so scheint es wenigstens – , daß man sich nur wundern kann. Am längsten war einer zwei Monate hier, dann ist er fluchtartig davon.»

Eine Pause entstand. Keiner sagte ein Wort, die Stille begann lähmend zu wirken.

Berts Augen waren den Bildern zugewandt, als wollten sie sich an ihnen festsaugen. Sein Gesicht hatte einen seltsamen

Ausdruck. Ablehnung, Begehren, Angst kämpften darin. Nun meinte er: «Ich glaube, ich hielte es auch nicht lange aus, wenn ich immer hier sein müßte. Berühren dich diese Bilder denn überhaupt nicht?!»

«Natürlich lassen sie mich nicht kalt. Ich habe mich mit den Schicksalen vieler dieser Menschen auseinandergesetzt und bin erschüttert, wie tapfer sie ihr Leben durchgestanden haben. Glaub mir, ich wollte . . .»

«Ach, so meine ich das nicht», unterbrach Bert. «Ich meine, ob sie dich nicht irgendwie erregen, aufregen. Wenn man die Gestalten sieht, hat man doch so seine Vorstellungen.»

Jetzt begann Martin zu begreifen, was der Freund meinte.

Lebhaft entgegnete er: «Nein! Anregen wohl, aber nur zum Denken, zum Nachdenken über ihr Dasein, über ihr Sosein. Aber aufregen, erregen? Nein. Ich glaube, Bert, mein Triebleben ist sehr schwach entwickelt. Bis auf . . . nun, du kennst ja die Geschichte mit Elena. Da war ich selber erstaunt über mich, aber das war auch das einzige Mal. Das gleiche habe ich nie wieder erlebt. Manchmal denke ich, es ist ein Glück, manchmal bin ich traurig darüber. Was meinst du? Ist es ein Manko, ein Unglück oder ein Glück?»

«Es ist ein Glück!»

Bert sagte es wie eine unumstößliche Feststellung und fügte hinzu: «Aber jetzt komm. Du darfst Dr. Kronfeld nicht warten lassen.»

Martin fühlte sich umarmt und erhielt einen scheuen Kuß auf die Wange: «Ich wünschte, ich wäre so wie du.»

Die Worte klangen sehnsüchtig und verhalten.

Versonnen stieg Martin die Stufen hinauf zum Oberstock. Ungläubig schüttelte er den Kopf. Er hätte es nie für möglich gehalten, daß ein Mensch sich wünschen könnte, zu sein wie er. Am wenigsten hätte er das von Bert erwartet.

Martin sah sich einem großen Mann gegenüber.

Sein dunkles Haar war zurückgekämmt und ließ eine hohe, schön gewölbte Stirn frei. Das Gesicht zeigte kräftige, edle Züge, die großen, lebhaft blickenden Augen verrieten den Forscher. Die ganze Gestalt machte einen vertrauenerweckenden Eindruck, und Martin konnte sich gut vorstellen, daß diesem

Mann nichts Menschliches fremd war, daß er aber auch zu kämpfen und sich für die Belange seiner Mitmenschen mit Erfolg einzusetzen wußte.

Er kam sich sehr klein vor und machte eine ungeschickte Verbeugung, als er sagte: «Herr Dr. Kronfeld, ich bin Martin Marsell. Sie haben mich sprechen wollen.»

«Hm, sind Sie wirklich *Martin* Marsell?»

Der Ton lag so deutlich auf dem Vornamen, daß die Frage fast einem Verhör gleichkam.

Martin starrte vor sich hin, ohne eine Antwort zu geben. Er war zutiefst erschrocken. War ihm etwa die Polizei auf der Spur?

Jetzt lachte der Arzt und deutete auf einen Stuhl.

«Nehmen Sie Platz, Martin. Ein ausgekochter Sünder scheinen Sie ja wirklich nicht zu sein. Aber ... Sie dürfen auch nicht leichtsinnig sein. Es liegt Ihretwegen tatsächlich eine Anfrage im Institut vor. Man hat vergeblich auf den Abmeldeschein gewartet, den Sie versprochen haben. Haben Sie daran überhaupt noch gedacht?!»

Martin nickte. Oh, wie oft hatte er an diese leidige Sache gedacht, aber nicht daran zu rühren gewagt. Einmal mußte er ja die Suppe auslöffeln, die er sich da eingebrockt hatte. Nun würde vielleicht endlich etwas geschehen, was ihm aus der Patsche helfen würde.

Wieder hörte er die Stimme, die so angenehm tröstlich klang.

«Wir haben noch nichts miteinander zu tun gehabt, aber ich kenne Sie schon ganz gut.»

Martin konnte sich nicht an eine Begegnung erinnern, welche diese Behauptung gerechtfertigt hätte. Da bemerkte er, daß Dr. Kronfeld in einem Heft blätterte. Als er es beiseite legte, erkannte Martin, daß es sein eigener Fragebogen war, den er am Anfang seines Hierseins hatte ausfüllen müssen.

Natürlich, daher die Kenntnis seiner Person.

Als hätte der Arzt seine Gedanken erraten, sagte er:

«Ein solcher Fragebogen ist nicht alles, aber er sagt schon viel aus. Wenn man Hunderte und Aberhunderte von ihnen zu Gesicht bekommt, bildet sich ein gewisses Gespür heraus für das, was echt und was unecht ist. Natürlich», setzte er versonnen hinzu, «man kann sich auch einmal täuschen. Aber im großen und ganzen sind sie doch ein ganz brauchbares Kriterium. Ihr Bogen wirkt durch die klare, sachliche Beantwortung aller Fragen ungemein sympathisch. Sie machen keine Ausflüchte und Phrasen, und ... Sie haben im Archiv schon länger ausgehalten als alle anderen. Bitte», er machte eine abwehrende Bewegung, «ich weiß, was Sie sagen wollen. Sie fühlen sich geborgen, es gibt Ihnen eine gewisse Sicherheit, es interessiert Sie usw., usw. Alles schön und gut. Das haben andere vor Ihnen auch schon gesagt und sind doch davongelaufen.

Sehen Sie, Ihr Durchhaltevermögen ist auch so ein kritischer Punkt. Ein sehr wichtiger sogar.

Sie scheinen ein Mensch zu sein, der gewillt ist, sich im Leben durchzusetzen, und dem man etwas anvertrauen kann.»

Martin, auf alles andere gefaßt, als solche Worte zu hören, konnte nicht verhindern, daß ihm das Blut in die Wangen schoß. Er fühlte sich durchaus nicht als der starke Charakter, der da soeben geschildert worden war, und wollte gleich seine Zweifel anbringen.

Doch der Arzt fuhr bereits fort:

«Ich habe in Ihrer Angelegenheit schon einiges unternehmen können. Wie es scheint, mit Erfolg. Allerdings sind an Ihre Umschreibung einige Bedingungen geknüpft, die aber nach meinem Dafürhalten kein Hindernis bilden dürften.»

Der Arzt nahm ein Formular zur Hand.

«Da ist zuerst die amtsärztliche Untersuchung und dann ...»

Martin war aufgesprungen und stand zitternd über den Tisch gebeugt.

«Was, noch einmal alle die scheußlichen Prozeduren, die ich schon mehr als genug habe durchmachen müssen?! Das ist doch Quälerei, das ist doch unmenschlich. Muß denn das unbedingt sein?»

«Nun, nun», versuchte Dr. Kronfeld den Aufgeregten zu beruhigen, «setzen Sie sich nur ruhig wieder hin. So schlimm, wie Sie sich das vorstellen, ist es nun auch wieder nicht. Bis jetzt haben Sie ja alles gut überstanden. Das wird nun keine große Sache mehr, und übrigens ist Dr. Haller ein guter Freund von mir. Er kennt Ihren Fall bereits und wird Sie gewiß nicht unnütz plagen.»

«Und die zweite Bedingung?»

Martins Stimme klang leise und verzagt.

«Die zweite Bedingung ist die Annahme eines Vornamens, den das Gericht bestimmt. Der Antragsteller kann ihn nicht selbst wählen. Also mit *Martin* Marsell ist es dann aus. Sie werden sich umgewöhnen müssen, mein Lieber.»

Martin saß wie versteinert. Das konnte er nicht begreifen. Es kochte in ihm, aber er beherrschte sich. Es hatte ja keinen Sinn, durch Unbedachtsamkeit alles zu verderben. So fragte er nur:

«Ja, wieso denn? Warum kann man aus einem alten Namen nicht einen neuen machen? Warum eigentlich nicht? Wie war es denn mit Max Richter, da war doch auch aus Maria ein Max geworden?»

«Eben, gerade dieser Fall ist es gewesen, der die Kommission veranlaßt hat, für eine Namensänderung, die aus solchen Gründen erfolgt, nur noch einen einzigen, einen ganz bestimmten Vornamen zuzulassen.»

«Und was wäre das für ein Name?»

«Ein alter, netter und wohlklingender Name. Ich könnte mir keinen Grund denken, weshalb Sie ihn ablehnen sollten. Man hat sich für den Namen ‹Toni› entschieden.»

Jetzt mußte Martin lachen.

«Anton also? Anton Marsell, auch nicht übel. Aber warum kann es denn nicht bei ‹Martin› bleiben?»

«Sie haben die Sache noch nicht ganz durchschaut; nicht ‹Anton›, sondern ‹Toni› werden Sie in Zukunft heißen.

Martin blickte Dr. Kronfeld völlig verständnislos an. Es sah aus, als wollte er weinen.

«Also, ich will es Ihnen erklären. Nehmen Sie eine Zigarette?»

Martin dankte und begann zu rauchen. Er war ganz gespannte Aufmerksamkeit.

«Sie kennen also den Fall Max Richter und wissen, auf welch tragische Weise der arme Mensch geendet hat. Ich habe mich seinerzeit für ihn genauso eingesetzt, wie ich es jetzt für Sie tue. Man war schließlich seiner Bitte um Führung des selbstgewählten Namens nachgekommen. Jahrelang hat er sich einwandfrei gehalten, hat seinen guten Beruf gewissenhaft und zu vieler Menschen Zufriedenheit ausgeübt. Und dann, auf einmal ... Ja, man weiß eben nie, was in einem Menschen eigentlich vorgeht. Wie aus seinen hinterlassenen Aufzeichnungen ersichtlich ist, konnte er es auf einmal nicht mehr ertragen, als Mann zu gelten, als solcher aufzutreten und sich zu behaupten. Seine Scham war so groß, daß er es nicht über sich brachte, um die Rückgängigmachung seiner Namensänderung zu bitten. Das wäre durchaus möglich gewesen. Aber nein, lieber wählte er den Freitod. Armer Kerl!»

«Entsetzlich», sagte Martin und schüttelte sich. «Aber ich glaube, das könnte mir niemals passieren. Unmöglich, daß ich jemals in das zurückwollte, was ich aufgegeben habe.»

Dr. Kronfeld nickte zustimmend.

«Das kann ich mir bei Ihnen auch nicht vorstellen. Wenn ich das annehmen müßte, würde ich mich nicht um Sie bemühen. Aber ... kein Mensch kann für einen anderen einstehen. Man kann es ja kaum für sich selbst. Nun, jedenfalls stellte die Tat von Max Richter die Kommission vor zwei Möglichkeiten. Entweder sie versagte eine Namensänderung auf Grund irgendwelcher Anomalien von nun an prinzipiell, oder aber es mußte ein Name gefunden werden, der sowohl männlich als auch weiblich zu verwenden ist. So fand man und entschied man sich für den Namen ‹Toni›.»

Martin hatte aufmerksam zugehört. Immer mehr entspannte sich sein Gesicht, und jetzt sagte er lachend:

«Oh, das ist ja wirklich raffiniert und ... gut zugleich!»

Auch der Arzt mußte lachen. «Sie haben recht, es ist gut und raffiniert. Es war gar nicht so einfach, eine wirklich befriedigende Lösung zu finden. Oder wäre Ihnen eine generelle Ablehnung lieber gewesen?»

«Ganz und gar nicht», versicherte Martin schnell. «Ich danke Ihnen, Herr Doktor, für alles, was Sie schon für mich getan haben und noch tun wollen!»

So vergingen einige Wochen, in denen sich Martin immer wieder zur Geduld mahnen mußte.

Doch eines Tages war es soweit. Als er zum zweiten Mal das Zimmer des Arztes betrat, sah er sich nicht nur diesem, sondern noch einem Unbekannten gegenüber. Dr. Kronfeld erhob sich und begrüßte Martin freundlich.

«Nun, Martin, wir haben ja bereits besprochen, daß wegen der Umschreibung noch eine Untersuchung gefordert wird. Ein glücklicher Zufall, daß mich Dr. Haller gerade aufsucht. Ihr Fall ist ihm bekannt, und ich habe ihn noch eingehender orientiert. Nun will er die Untersuchung gleich hier vornehmen!»

Der Amtsarzt, ein kleiner, schmaler Herr mit feingeschnittenem Gesicht, grauem Haar und grauen Augen, die schon viel Leid gesehen haben mochten, trat auf Martin zu und reichte ihm die Hand.

«Reine Formsache, Herr Marsell. Nach dem, was mir der Kollege berichtet hat und was ich aus Ihren Akten ersehe, ist Ihr Fall klar. Aber Sie werden verstehen, daß ich nichts begutachten kann, was ich nicht gesehen habe.»

Das klang wie eine Entschuldigung. Auf Martins verstörtem Gesicht wechselten Röte und Blässe. Er nagte an der Unterlippe. M.M. sah aus wie ein trotziger Junge.

Dr. Haller warf seinem Kollegen einen fragenden Blick zu. Doch der tat, als ginge ihn das alles nichts an. Er stellte einen Wandschirm vor den Diwan und sagte: «So Martin, jetzt ziehen Sie sich aus und legen sich hin. Oder», fügte er hinzu, als er Martins Zögern bemerkte, «wollen Sie die Untersuchung lieber ins Medizinische Institut verlegt wissen?»

Martin begriff endlich, um was es ging.

Eilig begab er sich hinter die schützende Wand und entledigte sich seiner Kleider. Dann warf er sich auf den Diwan, daß es krachte. Man sollte merken, daß er bereit war.

Er hielt die Augen geschlossen und öffnete sie auch nicht während der Untersuchung. Diese währte nur ein paar Minuten, dann tippte ihm Dr. Kronfeld auf die Schulter und hielt ihm das Hemd hin. Er nickte ihm lächelnd zu, als wollte er sagen, alles sei in Ordnung.

Schon recht!

Alles in Ordnung!

Für Martin war der Tag verdorben. Wut und Scham wogten in ihm auf und ab.

Er war froh, daß ihm Bert den Schlüssel zum Archiv in die Tasche geschoben hatte, so konnte er unbemerkt seinen Mantel holen und das Haus verlassen.

Er mußte allein sein.

Noch immer brannten seine Wangen. Schnellen Schrittes eilte er dem nahen Tiergarten zu. Schon einmal hatte er hier Zuflucht gefunden und seine Enttäuschung in die Stille der verschlungenen Wege getragen. Damals war es ein Zorn gewesen auf die alles zerstörende Kriegsmaschine, nachdem er vor dem verschlossenen Tor des Instituts gestanden hatte. Heute war es der Zorn auf alles, was Behörde hieß.

Immer wieder dieses Sich-zur-Schau-stellen-Müssen, das Betasten seines Leibes, die Antworten auf endlose Fragen – wie haßte er das alles!

Konnte ein Mensch denn nicht leben, wie es ihm behagte, wie es ihm wohl tat, wie es seiner Art gemäß war?

Nein, das durfte er eben nicht. Nicht einmal seine Kleidung durfte er wählen, wie es ihm gefiel. Schon äußerlich mußte er zu erkennen geben, wo er hingehörte. Hie Männlein, hie Weiblein! Dazu hatte Vater Staat Gesetze erlassen, Beamte eingestellt, die er bezahlte und die etwas tun mußten, um ihr Geld zu verdienen.

## X

Das geregelte Leben, das Martin zu führen gezwungen war, begann ihm auf die Nerven zu gehen.

Trotz aller Abwechslung, die ihm seine Tätigkeit bot, wurde er von heftiger Unruhe ergriffen – ein Wesenszug, der ihm schon seit frühster Kindheit zu schaffen machte. Ein vages Gefühl sagte ihm, etwas müsse geschehen, um ihn aus dieser Monotonie herauszureißen; irgend etwas, ein Ereignis, ein Zwischenfall ... Und so geschah es denn auch, wenn auch nicht so bald, wie er es sich wünschte.

Studiengruppen ausländischer Studenten waren angesagt zur Besichtigung von Institut und Archiv. Kamen mehrere kleinere oder größere Gruppen zugleich, wurden sie meist von Bert geführt. Dann war auch Martin Zuhörer, und Berts Art zu erklären versetzte ihn immer wieder in Erstaunen und Bewunderung. Er lernte viel dabei, was er bei den Besuchen von Einzelpersonen, und deren waren nicht wenige, bestens verwerten konnte.

Bei einer solchen Gelegenheit kam ihm eine Mappe mit der Aufschrift «Operierte Fälle» in die Hände.

Er hatte sie bisher kaum beachtet und händigte sie dem Studenten, der sie verlangte, nur zögernd aus. Doch der Interessent war ein Mediziner älteren Semesters mit chirurgischer Erfahrung, so daß Martin sogar in den Genuß eines kleinen Privatkollegs kam.

Er nahm sich vor, die einzelnen Fälle genauer zu studieren.

Im Institut war wieder Stille eingekehrt, nur unterbrochen von den mehr oder weniger turbulenten Tagen, an denen sich die Freunde zum geselligen Beisammensein trafen.

Martin hatte sich in die Mappe «Operierte Fälle» vertieft und seine Kenntnisse wesentlich bereichern können. Er hatte erfahren, das es Hermaphroditen gibt und solche, die man als Pseudohermaphroditen bezeichnet; bei letzteren waren die körperlichen Unterschiede weniger prägnant und gravierend. Er lernte Unterschiede beurteilen, und als er das umfangreiche Material durchgearbeitet hatte, war ihm klar geworden, daß er nicht nein sagen würde, wenn bei ihm eine Operation in Frage käme. Obwohl er mit seinem männlichen Aussehen zufrieden sein konnte, wäre es doch eine Chance, noch ein wenig viriler zu werden. Er würde Bert um Rat fragen.

Und er hatte Glück. Er fand B.B. ausnahmsweise einmal unbeschäftigt in seinem Zimmer und konnte sogleich auf sein Ziel losgehen.

«Bert, ich komme, um einen Rat von dir zu erbitten, hast du ein wenig Zeit für mich? Aber ich merke, du bist doch gerade in einer Ruhepause?!»

«Ach was! Schieß los, wenn ich dir helfen kann, soll's mich freuen.»

«Nun, man spricht in letzter Zeit doch so viel von Operationen, von Eingriffen, um das Geschlecht zu ändern oder zu stärken – was weiß ich. Ich hatte mich bisher nicht darum gekümmert, erst durch die Mappe ‹Operierte Fälle› bin ich aufmerksam geworden. Ich denke, du weißt mehr darüber. Glaubst du, das wäre auch etwas für mich?»

«Ja», antwortete Bert und machte ein sehr nachdenkliches Gesicht, «da bin ich eigentlich überfragt. Solche Operationen gibt es schon seit einiger Zeit, teils mit, teils ohne Erfolg. Meiner Meinung nach kommt es darauf an, was sich der Betreffende von einem Eingriff verspricht. Was würdest du denn erwarten?»

Bevor Martin antworten konnte, betrat Dr. Hirschfeld das Zimmer. Er legte eine Anzahl Papiere auf den Tisch.

«Arbeit, Bert, aber es eilt nicht damit, nimm dir Zeit.»

«M.M. stellte mir gerade eine Frage, für deren Beantwortung ich nicht kompetent bin, Herr Sanitätsrat. Vielleicht können Sie ihm helfen?!»

Martin, der sich bescheiden im Hintergrunde gehalten hatte, trat an den Tisch.

«Ach, Martin! Ich habe Sie lange nicht gesehen. Sieht er nicht prächtig aus?»

Der Arzt ergriff die Hand des Jünglings und zog ihn näher ans Licht.

«Ganz wie ein forscher junger Mann. Sie haben sich wirklich fabelhaft herausgemacht. Sind Sie zufrieden? Macht Ihnen Ihre Tätigkeit Freude? Bert ist restlos glücklich über unseren Archivar. Früher kam es vor, daß er stundenlang suchen mußte nach etwas, das ich nur selten brauchte. Heute findet er alles mit einem Griff. Aber was ist? So recht glücklich sehen Sie eigentlich nicht aus.»

Der prüfende Blick trieb Martin wieder die Röte ins Gesicht. Zu dumm, daß er dem immer noch unterworfen war.

Der Sanitätsrat setzte sich auf den Diwan und bedeutete den beiden, auch Platz zu nehmen.

«Wirklich, Martin, man könnte annehmen, das Leben sei Ihnen verleidet. Haben Sie ernstlich Grund zu solcher Verstimmung? Was war das denn für eine Frage, die du nicht beantworten konntest, Bert?»

B.B. durchschaute den Trick. Der Arzt wandte sich zuerst an ihn, damit Martin sich sammeln konnte.

«Er hat mich gefragt, ob ich glaube, daß ihm ein operativer Eingriff nützlich sein könnte. Ich sagte ihm – gerade als Sie hereinkamen –, da sei ich überfragt und was er sich davon verspreche.»

«Und was sagt unser Freund?»

Jetzt begegnete Martin dem fragenden Blick mit aller Offenheit. Er hatte die anfängliche Verlegenheit überwunden.

«Was ich davon erwarte, das weiß ich selbst nicht recht. Man hat mir geraten – es war Heinz Lindow, der zu den Freundestreffen kommt –, ich solle mich einmal mit dieser Frage beschäftigen. Er meint, ich kapsle mich ab, sei zu sehr in mich selbst versponnen. Durch einen solchen Eingriff könnte ich vielleicht männlicher, freier werden. Aber er weiß zu wenig über diese Dinge und hat mich an Bert verwiesen.»

Ernst und nachdenklich hatte der Arzt zugehört.

«Daran hat er gewiß recht getan. Ich persönlich würde es nicht für unbedingt notwendig halten. Aber wenn Ihnen sehr viel daran liegt, will ich mich mit Dr. Welti in Verbindung setzen. Für diese Fragen ist er zuständig. Er hat bereits eine Anzahl solcher Operationen ausgeführt. Sie können sich ihm unbedenklich anvertrauen. Bleiben Sie noch ein wenig hier. Bert freut sich immer, wenn Sie kommen. Vielleicht erreiche ich Dr. Welti noch. Wollen Sie, daß ich Sie anmelde?»

Martin bejahte eifrig und dankte aus vollem Herzen. Er hatte einfach das Gefühl, es müsse jetzt etwas mit ihm geschehen. Gewiß stand ihm wieder die leidige Untersuchung bevor . . . Aber ohne diese konnte der Chirurg ja keine Entscheidung treffen über Möglichkeiten und eventuellen Erfolg. Also mußte er sich überwinden und die Sache durchstehen.

Noch während er nachdachte, läutete das Telefon. Bert griff zum Hörer.

«Ja, ich notiere: Lützowufer 48, heute Nachmittag, fünf Uhr.»

Er reichte Martin den Zettel.

«Hier. Heute Nachmittag also zu Dr. Welti. Er tut, was er kann, und wenn er nein sagt, wenn er meint, es hat keinen Zweck, dann mußt du es hinnehmen und darfst nicht enttäuscht sein. Das habe ich bei Freunden auch schon erlebt. Aber dann heißt es einfach, sich fügen.»

«Das ist mir klar. Ich bin Laie, er ist der Fachmann. Aber was ich noch fragen wollte, was kann ich tun, damit es mit meiner Umschreibung schneller vorangeht?»

«Nichts, aber auch gar nichts. Es heißt ja, Gottes Mühlen mahlen langsam, aber die Mühlen der Behörden mahlen noch viel, viel langsamer. Du kannst nur in aller Ruhe und Geduld abwarten. Pressiert es dir denn? Ist es dir so arg verleidet, hier bei uns zu sein?»

«Nein, nein», beeilte sich Martin zu versichern, «ganz und gar nicht. Ich bin dankbar, hier sein zu dürfen. Nur ... das mußt du doch verstehen, ich muß auch an die Zukunft denken. Für dich gibt es solche Probleme nicht. Du gehörst hierher, bist hier zu Hause und geborgen. Ich bin vogelfrei, habe nichts gelernt außer fliegen, und damit ist es jetzt aus und vorbei. Die Arbeit im Archiv ist gewiß interessant und notwendig, aber sie ernährt ihren Mann nicht, und auf die Dauer von der Substanz leben ist unmöglich. Einmal ist es fertig damit, und ... was dann?»

Martin hatte erregt gesprochen. Der Gedanke an die Zukunft beschäftigte und beunruhigte ihn schon seit geraumer Zeit. Bert hatte aufmerksam zugehört. Was Martin sagte, stimmte; er, Bert, gehörte hierher, und solche Sorgen würden ihm nie erwachsen.

Zum ersten Mal wurde ihm bewußt, wie anders das Leben derer aussah, die das Institut aufsuchten, mehr oder weniger Heimatlose, ohne festen Beruf, ohne gesicherte Zukunft. Zu ihnen gehörte auch Martin, den er brüderlich liebgewonnen hatte.

Vor seinem inneren Auge zogen die Menschen vorüber, die im Laufe der Jahre seinen Weg gekreuzt hatten. Entwurzelt, unverstanden, ausgestoßen, verfemt, verspottet. Parias. Über allen hing das Verdikt des «Andersseins». Es war ein langer, langer Zug.

Martin machte sich beizeiten auf den Weg zum Lützowufer. Er hatte es nicht eilig und schlenderte gemächlich dem träge fließenden Wasser des Kanals entlang. Das Haus Nr. 48 lag dicht an der Potsdamer Brücke. Es war ein großes Gebäude alten Stils; an der Tür hing ein Schild mit der Aufschrift: Dr. A. Welti, Facharzt für Chirurgie.

Nichts deutete darauf hin, daß sich hinter diesem schlichten Hinweis ein großer Könner verbarg.

Nachdem Martin Bert Bosse verlassen hatte, war er ins Archiv geeilt. Er erinnerte sich, in der Mappe über Operationen ein Verzeichnis von den Ärzten gesehen zu haben, die schon einmal oder mehrfach operiert hatten.

Tatsächlich war Dr. Welti der Arzt, dessen Name am meisten genannt wurde. Unter seinen über zwanzig Eingriffen waren nur zwei mißlungen beziehungsweise erfolglos verlaufen. Es ist verständlich, daß Martins Zuversicht beträchtlich zunahm.

Erwartungsvoll eilte er nun die zwei Treppen hinauf.

Auf sein Läuten öffnete eine ältere Frau, die ihn freundlich bat, im Wartezimmer Platz zu nehmen.

Er müsse sich allerdings ein wenig gedulden, der Doktor sei unerwartet abgerufen worden, aber lange würde es gewiß nicht dauern.

Es verging auch nur eine kurze Zeit, bis lautlos eine Tür geöffnet wurde – eine Tapetentür, unsichtbar in die Wand eingelassen und vom Besucher nicht zu bemerken.

Dr. Welti entsprach der Vorstellung, die Martin sich von ihm gemacht hatte. Er war mittelgroß, aus seinem klugen, energischen Gesicht strahlten die Augen Güte und Verstehen aus.

«Nun kommen Sie herein, Herr Marsell», sagte er. «Es tut mir leid, daß Sie warten mußten, aber das ist nun mal das Los des Arztes, daß er nie so ganz Herr seiner Zeit ist. Nehmen Sie nur Platz. Dr. Hirschfeld hat mir ja bereits von Ihnen erzählt. Sie dürfen überzeugt sein, daß ich für Ihre Belange das größte Interesse habe.»

Martin rückte sich bequem im Sessel zurecht. Das gute Gefühl, an die einzig richtige Stelle gekommen zu sein, hielt an. Auf die Frage, wie er sich eine eventuelle Operation vorstelle und was er davon erwarte, antwortete er offen:

«Sie werden gewiß das Richtige finden und auch tun, Herr Doktor. Ich habe keinerlei Vorstellungen und bin gewissermaßen durch äußere Umstände dazu gekommen, in dieser Richtung etwas zu unternehmen. Darum komme ich zu Ihnen; ich möchte Ihre ehrliche Meinung hören.»

«Nun, das ist gut so. Dann brauchen wir keine Zeit zu verlieren. Bitte», er deutete auf einen Nebenraum, «gehen Sie dort hinein, und machen Sie sich für die Untersuchung bereit.»

Martin ging, sich seiner Kleider zu entledigen.

Diesmal löste die Untersuchung keinerlei unangenehme Empfindungen bei ihm aus. Auch beobachtete er den Arzt scharf, während er sonst in innerer Abwehr die Augen stets krampfhaft geschlossen hatte. Zu seinem Bedauern war dem unbewegten Gesicht des Arztes außer gesammelter Aufmerksamkeit nichts zu entnehmen. Der Bericht war eindeutig und sachlich: «Ich will Ihnen nichts vorenthalten; Sie sind intelligent genug, um Ihren physischen Zustand auch selbst zu durchschauen. Die Situation, wie ich sie beurteile, ist folgende: Es handelt sich um einen typischen Fall von Zweigeschlechtlichkeit, um einen Hermaphroditismus, der sich aber mehr innerlich als äußerlich manifestiert. Es ist klar, daß keine Operation aus Ihnen einen vollkommenen Mann machen kann. Jedoch könnte, wenn Sie das wollen, ein Eingriff unternommen werden, der das Männliche in Ihnen unterstützt und zur stärkeren Auswirkung bringt. Niemand ist ja hundertprozentig Mann oder Frau. Wir stammen schließlich von Vater und Mutter ab, von Mann und Frau, und tragen beide Wesenszüge in uns. In jedem menschlichen Wesen wirken die weiblichen und die männlichen Anlagen, nur überwiegt eben im normalen Falle die eine oder andere Anlage eindeutig.

Nun gibt es aber Männer, ganz gesunde Männer, die außer den üblichen beiden Hoden noch einen dritten haben. Der ist überflüssig und liegt im Leistenkanal verborgen. Viele haben keine Ahnung, daß sie damit behaftet sind. Andere leiden darunter, haben sogar Schmerzen. Die sind es dann, die kommen und bitten, man möge sie davon befreien. Einen solchen Hoden könnte man Ihnen implantieren. Natürlich wird sich dann nicht einfach alles ändern, aber nach den heutigen Erfahrungen ist es doch so, daß die männliche Komponente merklich unterstützt wird. Und das ist es doch, was Sie wünschen, oder nicht?»

«Gewiß, so ist es. Genau so, mehr erwarte ich nicht. Schon der Gedanke, nichts unversucht zu lassen, ist ein großes Plus für mich und gibt mir Auftrieb. Ich wünschte nur, es könnte bald geschehen.»

«Ja, das ist freilich eine Frage der Zeit. Sie werden verstehen, daß ich nicht jedes beliebige Organ verwenden kann, wenn ich Sie nicht schädigen will, anstatt Ihnen zu helfen.

Zwei Fälle sind zur Zeit in meiner Behandlung. Aber das ist nichts für Sie. Das sind kranke Menschen. Nein, es muß ein Mann sein, für dessen Gesundheit ich weitgehend garantieren kann, und er darf auch nicht über ein gewisses Alter hinaus sein.

Darauf müssen wir warten, das sind die einfachsten Voraussetzungen für ein gutes Gelingen. Aber ich vergesse Sie nicht. Darauf können Sie sich verlassen.»

## XI

Martin verließ den Arzt, der ihm gute Wünsche mit auf den Weg gab. Wieder überkam ihn ein beglückendes Gefühl der Geborgenheit, wenn er auch noch nicht wußte, wie und wann sich der gewünschte Eingriff würde durchführen lassen.

Da kreuzte Erwin Kotta seinen Weg, ein Ereignis, das für seine Belange von einschneidender Bedeutung werden sollte.

Gedankenverloren schlenderte er eines Tages die Potsdamer Straße entlang. Plötzlich sah er vor sich eine undurchdringliche Menschenmauer, die ihm das Weiterkommen unmöglich machte.

Allmählich drang zu ihm durch, um was es sich handelte. Man hatte einen Taschendieb in flagranti erwischt.

Obwohl der Bestohlene nicht zu Schaden gekommen war und auf eine Strafanzeige verzichtete, hatte sich ein Polizist des Übeltäters bemächtigt und wollte ihn abführen.

Das war nicht so einfach. Es gab ein lebhaftes Für und Wider; die einen entschuldigten, die anderen verdammten den Dieb. Bald bildeten sich zwei Parteien, und eine Wortschlacht entbrannte, die nach Berlinerart nichts an Deutlichkeit zu wünschen übrigließ. Die Sache begann Martin zu interessieren. Schmal und wendig, wie er war, drang er von Lücke zu Lücke vor und stand bald in der vordersten Reihe.

Dort bot sich ihm ein Bild, das sein Mitleid und seine Lachlust gleichzeitig erregte.

Ein eleganter junger Mann, anscheinend der Bestohlene oder Fast-Bestohlene, versuchte den Schutzmann vergeblich davon zu überzeugen, daß er auf eine Verfolgung der Angelegenheit verzichten wolle.

Dem beleibten Hüter des Gesetzes zitterte der dicke, pomadisierte Schnauzbart vor Erregung, am Rand des blanken Helms glänzten Schweißtropfen.

«Is ja janz jut und scheen, junger Herr, det Se keen Lärm

machen wolln. Aber Jesetz is nu mal Jesetz, und Recht muß Recht bleiben. Besonders nach dem Krieje. Da sin so ville unten, die partout wieder nach oben wolln. Janz ejal wie. Sone Burschen muß mer det Handwerk lejen.»

Wieder protestierte der andere, und Martin hatte Gelegenheit, den Sünder aus nächster Nähe zu betrachten.

Der machte nicht den Eindruck eines Verbrechers. Er war ein gutgewachsener Jüngling und mochte etwas jünger als Martin sein. Seine Kleidung war ärmlich und abgetragen wie bei vielen in der Millionenstadt, wo ein Großteil der Bevölkerung von der Fürsorge lebte. Sein Gesicht glich nicht dem eines schlechten Menschen, der darauf aus ist, seine Mitmenschen zu schädigen und sich auf ihre Kosten zu bereichern. Er machte einen leidenden, verängstigten, unglücklichen Eindruck.

Die Menge verlor sich, da sich die Verhandlungen in die Länge zogen.

Nun ertönte wieder die rauhe Stimme des Behelmten:

«Weeß ick denn, ob det stimmt? Erwin Kotta, det kann jeder sagen.»

Martin handelte wie unter einem Zwang:

«Ich kann bezeugen, daß das stimmt. Oft genug habe ich mit Herrn Kotta im Kolleg gesessen. Hier haben Sie meine Karte.»

Er reichte dem Schnauzbärtigen die Karte und dem Delinquenten die Hand.

«Wieder so eine blöde Wette, Kotta. Daß Sie doch diesen Unsinn nicht lassen können.»

Er hatte laut und deutlich gesprochen, so daß auch die wenigen noch verbliebenen Neugierigen es hören konnten. Die lachten. Also ein Dummerjungenstreich! Auch der Schutzmann mußte lachen. Erleichtert wischte er sich den Schweiß von der Stirn.

«Also wenn's so is, denn meinetwejen. Aber merken Se sich, junger Mann», wandte er sich an Kotta, «nochmal bei so wat erwischt, dann winkt de jrüne Minna. Mahlzeit, meine Herrn!»

Er tippte zum Gruß an den Helmrand und stapfte davon, erhobenen Hauptes und gewichtigen Schrittes: er hatte seines Amtes gewaltet.

Der Mann, der sich Erwin Kotta genannt hatte, schien der

Hilfe zu bedürfen. Er lehnte an der Hauswand und sah bleich und verfallen aus.

Martin trat auf ihn zu. «Ist Ihnen nicht gut? Kann ich etwas für Sie tun?»

«Hunger», sagte der Mann lakonisch und strich sich mechanisch das Haar aus der Stirn.

«Dem kann abgeholfen werden. Kommen Sie, es sind nur ein paar Schritte. Ich lade Sie ein.»

Zum Glück war das kleine Restaurant nicht weit entfernt. Trotzdem war Martin froh, als er seinen Gast, dem das Gehen sichtlich Mühe machte, in Sicherheit hatte.

Er bestellte Bauernfrühstück. Das war kräftig und nicht zu schwer, das konnte auch ein leerer und geschwächter Magen vertragen.

Martin beschäftigte sich angelegentlich mit seiner Portion. Sein Schützling sollte Gelegenheit haben, sich zu sammeln. Als er einmal aufschaute, traf ihn ein Blick so ehrlicher Dankbarkeit und Verwunderung, daß er ganz verlegen wurde.

«Warum haben Sie das getan? Sie kennen mich doch gar nicht und haben meinetwegen sogar die Unwahrheit gesagt.»

«Das stimmt», Martin versuchte, einen leichten Ton anzuschlagen. «Eigentlich müßte man mich jetzt einsperren wegen ... Irreführung der Rechtspflege. So nennt man das doch wohl?! Aber muß man sich denn unbedingt kennen, wenn man helfen will und kann?!»

Martin meinte, was er sagte. Falls der Mann keine Bleibe haben sollte, wollte er ihn mit in seine Wohnung nehmen und dort nächtigen lassen. Es sah ganz so aus, als habe er Bett und Schlaf nötig.

«Sind Sie satt?» fragte er. «Ich nehme noch einen Kaffee. Halten Sie mit?»

«Gern, aber Sie haben meine Frage von vorhin noch nicht beantwortet. Warum haben Sie so gehandelt und mich nicht einfach dem Gesetz überliefert?

Verzeihen Sie mir und halten Sie mich nicht für undankbar und mißtrauisch, aber es ist so unwahrscheinlich, ja ich möchte fast sagen, absurd, daß heute ein Mensch etwas tut, ohne daß für ihn etwas dabei herausspringt. Und nicht nur das, Sie könnten dadurch auch noch in die größten Unannehmlichkeiten geraten. Sie haben mich doch in einer Situation getroffen, die alle möglichen Schlüsse zuläßt. Ist es nicht so?»

Der Kellner hatte den Kaffee gebracht, und Martin rührte nachdenklich in seiner Tasse.

Er kam sich plötzlich uralt vor mit seinen einigen zwanzig Jahren. Und eine Erklärung für sein Verhalten hatte er auch nicht parat. So blieb ihm nichts anderes übrig als zuzugeben, daß er selbst nicht wisse, warum er so und nicht anders gehandelt habe.

«Ich habe schon oft darüber nachgedacht, was denn das ‹Gute› überhaupt ist? Was für den einen gut ist, kann für einen anderen schlecht sein und umgekehrt.

Ist es nicht so, daß man mit jedem Handeln, zumindest mit jeder einschneidenden Tat, in die Lebenssphäre des anderen eingreift? Man verknüpft sich mit seinem Schicksal und wird unter Umständen schuldig. Nun, wäre es anders, käme es wohl nie zu einer uneigennützigen Tat, und der laxen Moral – was geht mich der andere an, ich will ihm nicht schaden – wäre Tür und Tor geöffnet.

Der Mensch scheint darauf angewiesen zu sein, das zu tun, was er im Augenblick für richtig hält. Und ich hielt es eben für notwendig und richtig, Ihnen zu helfen. Ich weiß», wehrte er ab, als der andere ihn unterbrechen wollte, «das klingt vielleicht großmäulig und phrasenhaft, aber ich weiß wirklich nicht, was ich Ihnen sonst antworten soll. Ist es denn überhaupt so ungeheuer wichtig, diese Frage zu klären?»

«Für mich schon», sagte Kotta und sah todunglücklich aus. «Ach, ich schäme mich so. Wirklich, zum ersten Male in meinem Leben schäme ich mich ganz fürchterlich!»

Martin lachte. «Aber das ist ja großartig, das ist ja das Beste, was Ihnen passieren kann. Man muß sich nämlich einmal so ganz richtig, gründlich geschämt haben. Das ist wie ein reinigendes Bad. Ich habe mich auch einmal so ganz ausgiebig geschämt. Es war damals im Kriege, in Ungarn. Ich bin sicher, die Dummheit, die ich damals gemacht habe, die habe ich nur einmal gemacht, das passiert mir nicht wieder. So ausgiebig habe ich mich damals geschämt.»

Martin bemerkte mit Genugtuung, daß sich das Gesicht seines Gastes immer mehr erhellte. Jetzt schien es, als gäbe er sich einen inneren Ruck, dann entnahm er seiner Brieftasche den Personalausweis und reichte ihn über den Tisch hinüber.

«Da, sehen Sie selbst», über sein Gesicht lief wieder ein Schatten, «da haben Sie den Stein des Anstoßes.»

Martin las: Erwin Kotta, geboren dann und dann in einer kleinen Stadt im deutschen Norden, der Vater Arzt, die Mutter Tochter eines Beamten, beide verstorben.

Martin konnte nichts Auffälliges oder Anstößiges entdekken. Fragend blickte er auf. Kotta beobachtete ihn gespannt.

«Bitte drehen Sie um, da steht noch eine Anmerkung.»

Martin wendete das Blatt und las:

«Der Inhaber dieses ist am ... (das Datum war handschriftlich eingetragen) entlassen worden.»

Darunter, etwas verwischt, der Stempel einer Strafanstalt.

Martin überlief es kalt. Wäre bei ihm ein ähnlicher Eintrag nicht auch möglich, der ihm die Zukunft verbauen könnte?!

Laut sagte er: «Das ist ja scheußlich!»

Kotta nahm ihm das Blatt aus der Hand und sagte bitter: «Sie haben ganz recht. Es ist scheußlich. Und nun werden Sie bedauern, daß Sie sich meiner angenommen haben. Ich kann das verstehen. Darf ich Ihnen noch einmal danken und mich nun verabschieden?»

Martin starrte sein Gegenüber fassungslos an: «Aber wieso denn? Warum wollen Sie denn gehen? Ach so», plötzlich erkannte er seinen Fehler, «Sie haben meinen Ausruf auf sich bezogen. Nein, was Sie getan haben, kann nichts Schwerwiegendes sein, das kann sicher jedem passieren. Was mich empört, ist der Eintrag in Ihrem Ausweis. Den finde ich scheußlich, unmenschlich. Wie soll man denn damit wieder zurückfinden ins normale Leben?! Gewiß werden viele daran Anstoß nehmen.»

Martin bestellte zwei Bier. Er hatte das dringende Bedürfnis, Kotta zu zeigen, daß er ihn nicht verachtete und lossein wollte. Kotta trank durstig und meinte dann:

«Es ist genau so, wie Sie sagen, und ich danke Ihnen auch dafür. Ja, das ist wirklich unmenschlich. Man spricht davon, daß diese Maßnahme aufgehoben werden soll. Aber mir nützt das nichts mehr. Zum Glück geht es nur noch ein Jahr, dann ist die Bewährung vorbei, und der Eintrag wird gelöscht.

Ich war damals achtzehn. Der Hunger war der Anlaß, genau

wie heute. Wenn Sie heute nicht gekommen wären!! Rückfällig geworden. Ach, es wäre furchtbar gewesen, nicht auszudenken.»

Kotta hatte den Kopf in die Hände gestützt. Ein Krampf schüttelte ihn. Vielleicht weinte er auch. Er schien ein weicher Mensch zu sein. Doch bald hatte er sich wieder in der Gewalt.

«Verzeihen Sie», sagte er und lächelte schwach. «Ich bin wohl zu müde.»

Martin rief den Kellner, um zu zahlen.

«Also gehen wir. Sie können bei uns nächtigen. Meine Wirtsleute sind freundlich und hilfsbereit. Morgen sehen wir dann weiter!»

Was heute noch undurchschaubar ist, kann sich morgen schon klären. Daran mußte Martin später oft denken, wenn ihm sein etwas sonderbares Verhalten im Fall Kotta in den Sinn kam.

Dieser hatte das Angebot für ein Nachtlager dankbar angenommen. Martin hätte eine Weigerung auch gar nicht gelten lassen, denn der Mann war offensichtlich am Ende seiner Kräfte.

Auf dem Diwan wurde rasch ein Lager bereitet. Frau Remus stellte keine unnützen Fragen, sondern brachte Leintücher und Decken und überließ alles andere Martin. Ihr gut zahlender, immer freundlicher und korrekter Mieter war für sie tabu. Bevor sie endgültig verschwand, brachte sie noch Tee, stark duftende Pfefferminze. Der junge Herr sähe so blaß und traurig aus, meinte sie und stülpte eine dicke, wollene Hülle über die Kanne, damit er für die Nacht etwas habe.

Kotta hatte kaum seine Überkleider ausgezogen und sich ausgestreckt, da schlief er auch schon.

Auch Martin war müde und ging zu Bett.

Mitten in der Nacht erwachte er durch ein sonderbares Geräusch. Es tönte wie ein gewaltiges Schnaufen oder Stöhnen. Da er schlaftrunken war, erkannte er nicht gleich die Ursache der seltsamen Töne. Doch langsam kam die Erinnerung an die Ereignisse von gestern, und plötzlich war er hellwach. Er war ja nicht mehr allein im Zimmer, er hatte einen Gast. Die Geräusche kamen von ihm.

Martin drehte das Licht an. Was er sah, machte einen besorgniserregenden Eindruck. Erwin Kotta saß auf dem Rande des Diwans, zusammengekrümmt und mit schmerzverzerrtem Gesicht, die Hände an den Leib gepreßt. Martin stand ratlos vor ihm.

«Soll ich einen Arzt rufen?» frage er etwas hilflos.

Kotta schüttelte den Kopf. Nun entspannten sich seine Züge, der Krampf war vorüber. Ein letztes Stöhnen der Erleichterung entrang sich seiner Brust.

«Oh, das war schlimm. So arg war es schon lange nicht mehr.»

Dankbar schaute er Martin an, der ihm behilflich war, sich wieder niederzulegen.

«Ich muß Sie immer wieder um Entschuldigung bitten. Nichts wie Ungelegenheiten haben Sie mit mir. Ausgerechnet heute muß es mich so packen, aber jetzt ist es vorüber.»

«Nehmen Sie ein wenig Tee, er ist noch schön warm. Wenn man krank ist, kann man doch nichts dafür, da gibt es keine Ungelegenheiten. Kann man Ihnen denn nicht helfen? Ist es der Blinddarm?»

Kotta, der die Decke bis unter das Kinn hochgezogen hatte, schüttelte den Kopf.

«Nein, nein, mit dem Blinddarm hat das nichts zu tun. Das ist eine ganz dumme Geschichte. In der Leiste steckt ein Hoden, der nicht heruntergekommen ist. Man hätte schon in der Kindheit operieren sollen, aber wer kümmerte sich denn schon um mich, wenn ich Schmerzen hatte. Ich hab' auch schon jahrelang Ruhe gehabt, aber jetzt ist es wieder einmal ganz verrückt.»

Martin hatte zugehört, ohne zu unterbrechen. Das klang ja wie ein Märchen. Das war doch gerade das, was er brauchte!

Aber Dr. Welti hatte ihn nicht umsonst aufgeklärt. Nur ein ganz «gesundes Organ» käme in Frage. Also keine Illusionen, mahnte er sich und zwang sich zur Ruhe.

Als er merkte, daß Kotta sich endgültig beruhigt hatte und wieder eingeschlafen war, suchte auch er sein Lager auf. Lange konnte er nicht einschlafen, schließlich hatte er seinen Plan fix und fertig im Kopfe.

Da sein Gast am Vormittag gegen zehn Uhr immer noch schlief, stellte er Milch und Brötchen auf den Tisch, schrieb einen Zettel, daß er bald wieder zurück sei, und machte sich auf den Weg zu Dr. Welti.

Er hatte Glück. Der Arzt war zu Hause. Interessiert hörte er sich an, was sich seit gestern ereignet hatte, und erklärte sich bereit, Kotta sofort zu untersuchen.

Gemeinsam gingen sie zurück. Auf die Frage des Arztes, ob Martin etwas Näheres über seinen Schützling wisse, konnte Martin nur mitteilen, was er aus dem Ausweis erfahren hatte.

Nun, man würde ja sehen. Allzu rosig schienen Kindheit und Jugend von Kotta nicht verlaufen zu sein.

Sie fanden Kotta im gleichen Zustand, in dem ihn Martin verlassen hatte. Dr. Welti zog sich einen Stuhl heran und betrachtete den Schläfer, während Martin Luft und Licht hereinließ und sich bemühte, ein wenig Ordnung zu schaffen.

Die Geräusche weckten Kotta auf. Mit einem Ruck richtete er sich auf und starrte mit weitaufgerissenen Augen auf den Fremden, der an seinem Lager saß. Der Kranke sah aus, als wollte er fliehen. Sein Gesicht verzog sich schmerzlich, wohl in dem Gedanken: «Nun bin ich doch in eine Falle gegangen.»

Der Arzt nickte ihm freundlich zu und nahm seine Hand. «Regen Sie sich nicht auf, Herr Kotta. Ich bin Arzt, und Herr Marsell hat mich aus Sorge um Sie gerufen. Wo haben Sie denn Schmerzen?»

Kotta war mit einem Seufzer der Erleichterung in die Kissen zurückgesunken. Aber ganz beruhigt schien er noch nicht zu sein. «Jetzt habe ich keine Schmerzen», sagte er hastig. «Die kommen ab und zu, und das bin ich gewohnt. Ich brauche keinen Arzt.» Sein Gesicht sah verschlossen aus.

«Aber Sie hatten Schmerzen. Sogar einen regelrechten Anfall, wie Herr Marsell beobachtet hat. So etwas kann auch einmal schiefgehen.»

«Na wenn schon. Wer fragt danach?» Der Mann machte eine müde abweisende Bewegung. «Ist doch alles egal.»

Dr. Welti ließ sich nicht beirren.

«Das ist Unsinn», entgegnete er ernst. «Sie sind in einer kritischen Lage, zugegeben, aber sie ist nicht hoffnungslos. Sie haben gesunde Glieder und einen klaren Verstand – alles Voraussetzungen, um nicht unterzugehen. Sie haben nur verlernt, das Leben zu lieben. Glauben Sie mir, jeder Mensch hat seinen Packen zu schleppen, ganz gleich, wo er steht. Das unterscheidet ihn doch von allen anderen Lebewesen, daß er sich bewußt auseinandersetzen kann mit seiner Lebenslast. Nun seien Sie nicht kindisch; lassen Sie sich untersuchen.»

Kotta schlug die Decke zurück. Sein Widerstand war gebrochen. Sorgfältig tastete der Arzt den Leib ab. Er drehte den Kopf des Patienten zur Seite und ließ ihn husten. Ein kurzes Nicken schien seine Befriedigung auszudrücken. Sonst blieb sein Gesicht unbewegt; die beiden Augenpaare, die es gespannt beobachteten, konnten ihm nichts entnehmen. Endlich richtete er sich auf, wusch sich die Hände und setzte sich wieder neben den Diwan.

«Ganz so einfach ist die Sache nicht, wie Sie denken, mein Lieber. Sie haben eine ganz hübsche Entzündung. Aber sagen Sie, warum ist denn da nichts getan worden, als Sie so zehn, elf Jahre alt waren?»

Kotta schwieg beharrlich, ganz Abwehr.

«Nun, wenn Sie mir nicht antworten wollen, muß ich Sie beim Gesundheitsamt melden. Wenn Ihnen das lieber ist, bitte!»

Dr. Welti machte Miene, sich zu erheben. Da klammerte sich Kotta an ihn.

«Nein, nein, tun Sie das bitte nicht. Ich, ach, es ist ja nur ... ich habe doch kein Geld für eine Operation.»

«Dummes Zeug! Wer redet denn davon?! Ich bin Arzt, Forscher und nebenbei so ein bißchen Menschenfreund. Vielleicht genügt Ihnen das. Also beantworten Sie meine Fragen. Wie war das mit Ihrer Kindheit, haben sich Ihre Eltern nicht um Sie gekümmert?»

«Das war ihnen gar nicht möglich. Meinen Vater habe ich überhaupt nicht gekannt. Er war Schiffsarzt und soll ein sehr sonderbarer, labiler Mensch gewesen sein. Irgendwo in der Nähe von Gibraltar ist er über Bord gegangen. Ob mit oder ohne Absicht, ist nie herausgekommen. Meine Mutter wurde tobsüchtig, als die Nachricht kam. Man brachte sie in eine Irrenanstalt. Als ich acht Jahre alt war, kam die Nachricht, daß sie gestorben sei. Meine Tante, die mich aufgenommen hatte, machte nicht viel Aufhebens von dieser Tatsache, und ich war froh, daß meine Mutter nicht mehr leiden mußte.

Später kam ich in die Lehre zu einem Graphiker. Das war die Hölle. Er war ein bösartiger Choleriker, seine Frau ebenso boshaft wie mannstoll. Kurzum, bei der Arbeit gab es mehr Hiebe als Liebe und im Hause mehr Hunger als Brot.»

«Und dann sind Sie davongelaufen?»

«Nein. Ich hätte ja gar nicht gewußt, wohin. Im letzten Kriegsjahr wurde ich eingezogen. Ich war unterernährt, g.v., so kam ich in den Küchendienst. Da kam ich wieder etwas auf die Beine. Aber viel ist auch heute noch nicht dran an mir, das sehen Sie ja selbst, Herr Doktor. Und dann die schlechte Erbmasse! Da wird doch nie was Rechtes draus. Ist doch so?!»

Dr. Welti knüpfte an die letzten Wort an.

«Das stimmt nun wieder nicht ganz, was Sie da sagen von der Erbmasse. Bestimmt hat sie einen gewissen Einfluß oder kann ihn haben. Aber ich stehe auf dem Standpunkt, man soll diesen Einfluß nicht überschätzen. Zumindest wird man doch nicht von vornherein auf Grund der Erbmasse kapitulieren, dem Leben entsagen wollen. Das halte ich für grundfalsch. Sie sind nicht Ihr Vater, Sie sind nicht Ihre Mutter. Sie sind ein eigenständiges Wesen mit einem eigenen Schicksal.

Ich mache Ihnen einen Vorschlag. Ihr Vater war Arzt, also operiere ich den Sohn des Kollegen umsonst. Wenn Sie wieder in Ordnung sind und Lust dazu haben, können Sie sich in meiner Klinik nützlich machen, solange es Ihnen gefällt.

Also, was meinen Sie dazu?»

Kotta hatte sich aufgerichtet. Während der Rede waren seine Augen immer größer und heller geworden. Mit beiden Händen ergriff er die Hand des Arztes.

«Wenn das ginge!» sagte er mit leiser, erregter Stimme. «Ach, ich würde ja alles daransetzen, daß Sie zufrieden sind.»

«Abgemacht! Ich muß sowieso in die Klinik. Ziehen Sie sich an, ich nehme Sie gleich mit.»

Kotta fuhr aus dem Bett und verschwand hinter dem Vorhang, der die Waschnische verbarg.

«Langsam! Ihr Herz ist auch nicht ganz in Ordnung. Sie haben eine starke Entzündung da auf der Seite, da springt man nicht so herum.»

Martin wandte sich mit fragendem Blick und entsprechender Geste an Dr. Welti. Der zuckte die Achseln und antwortete leise:

«Geduld, in ein paar Tagen wissen wir mehr.»

Seit gut einer Woche arbeitete Martin nun wieder im Archiv, ohne in der fraglichen Angelegenheit etwas vernommen zu haben. Von sich aus mochte er nicht drängen. Es schien überhaupt, als hätte sich wieder einmal alles darauf verschworen, seine Geduld auf die Probe zu stellen. Bei den Behörden war Ferienzeit, nur das Allerdringlichste wurde erledigt. Dazu gehörte die Angelegenheit «Martin» bestimmt nicht. Im Institut erfuhr er, daß Dr. Welti zu einem Kongreß gereist war, um einen Vortrag zu halten.

Auch im Haus wurde es immer leerer. Der Sanitätsrat war zu einer Kur nach Baden-Baden abgereist. Seine Abwesenheit hinterließ eine spürbare Lücke, die niemand auszufüllen vermochte.

Bert Bosse hatte noch eine bestimmte Arbeit zu erledigen, dann würde auch er der Stadt, in welcher der Asphalt zu kochen begann, den Rücken kehren. Einige Wochen würde er fernbleiben, und in dieser Zeit mußte das Institut geschlossen werden.

«Und du, was wirst du inzwischen machen?» fragte er Martin, als sie an einem der letzten Abende in seinem Zimmer beisammensaßen.

«Oh, ich habe eine Einladung, ganz unerwartet. Ich fahre nach Friedrichsruh. Freilich», fügte er sinnend hinzu, «es wird nicht sein wie früher. Es ist heute alles so anders. Aber ... ich freue mich trotzdem.»

## XII

Wieder einmal rollten die Räder ratatah, ratatah. Martin lehnte in der Ecke eines Abteils des D-Zuges Berlin-L. Er schaute zum Fenster hinaus. Sein Aussehen wirkte gepflegt. Der helle Anzug stand ihm vorzüglich zu dem gebräunten Gesicht, das dichte, braune Haar war sorgfältig gescheitelt, und seine Augen blickten ruhig und zufrieden. Ein wohlhabender junger Mann aus gutem Hause.

Die bekannte Landschaft flog vorüber. Jetzt gab es keine unvorhergesehenen Aufenthalte mehr wie im Kriege, jetzt war das Tempo das altgewohnte.

Gestern hatte Martin Erwin Kotta besucht. Er hatte ihn wohlauf und zufrieden gefunden. Die von ihm angegebene Diagnose hatte nicht gestimmt. Das war ein Fehlurteil seines Arztes in seinem Heimatort gewesen. Was Dr. Welti vermutet hatte, bestätigte sich. Als er den Patienten hatte husten lassen, hatten seine geübten Finger die Bruchpforte ertastet. Also ein Leistenbruch.

Martins Enttäuschung war groß, ging ihm doch eine Hoffnung verloren.

«Aber wir haben noch eine Chance», hatte ihm der Arzt gesagt. «Es besteht die Möglichkeit, daß ein ganz gesunder Hoden im rechten Leistenkanal steckt; denn es befindet sich nur ein Testikel am richtigen Platz. Das hat wohl auch den Kollegen irregeführt.»

Nun, das war immerhin ein Trost.

Kotta war mit einer nochmaligen Operation einverstanden, doch sollte er sich vorher erholen.

Für Martin hieß das, Geduld und nochmals Geduld üben. Für den Fall, daß der Entscheid schneller kommen würde als angenommen, hatte er vorsorglich seine Anschrift hinterlassen.

Als der Zug mit kreischenden Bremsen in die weite Halle einfuhr, erwachte Martin wie aus einem Traum. Friedrichsruh und alles, was damit zusammenhing, rückte unaufhaltsam näher. Er mußte in einen Vorortzug umsteigen. Eine leise Angst wollte ihn beschleichen. Er kam sich vor wie in einem Examen, von dem man nicht weiß, ob man es bestehen wird oder nicht. Ein Pfiff schrillte durch die sommerliche Luft. Töööf, tööf, töff, machte das Bähnchen.

Martin beugte sich weit aus dem Fenster. Ja, da war der Spitzberg, der so lustig aus der Hügelkette aufragte, wie ein Zuckerhut – und ganz unten, nur wenig über der Straße, der Ruhesitz des alten Wackerbart.

Und jetzt! Gespannt blickte er in Richtung des Berghanges. Da war es: «Friedrichsruh». Nur einen kurzen Augenblick war es zu sehen, und nur für den, der den Durchblick kannte. Martin lachte. Da war es also, das alte Herrenhaus, überragt von den drei Linden, geschmückt wie mit einer Krone.

Und das war das Schönste: man hatte ihn gerufen, die Heimat hatte ihn nicht abgeschrieben. –

Er stand auf dem wohlbekannten Bahnsteig und sog die vertraute Luft in vollen Zügen ein. Vor lauter Taufgeschäft hatte man wohl vergessen, ihn abzuholen. Das focht ihn nicht an. Entschlossen nahm er den Koffer und setzte sich in Bewegung.

Da hörte er jemand rufen: «Mart!»

Er wandte sich um und gewahrte Henry, der sich verborgen gehalten hatte. Der Koffer fiel zu Boden, und es schien, als wolle der Jüngere dem Älteren um den Hals fallen. Doch das wäre unmännlich gewesen, so schüttelte Martin nur kräftig die Hände des großen Bruders, der lachend und braungebrannt vor ihm stand.

Auch dieser war nicht frei von Gemütsbewegung. Um davon nicht überwältigt zu werden, schlug er den Ankömmling kräftig auf die Schulter:

«Prächtig siehst du aus. Nicht wieder zu erkennen. Doch nun komm, Olly und Wilma wollten durchaus mit dem Mittagessen auf dich warten.»

Dabei dirigierte er Martin zu seinem Gefährt, das ein wenig abseits am Wege stand. Es war ein eleganter Jagdwagen mit einem flotten Braunen davor, der jetzt friedlich den spärlichen Graswuchs nach etwas Eßbarem absuchte.

Als die beiden sich näherten, hob er den schönen Kopf und stieß ein freudiges Wiehern aus.

«Der kennt dich, Henry; ist das deiner?»

«Und ob», nickte der Bruder und liebkoste das weiche Pferdemaul. «Ja, es geht vorwärts auf Friedrichsruh.»

Er warf den Koffer auf den Rücksitz.

«Du kommst doch mit nach vorn?»

«Na klar», sagte Martin. Er sah neben dem Bruder in der derben ländlichen Kleidung so recht aus wie ein feiner Besuch aus der Stadt.

Henry ergriff die Zügel. Ein leichtes Zungenschnalzen, und in flottem Trab ging es voran.

«Bei uns wird es dir vielleicht langweilig werden. Hier heißt es trotz intensiver Arbeit ‹Eile mit Weile›. Aber da sind wir ja schon.»

Ganz von selbst bog das Pferd von der Straße ab und in einen Torbogen ein; und als genierte es sich, so lahm daherzukommen, ging es aus dem Schritt in einen stolzen Trab über.

«Den hast du ja gut erzogen», meinte Martin anerkennend, während er vom Wagen sprang.

«Macht er ganz von selbst.» Henry klopfte den schlanken Hals des Pferdes und ließ sich ein Stück Zucker von der flachen Hand nehmen.

Da kamen Wilma und Olly gelaufen. Einen Moment stutzten beide, als wären sie im Zweifel, ob das wirklich «Martina» sei. Offensichtlich hatten sie sich von der Verwandlung in «Martin» ein falsches Bild gemacht.

Aber schon lagen sich Wilma und Martin in den Armen. Sie spürten beide, wie die alte Liebe und Zuneigung zurückkehrte. Fest schauten sie einander in die Augen, als müßten sie das neue Bündnis bekräftigen.

Olly drängte sich zwischen sie.

«Nun laß mich aber auch mal ran, Wilma. Fein siehst du aus, Martin», sagte sie bewundernd und schüttelte ihm kräftig die Hand. «Aber hast du auch altes Zeug mit? In die Ställe kannst du so nicht gehen, und fürs Feld ist diese Kleidung auch nicht brauchbar.»

«Na, nun laß ihn nur erst mal warm werden bei uns. Du willst immer gleich alle einspannen, Ollychen!»

Zärtlich klopfte Henry seiner jungen Frau den Rücken und drängte ins Haus. Jetzt habe er einen rechtschaffenen Hunger.

Selbstverständlich mußte Martin zuerst den neuen Erdenbürger anschauen. Er sollte auf den Namen Peter Martin getauft werden. Ein Schatten glitt über das Gesicht des neugebackenen Onkels, der auch noch als Pate fungieren sollte.

Erschrocken fragte Wilma, ob es ihm etwa nicht recht sei? Martin faßte sich schnell und sagte:

«Es ist lieb von dir, Wilma, daß du an mich gedacht hast. Ich wünschte nur, Peter könnte bei uns sein und sich mit uns freuen an seinem kleinen Namensvetter.»

Die Taufe war vorüber. Schlicht und würdig war die kleine Feier verlaufen. Peter Martin Ortloff, die Hauptperson des Tages, hatte von dem Ereignis kaum Notiz genommen. Der Schlaf war ihm wichtiger gewesen, und nur die Wassertropfen, die auf das kleine Gesicht gefallen waren, hatten ein erstauntes Blinzeln ausgelöst. Kurz nach beendetem Taufakt hatte er laut und energisch sein Bedürfnis nach Reinigung und Nahrung verkündet, um nach Empfang des Gewünschten sofort wieder einzuschlafen ...

Martin hatte ein feines Gespür für die Stimmung der Bewohner von Friedrichsruh. Sie schien ihm gut und herzlich. Auch seine Beziehung zu den Frauen und Henry war ausgezeichnet. Nur mit dem Schwager, Wilmas Mann, wollte kein gutes Verhältnis zustande kommen.

Martin gab sich alle Mühe, unbefangen zu sein, gelegentliche Taktlosigkeiten zu überhören oder mit einem Lachen zu quittieren. Immer gelang das nicht, zumal es Heinz Ortloff darauf anzulegen schien, ihn zu provozieren.

Schon spielte Martin mit dem Gedanken, seinen Aufenthalt abzukürzen, als Ortloff aus beruflichen Gründen plötzlich abreisen mußte.

Martin war glücklich. Erst jetzt schien ihm, als sei er nie wirklich von Friedrichsruh fort gewesen.

Doch auch in diese beglückende Zeit fiel ein Wermutstropfen: Onkel Herbert, Martins ehemaliger Vormund, tauchte auf. Ihm war nun nicht gegeben, eine Wandlung, wie sie sich im Leben seiner einstigen Nichte vollzogen hatte, zu begreifen. So vermied er jede direkte Anrede, was der Stimmung natürlich etlichen Abbruch tat.

Henry riet zu einer offenen Aussprache. Onkel Herbert lehnte sie ab mit der Begründung, seine durch die Kriegserlebnisse geschwächten Nerven seien einer solchen Auseinandersetzung nicht gewachsen. Für ihn gab es nur eines: Mann und Weib; das war seit Adam und Eva so. Zwischenstufen? Damit konnte er nichts anfangen.

Martin achtete den Standpunkt des so viel Älteren, verstehen konnte er ihn nicht.

Als Martin eines Tages von einer Ausfahrt in das benachbarte Dorf zurückkehrte, wurde er mit der Nachricht empfangen, er möge Dr. Welti anrufen.

Aha, da war sie wieder, die andere Welt, die ihre Arme nach ihm ausstreckte.

Wilma hatte Tränen in den Augen. Martin war bestürzt.

«Was ist? Warum weinst du denn?»

«Ach, das Wort ‹Operation› hat für mich einen unheimlichen Klang. Und du willst dich doch operieren lassen, das hängt doch mit dem Anruf zusammen. Oder etwa nicht?»

«Natürlich», bestätigte Martin, «ich warte sehnlichst darauf. Aber wenn das dein ganzer Kummer ist, dann lege ihn ruhig beiseite. Das ist eine ganz harmlose Sache. Nicht mal eine Narkose bekomme ich, es wird in Lokalanästhesie gemacht.

Wie kommt sie mir denn vor, meine tapfere Schwester? So kenne ich sie gar nicht.»

Sie lachten beide, Wilma noch unter Tränen, aber doch sichtlich befreit. Martin hatte so zuversichtlich gesprochen.

Daß er nun in Friedrichsruh keine Ruhe mehr hatte, war klar. Es zog ihn mit aller Gewalt nach Berlin. Außerdem hatte ihm Dr. Welti gesagt, es sei jetzt endlich ein Bett für ihn frei. Aber er müsse sich rasch entscheiden, lange werde das nicht der Fall sein. Und Kotta wolle seine zweite Operation auch bald hinter sich haben, um mit seiner Arbeit im Klinikbetrieb beginnen zu können.

Also blieb keine andere Wahl, als abzureisen. Die Zeit von Ruhe und Gleichmaß, von Licht, Luft und Sonne war für diesmal vorbei.

So kam es, daß Martins etwas überstürzte Abreise den Eindruck einer Flucht hinterließ, was aber von allen Beteiligten verständnisvoll akzeptiert wurde.

In Berlin angekommen, ging Martin zuerst zu Dr. Welti. Der Arzt war erfreut über den guten Gesundheitszustand seines angehenden Patienten.

Auch Kotta war vollkommen genesen und voller Hoffnung und Zuversicht. Jetzt war er der festen Überzeugung, ein ganz gesunder und leistungsfähiger Mensch zu werden. Die Vergangenheit lag wie ein böser Traum hinter ihm und würde sich, so weit es an ihm lag, nicht wiederholen.

Das Zimmer der Klinik, in das Martin am Abend geführt wurde, war in einem hellen Lindengrün gehalten. Es war nicht eben groß, genügte aber für einen einzelnen Menschen vollkommen. Da es nach dem Garten hin gelegen war, drang der Straßenlärm nur gedämpft herüber. Sommerliche Wärme strömte durch das weit offene Fenster, vor dem eine Amsel mit ihrem Lied den sinkenden Abend begleitete. Eine Schwester kam herein. Sie war noch jung, zeigte aber bereits den freundlichen Ernst eines Menschen, den das tägliche Miterleben großen Leidens zwar geprägt, aber nicht verhärtet hat.

Sie nannte sich Schwester Irma, reichte Martin die Hand zum Willkomm und dann das Thermometer. Er möge sich messen und dann zu Bett gehen. Später werde sie ihm noch ein Schlafmittel bringen.

Wozu? Sein Schlaf sei ausgezeichnet.

Und Angst?

«Angst? Warum denn? Dr. Welti hat mir gesagt, er will doch eine Vollnarkose haben. Also spürt man ja gar nichts. Und ... wenn man sich abends schlafen legt, weiß man doch auch nicht, ob man am Morgen wieder erwacht. Man hofft es, aber wissen kann man es nicht. Da könnte man doch jeden Abend Angst haben. Nein danke, Schwester. Sparen Sie Ihre Pülverchen und Tabletten.»

«Nun gut, wie Sie wollen», Schwester Irma war halb gekränkt, halb belustigt. «Aber beschweren Sie sich nicht morgen früh, wenn Sie schlecht geschlafen haben. Mancher hat es schon bereut.»

«Keine Sorge! Ich kenne mich.»

Tatsächlich schlief Martin tief und fest. Als er am anderen Morgen in den OP gerollt wurde, war er frisch und munter. Über dem Tisch in der Mitte brannten bereits alle Lampen. Ein zweiter Tisch stand am Fenster. Dort waren zwei Ärzte an der Arbeit. Martin schien, als sähe er undeutlich Kottas Profil. Doch nun begann die eben erhaltene Spritze zu wirken, und Dr. Welti, der ihm während des Händetrocknens zunickte, verschwamm wie in einem Nebel.

Das war das Letzte, was er wahrnahm. Dann war das Bewußtsein ausgeschaltet und der Weg frei für Messer und Klemme. –

«Na, da wären wir ja wieder!»

Von weit her schien die Stimme zu kommen, seltsam unwirklich. Die Nase juckte, aber es war unmöglich, sie zu reiben. So blieb nichts andres übrig, als die Gesichtsmuskeln spielen zu lassen.

«Was macht er denn für Grimassen?»

Da war die Stimme wieder, schon ein wenig näher.

«Ach so! Schwester, ich glaube, Sie können ihn losbinden.»

Das war nun ganz nah; er mußte die Augen öffnen. Der Raum war erfüllt von Licht. Aber es war nicht das kalte, grelle Licht des OP, sondern warmes Sonnenlicht, das durch das Fenster hereinströmte. Und da stand Dr. Welti und neben ihm die Schwester.

Martins erster Gedanke war: «Ich lebe, und das ist gut.» Dann fragte er, warum er angebunden sei. Nun, er hatte ein wenig randaliert, hatte boxen wollen. Er schämte sich und stammelte eine Entschuldigung. Hatte ihm da sein alter Jähzorn einen Streich spielen wollen?

Der Arzt lachte und meinte, da brauche er sich keinen Kummer zu machen. In der Narkose kämen noch ganz andere Sachen vor.

«Wir haben Sie nur ein wenig angeschnallt, damit Sie sich keinen Schaden antun konnten.»

Martin war beruhigt.

Die ersten Tage nach einer Operation, und sei sie noch so geringfügig, sind immer unangenehm und mit allerlei Unbehagen verbunden. Alle Verrichtungen sind erschwert. Doch die Schmerzen waren erträglich, so daß keine Linderungsmittel nötig waren.

Auf seinen besonderen Wunsch erhielt Martin eine leichte Kost, was ihm sehr gut bekam. So ging alles glatt. Der Tag der Entlassung aus der Klinik rückte näher.

Doch es heißt: «Man soll den Tag nicht vor dem Abend loben.» Plötzlich stellte sich Fieber ein. Drei Tage blieb die Temperatur gleich hoch, was auf einen septischen Prozeß schließen ließ.

Am Morgen des vierten Tages klagte Martin über Schwere

und Schmerzen im linken Oberschenkel. Die Untersuchung ergab beim Abtasten eine gerötete Schwellung.

Dr. Welti meinte, nun sei die Ursache für die hohe Temperatur gefunden, und man könne die Sache angehen. Mit größter Wahrscheinlichkeit handle es sich um einen Psoasabszeß.

Es war also nichts mit einer baldigen Entlassung. Der Aufenthalt in der Klinik verlängerte sich beträchtlich. Der Abszeß mußte operativ angegangen werden, und Dr. Welti drängte auf eine gründliche Untersuchung. Er meinte, Martin habe ja eine Hilustuberkulose durchgemacht, da könne man nie wissen ...

Zum Glück verliefen alle Proben negativ. Die Hoffnung wuchs wieder, und Martin begann, sich ernsthaft mit der Möglichkeit eines technischen Studiums zu befassen.

Er erzählte Bert Bosse, dem einzigen, der ihn in dieser Zeit besuchte, von seinen Plänen.

Der nahm sie voller Skepsis auf.

«Wirst du das schaffen? Ich kann mir nicht vorstellen, daß du mit all dem nüchternen Kram zurechtkommst und daß du auf die Dauer Freude daran hast. Nun ja, du mußt es ja selber am besten wissen.»

Nachdem B. B. gegangen war, ging Martin ernsthaft mit sich zu Rate. Es war doch merkwürdig, daß zwei Menschen innerhalb kurzer Zeit und unabhängig voneinander die gleichen Bedenken geäußert hatten. «Wirst du das schaffen?» hatte auch Onkel Herbert gefragt, als Martin ihm von seinen Plänen erzählt hatte.

Und nun heute Bert: die gleichen Zweifel.

Jetzt kam ihm ein Gedanke, der einen guten Ausweg versprach. In dem Prospekt, den er sich von der technischen Lehranstalt hatte kommen lassen, war von einem Probesemester die Rede. Er hatte sich nicht dafür interessiert, weil das für ihn, wie er meinte, nicht in Frage kam. Aber jetzt schien es ihm das klügste, sich diese Chance nicht entgehen zu lassen. Er würde sich für dieses Probesemester anmelden. Zwar war es teurer und dauerte länger. Dafür konnte man die Lehranstalt unter Umständen «in Ehren» wieder verlassen.

Erwin Kotta, der sich in seiner pflegerischen Tätigkeit bestens bewährte, betreute Martin mit geradezu rührender Fürsorge.

In welcher Weise er mit seinem Pflegling noch besonders verbunden war, ahnte er freilich nicht. Dr. Welti hatte Martin ersucht, nichts davon zu erwähnen, und dem beteiligten Personal Schweigen geboten. Welche Gründe ihn zu der Maßnahme bewogen, wußte nur er selbst. Jedenfalls war so die Unbefangenheit gewahrt, und Kottas sorgende Betreuung entsprang lediglich der Dankbarkeit des Geretteten seinem Retter gegenüber.

Die Schüchternheit, die ihm zu Beginn seiner Tätigkeit oft hinderlich gewesen war, hatte einer erfreulichen Sicherheit Platz gemacht. Dieses sichere Auftreten, gepaart mit Bescheidenheit und Rücksichtnahme, trug wesentlich zu seiner Beliebtheit bei den Patienten bei.

Allerdings, und das war bereits mit Dr. Welti abgesprochen, würde er noch eine theoretische Ausbildung brauchen. «Denn», so vertraute er Martin an, «ich will ja auch einmal eine Familie gründen ...»

«Haben Sie vielleicht schon eine Auserwählte für die geplante Familiengründung in Aussicht?» Martin hatte die Frage halb scherzhaft gestellt, aber Kotta ging eifrig darauf ein.

«Das ist es ja gerade. Ich muß mich beeilen, etwas zu werden, sonst läuft sie mir davon. Irma will so bald wie möglich heiraten und viele Kinder haben. Oh», er hielt erschrocken die Hand vor den Mund, «jetzt habe ich mich schon verraten. Jetzt wissen Sie, wer es ist; aber nicht wahr, Sie werden uns nicht verraten? Wir setzen alles daran, unsere Pflichten nicht zu versäumen, und kommen nur zusammen, wenn wir frei haben.»

Martin lachte: «So wie heute abend. Aber von nun an dürfen Sie nicht mehr so viel Zeit an mich verschwenden. Die kommt Schwester Irma zu. Ich glaube, Sie verdienen einander, und ich wünsche Ihnen von ganzem Herzen Glück.

Jetzt bin ich müde. Was Sie mir da erzählt haben, gibt diesem Sonntag ja einen ganz festlichen Ausklang. Und keine Angst, von mir erfährt niemand etwas.»

Nachdem Kotta das Zimmer verlassen hatte, lag Martin noch eine Weile sinnend da. Wie einfach es doch für manche Menschen ist, ihr Ziel zu erreichen und ein zufriedenes Leben zu führen, dachte er. Kotta und Schwester Irma. Beide verankert im gleichen Pflichtenkreis. Beide jung und auf seltsamen Umwegen zusammengekommen. Und nun das Planen der Zukunft mit dem verlockenden Ziel ...

Und er, Martin?

Ein tiefer Seufzer entrang sich seiner Brust. Er griff nach dem Lehrbuch «Die Hütte». Bert hatte ihm auf sein Bitten hin das umfangreiche Werk besorgt. Es behandelte in mehr oder weniger breiter Form praktisch alle Gebiete der Technik.

Martin las die Kapitel wie einen Roman. Dabei entging ihm die Tatsache, daß ihn weniger das Detail, die mühevolle konstruktive Entstehung, die mathematische und statische Grundlage interessierten als vielmehr der in seiner Gesamtheit weitgespannte Bogen des Gewordenen, des bereits Vollendeten.

Hier lag die Wurzel für sein späteres Versagen. –

Seine Genesung machte endlich sichtbare Fortschritte. Die Narben waren ordnungsgemäß verheilt, und sein Aussehen besserte sich von Tag zu Tag. Alle Befürchtungen, es könnte sich bei dem Eiterprozeß um schwerwiegende Ursachen handeln, hatten sich als grundlos erwiesen.

Dr. Welti beglückwünschte ihn zu dem Resultat und meinte, nun stehe seiner baldigen Entlassung nichts mehr im Wege.

Martins Reaktion auf diese Mitteilung war sonderbar. Unmerklich hatte er sich an den Zustand der Hilflosigkeit und des Betreutwerdens gewöhnt, und zwar so sehr, daß ihn der Gedanke, sich in kurzer Zeit draußen im Leben wieder bewähren zu müssen, mit Unbehagen, ja mit Schrecken erfüllte. Bis in die Träume hinein verfolgten ihn diese Ängste, und seine Temperatur stieg aufs neue.

Dr. Welti war ratlos. An die seelisch bedingte Ursache dachte niemand.

Ein Besuch Bert Bosses änderte die Sachlage im Nu.

B. B. sah müde aus, aber die Freude über die Beendigung der großen Arbeit «Sexuelle Zwischenstufen», an welcher der Sanitätsrat seit zwei Jahren gearbeitet hatte, war unverkennbar. Nun würde manche Unklarheit geklärt, manches Dunkel erhellt werden.

So ganz nebenbei bemerkte Bert, daß es doch nett wäre, wenn Martin nach seiner Entlassung ins Institut ziehen würde.

Das Zimmer, das Mr. Evans bewohnt habe, sei jetzt frei; der Engländer sei in seine Heimat zurückgekehrt.

Mit einem Ruck setzte sich Martin auf. Ob das Ernst oder Scherz sei, wollte er wissen. Natürlich sei die Frage ernst gemeint. Martin werde staunen, welche Berge von Arbeit sich im Archiv angehäuft hätten. Ganze Körbe voll Bücher und Schriften hätten sich auf dem Speicher gefunden. Alles müsse gesichtet und eingeordnet werden.

Der «Kranke» sprang mit einem Satz aus dem Bett, fiel Bert um den Hals und gab ihm einen herzhaften Kuß.

«Aber nur bis Ostern», sagte er, «dann muß ich ins Probesemester.»

«Na, dann eben bis Ostern», meinte B.B. lakonisch. «Bis dahin fließt noch viel Wasser die Spree hinunter.»

Als Dr. Welti am Abend zur Visite kam, schwenkte Martin das Thermometer wie eine Trophäe. «Doktor, ich glaube, ich bin gesund. Keine Spur mehr von erhöhter Temperatur!»

Er war so aufgeregt, daß ihm das Schmunzeln auf dem Gesicht des Arztes entging.

«Na, na, ist das nicht ein bißchen zu plötzlich? Aber wenn es so ist, dann kann man Sie ja mit gutem Gewissen an die Luft setzen, wie man so sagt.»

Hätte Martin die Ursache des Umschwungs erfahren, wäre er wohl kaum so fröhlich gewesen.

Dr. Welti hatte sich mit Dr. Hirschfeld in Verbindung gesetzt. Der erfahrene Arzt und Psychologe hatte die Sachlage erkannt. Martin sei wohl von einer akuten Lebensangst ergriffen worden. Ohne schützende Hülle, ohne Nestwärme sei er vorläufig kaum in der Lage, sich dem Lebenskampf zu stellen. So war es zu dem Entschluß gekommen, ihn zunächst einmal im Institut aufzunehmen. Gewiß wäre es richtiger gewesen, mit Martin über diese Probleme zu sprechen. Aber das Zeitalter der Psychotherapeuten war erst im Kommen.

Kurz nach Berts letztem Besuch verließ Martin die Klinik. Es gab einen herzlichen Abschied. Auch Frau von Spiegler, die Oberin des Küchenbetriebes, hatte sich eingefunden. Sie wollte wissen, ob die besonders einfache Kost, die Martin sich gewünscht hatte, gut angeschlagen habe.

Ob er zufrieden gewesen sei? Er war es und dankte für ihr Verständnis.

«Nun, Ihre Wünsche waren wirklich leicht zu erfüllen. Die schmale Kost scheint Ihnen gut getan zu haben. Sie sehen prächtig erholt aus.»

«Es geht mir aber auch wirklich gut. Würden Sie mir noch Ihre Adresse geben? Ich möchte Sie gern einmal besuchen, wenn es Ihnen recht ist.»

Frau von Spiegler zog einen Zettel aus der Tasche:

«Ich habe sie schon aufgeschrieben. Ich freue mich, wenn Sie sich einmal melden. Am besten ist es, Sie rufen vorher an.»

Martin hatte unruhig geschlafen in der letzten Nacht seines Klinikaufenthaltes. Früh war er erwacht und hatte zu seinem Tagebuch gegriffen, in welches er jetzt ab und zu eine Eintragung machte:

«Nun ist es bereits Herbst geworden. Wie froh bin ich, daß ich nicht zurück muß in die Tauentzienstraße! Warum nur graute mir so sehr davor? Ich weiß es nicht. Vermutung: vielleicht ist es die Einsamkeit, die ich nicht mehr so recht ertragen kann?!

Ab heute werde ich nun also ein Bewohner des Instituts sein. Ob das der richtige Entschluß und Weg ist? Auch das weiß ich nicht. Ich werde wach sein müssen!»

## XIII

Martin hatte sich mit einer Intensität in die Arbeit gestürzt, die schon beinahe nicht mehr normal war.

Da er das Haus am Abend nicht mehr zu verlassen brauchte, arbeitete er oft noch mehrere Stunden nach dem Nachtessen.

Nun, er fühlte sich wohl dabei, und außerdem hatte er so die Möglichkeit, eigene Angelegenheiten zu erledigen, Briefe zu schreiben beispielsweise oder das Tagebuch nachzuführen.

Sein Zimmer war winzig klein. Auf die Unterkunftsräume hatte man bewußt wenig Wert gelegt. Man wollte keine falschen Hoffnungen aufkommen lassen. Die meisten Patienten blieben nur kurze Zeit, so lange es eben gerade notwendig war.

Außer ihm war zur Zeit nur noch ein ständiger Bewohner da. Es war eine junge Dame. Sie war zurückhaltend, wenn sie sich auch zuweilen anmerken ließ, daß sie an Martin Gefallen fand. Dann wurde ihre Augensprache so eindeutig, daß es Martin heiß und kalt überlief. Hanna, wie sie sich nannte, war von schlanker, fast knabenhafter Gestalt. Die goldbraunen Augen konnten in einem Meer von Zärtlichkeit schwimmen und schienen zu bitten: «Küß mich doch.» Sie erinnerten Martin an seine erste große Leidenschaft, an Elena Czaki. Doch da gebrannte Kinder bekanntlich das Feuer scheuen, befahl er sich kategorisch: «Hände weg.» Das aber half wenig. Trotz aller Einsicht und guten Vorsätze fing er einen kleinen Flirt an und tat im Überschwang seiner Gefühle des Guten etwas zuviel.

Bert fühlte sich verpflichtet, ihn zu mahnen.

«Du weißt noch zu wenig von ihr. Wir alle kennen sie kaum. Ich möchte dich vor einer Enttäuschung bewahren, Martin.»

Martin lachte: «Hast du nicht immer darauf gewartet, daß ich mich einmal verliebe? Und jetzt, da es soweit ist, willst du mir Salz in die Suppe schütten. Laß nur, ich will sie ausessen. Vielleicht schmeckt sie mir nicht einmal.»

B. B. blieb ernst. «Du hast natürlich recht. Es ist deine Sache. Ich hab' eigentlich etwas anderes gemeint. Nun, lassen wir das. Ich meine es nur gut und möchte, daß du dich nicht verlierst. Ich habe eben schon einiges erlebt, seit ich hier bin. Nichts für ungut, Martin!»

Weihnachten wurde im Institut nicht offiziell gefeiert. Es war jedem selbst überlassen, wie er das Fest gestalten wollte. Außer dem Austausch kleiner Geschenke – der mit einer gewissen Heimlichkeit geschah – unterschied sich der Weihnachtstag in nichts vom Gleichmaß gewöhnlicher Tage. Wer Angehörige in der Nähe hatte, verlebte die Feier bei ihnen.

Auch Bert würde bei seinen Eltern sein, die in Reinickendorf ein kleines Geschäft hatten.

Martin hatte sich entschlossen, Berlin nicht zu verlassen; er hoffte vage auf irgend etwas Neues, Unbekanntes. Und dieses Neue, Unbekannte kam tatsächlich. Es wurde zu einem unvergeßlichen Erlebnis, das in Martins Erinnerung noch jahrelang seine Spuren hinterlassen sollte.

Alles begann mit einer Einladung von Frau von Spiegler. Sie hatte unerwartet eine Vertretung erhalten, und nun lud sie Martin ein, die drei Festtage bei ihr zu verbringen.

Martin war überglücklich. Schon früh am Nachmittag des 24. Dezember machte er sich auf den Weg mit einem Gefühl, als ginge er zu seiner Mutter. Der kleine Koffer in seiner Hand barg sein Nachtzeug und ein paar Geschenke. Er hatte Früchte, einen Leuchter mit einer Kerze und ein Buch eingekauft.

Gemächlichen Schrittes ging er durch den mäßig kalten Wintertag. Die Sonne kämpfte vergebens gegen die dicke, graue Wolkendecke, die sie nur für kurze Augenblicke beiseite schieben konnte. Kurz bevor Martin in die Lehrter Straße einbog, in welcher Frau von Spiegler wohnte, kaufte er noch einen großen Strauß Christrosen. Ein Mädchen, ein halbes Kind noch, hielt sie ihm entgegen. Er nahm sie alle, schon weil es ihm leid tat, daß die Kleine da in der Kälte stehen mußte.

So beladen, eilte er beschwingten Schrittes die Treppe hinauf. Die Wohnung lag im dritten Stock. Er drückte auf den Knopf über dem blanken Messingschild und brauchte keine Minute zu warten, bis die Tür geöffnet wurde.

Man sah der alten Dame die Freude an, mit der sie ihren jungen Gast erwartet hatte. Nicht viel hätte gefehlt, und sie hätten sich umarmt wie Mutter und Sohn.

Martin wurde in das helle, freundliche Wohnzimmer geführt und in einen bequemen Sessel gepackt. Gleich würde der Kaffee bereit sein.

Es duftete weihnachtlich, und Martin fühlte sich daheim.

Die Zeit steht nicht still, und die drei Festtage vergingen wie im Fluge. Frau von Spiegler hatte Martin mit Güte überhäuft. Er durfte das Zimmer bewohnen, in welchem Christoph, der jüngste Sohn, gehaust hatte, bis auch ihn der Moloch Krieg verschlang. Christoph und Martin waren gleichen Alters, und während der eine nun schon etliche Jahre in Frankreichs Erde begraben lag, weckte der andere im Herzen der Mutter die Illusion, der Sohn sei heimgekehrt.

Martin schrieb später in sein Tagebuch einen langen Bericht über diesen Besuch, der ihm sehr nahegegangen war:

«Immer wieder kam Frau von Spiegler auf die Ähnlichkeit

zwischen mir und ihrem Christoph zu sprechen. Sie schien sich darüber sehr zu freuen. In seinem Zimmer hing ein Bild von ihm. Es war größer als das der beiden Brüder, die vor ihm gefallen sind. Ich nahm es von der Wand und hielt es neben mich vor einen Spiegel. Tatsächlich! Ich muß sagen, die Ähnlichkeit war unglaublich, und ich konnte die Mutter begreifen. Nach dem Mittagessen, am 25. Dezember, sagte sie, jetzt müsse ich es erfahren, sie habe noch einen vierten Sohn. Er, der Älteste, sei ihr geblieben. Krank. Unheilbar. In der Irrenanstalt in Nikolasee, schon seit zwanzig Jahren. Sie müsse ihn besuchen, gerade heute dürfe sie ihn nicht enttäuschen. Ich solle mich inzwischen ausruhen.

Es war dann sehr lange still zwischen uns. Endlich wagte ich die Frage, ob sie mich mitnehmen würde, ich möchte sie gern begleiten. Nie werde ich das freudige Aufleuchten vergessen, das ihr Gesicht bei meiner Bitte verschönte. ‹Das wollen Sie auf sich nehmen? Es ist kein erfreulicher Gang!›

Nein, das war es gewiß nicht, und ich glaube, ich hatte sogar ein wenig Angst.

Die Anstalt lag – tief eingeschneit – in einem Park. Einige Häuser hatten Gitter vor den Fenstern, aus anderen drang Geschrei. Wir gingen zu einem Pavillon, der harmlos, wie ein gewöhnliches Gebäude, aussah.

Schon auf der Treppe kam uns Georg, der Sohn, entgegen. Zärtlich begrüßte er seine Mutter; wäre man ihm auf der Straße begegnet, man wäre nie auf den Gedanken gekommen, einen Menschen vor sich zu haben, dessen Geist zuweilen in Verwirrung gerät.

Ein kritischer Blick streifte mich. Später gestand mir Frau von Spiegler, daß sie befürchtet habe, meine Ähnlichkeit mit Christoph könnte einen Anfall auslösen. Sie stellte mich vor als einen Patienten, der vor kurzem in der Klinik operiert worden und nun über Weihnachten ihr Gast sei, weil er in Berlin keine Angehörigen habe. Mühsam schleppte sich die Unterhaltung dahin. Es war keine erfreuliche Situation.

Plötzlich richtete sich der Mann steil auf, sah seine Mutter durchdringend an und sagte: ‹Also belüge mich nicht länger. Du willst doch heiraten.›

‹Aber Georg!› Frau von Spiegler legte ihre Hand auf seinen

Arm. ‹Wer denkt denn an so etwas. Sieh doch mein graues Haar. Wie kommst du nur auf solche Gedanken?!›

Er schüttelte die Hand der Mutter ab. In seinen Augen glomm ein gefährliches Feuer. Er stand auf. Die Mutter schien solche Situationen zu kennen. Unbemerkt hatte sie nach der Glocke gegriffen, und noch ehe der Anfall zum Ausbruch kam, war der Pfleger zur Stelle.

Er war ein großer Mensch mit riesigen Händen, denen man ansah, daß sie notfalls kräftig zupacken konnten. Nun trat er rasch hinter den Kranken und faßte seinen Arm mit einem besonderen Griff. Seine Stimme klang beruhigend, aber ein leiser Vorwurf schwang darin mit:

‹Nun, Herr von Spiegler, wollen Sie wieder ins feste Haus? Oder müssen wir die Besuche Ihrer Mutter einschränken? Kommen Sie, seien Sie doch friedlich!›

Während er so auf Georg einsprach, führte er ihn zu einem Sessel und machte ihm geschickt eine Injektion. In wenigen Augenblicken verlor das Gesicht des Kranken das Unheimliche, die Starre löste sich, und mit einem fast kindlichen Ausdruck sagte er: ‹Was wollen Sie denn von mir, Rüdiger? Ich habe doch gespaßt. Nur ein wenig erschrecken, ein ganz klein wenig erschrecken wollte ich meine liebe Mutter und ihren . . ., na ja, lassen wir das.›

Nach diesen Worten, die von einem törichten Lachen begleitet waren, sank er in sich zusammen.

Wir gingen rasch hinaus. Lange Zeit konnte ich Frau von Spiegler nicht ansehen. Ich spürte, daß sie weinte. Auch mir war ähnlich zumute, obwohl ich doch vom Kriege her allerlei Schlimmes gewohnt bin. Wie bitter muß ein solches Erlebnis für eine Mutter sein!

Als wir im Zuge saßen, hatte sie sich soweit gefaßt, daß sie sprechen konnte.

‹Ich hätte Sie nicht mitnehmen sollen, aber er war die letzten Male so gut dran, daß ich glaubte, es wagen zu dürfen. Eifersucht! Ich darf nie wieder mit einem männlichen Wesen zu ihm gehen. Das habe ich heute gelernt. Bitte, sein Sie mir nicht gram, daß ich Ihnen so etwas zugemutet habe.›»

So lauteten Martins Eintragungen vom Weihnachtstag.

Nach diesem Erlebnis fühlte er sich um Jahre gereift. Wenn

er jetzt an Georg dachte, erfüllte ihn eine starke, brüderliche Liebe zu dem Kranken, ja, zu allen, die ab- und ausgeschlossen hinter Mauern und Gittern ihr kürzeres oder längeres Dasein verbringen mußten. Scheinbar nutzlose, sinnlose Leben – doch wer hatte das Recht, das zu entscheiden?!

Einmal im Jahr sollte man doch so richtig ausgelassen sein dürfen, hatte B.B. gesagt und damit angedeutet, daß es ein ungeschriebenes Gesetz war, am großen Ball in den Katakomben der Friedrichstraße teilzunehmen. Silvester und Silvesterball, das gehöre zusammen wie heute und morgen.

Bert sah als Pascha ungeheuer vornehm aus, und Martin wirkte in seiner schlichten Matrosenuniform wie ein frischgebackener Schiffsjunge.

Manch begehrlicher Blick folgte ihnen, als sie sich Seite an Seite durch das Gedränge schoben.

Das war ein Gewoge und Gewimmel. Der Tanz war bereits in vollem Gang. Das wirbelte und wehte, drängte zueinander und löste sich – es war wie ein Rausch, der die einzelnen zur Masse verschmolz.

Martin durfte und konnte nicht tanzen. Er mußte sich mit Zusehen begnügen, was ihm aber ganz besonders Spaß machte. Ihn freute die Gewandtheit, mit der sich die Menschen bewegten; er bewunderte sie und gönnte ihnen neidlos ihr Vergnügen. Bisher hatte ihm kein Arzt sagen können, weshalb ihn beim Tanzen nach wenigen Umdrehungen so starker Schwindel erfaßte, daß er sich setzen mußte. Also hatte er sich damit abgefunden und nahm um so intensiver das fröhliche Bild in seiner Gesamtheit auf.

Nur bei genauem Hinschauen wurde man gewahr, daß die tanzenden Paare nicht nur aus Männern und Frauen bestanden. Es tanzten Männer mit Männern und Frauen mit Frauen. Die Kostümierung machte die Unterscheidung schwierig. Trotzdem wäre für manchen sogenannten «Normalen» der Anblick wohl schockierend gewesen. Martin war ein solches Treiben zwar nicht gewohnt, doch erschien es ihm als eine Notwendigkeit. Seine Augen suchten Hanna. Er hatte sie gefragt, ob sie auch anwesend sein würde. Sie hatte bejaht, da hatte er endgültig beschlossen, den Ball zu besuchen.

Bald saßen er und Bert in einer fröhlichen Runde. Nach Namen und Herkunft wurde an diesem Abend nicht gefragt. Tanz war die Losung, Tanz bis zur Ekstase.

Naturgemäß blieb Martin oft allein am Tisch. Wohl an die zehnmal hatte man ihn aufgefordert, und immer mußte er absagen. Das machte ihn erst recht zum vergnügten Zuschauer, bestätigte es doch sein männliches Aussehen.

Nur daß er Hanna nicht entdecken konnte, beunruhigte und quälte ihn. Mit ihr hätte er sogar einen kleinen Tanz gewagt. Ihre schlanke Gestalt in den Armen zu halten mußte höchste Wonne sein.

Wenige Minuten vor zwölf kam etwas Ordnung in die wogende Menge. Man entledigte sich des Partners, führte ihn an seinen Platz und suchte den eigenen auf. Selbst dort, wo der Alkohol schon seine Wirkung tat, wurde es still. Das Neue Jahr wurde mit Würde empfangen.

Martin sah Bert liebevoll an, der ihm in diesem Augenblick alles war: Vater, Mutter, Geschwister, Heimat und Freund zugleich. Seine Augen wurden feucht, als er die herzlichen, gutgemeinten Wünsche entgegennahm. Nur stammelnd konnte er die seinen anbringen. Aus Berts großen, grauen Augen, die so forschend blicken konnten, fing er einen Blick auf, der ihm sagte: Auch ich bin einsam und unglücklich.

*Glück!*

Mit einem Male wurde ihm klar, wie vage der Begriff vom Glücklichsein, von Glück schlechthin, sein konnte. Ein altes, chinesisches Wort fiel ihm ein: «Es gibt kein Glück, es gibt nur den glücklichen Augenblick.»

Martins Sinne wurden überwach – allmählich spürte er, wie er an die Grenze des emotionell Erträglichen stieß. Diesen Zustand kannte er nur zu gut. Und das war es wohl auch, was die paar hundert Menschen hier suchten, die bereits wieder durcheinanderwogten, stampfend, drehend, sich beugend und biegend – wild und bacchantisch die einen, die anderen zärtlich hingegeben.

Das Glas, das Bert ihm vollgeschenkt hatte, war nahezu unberührt. Er drehte es zwischen den Fingern, wohl wissend, daß anschauen ihm besser tat als genießen.

Da glitt ein Arm an seinem Gesicht vorbei, eine Hand griff nach dem vollen Glas, und eine rauhe Stimme gröhlte:

«Prost, du Spaßverderber! Warum tanzt du nicht?»

Martin wollte sich erheben, aber schwer lastete ein Körper auf ihm; ein paar Tropfen verschütteten Weines rannen über sein Gesicht.

Jetzt wurde der Druck geringer, ein Lachen gellte auf und hüllte ihn ein wie das Dröhnen einer Blechtrompete. Vor ihm stand Hanna – mit weitaufgerissenem Mund, aus dem das schreckliche Lachen kam.

Martins Augen weiteten sich vor Entsetzen. Das war nicht die Hanna, die er kannte. Schwankend, das halbgeleerte Glas schwenkend, stierte sie ihn an. Schief saß das Hütchen auf dem Kopf, das Kleid war verschoben und bis zur Hüfte aufgeschlitzt. Martin hatte einen bitteren Geschmack im Munde. Das sollte Hanna sein? Hanna, das Ideal, das er seit Wochen im Herzen trug, nach dem er sich in Sehnsucht verzehrte?! Trauer verdunkelte seinen Blick.

Er suchte Bert, der soeben mit einem Partner an ihm vorübertanzte. Vornehm waren die Bewegungen der beiden jungen Menschen, der Schnitt ihrer Gesichter edel wie der griechischer Jünglinge. Martin atmete auf. Es gab doch noch echte, natürliche Schönheit.

Inzwischen trieb hinter ihm, zwischen Stuhl und Wand, Hanna ihr Unwesen. Bei ihr standen einige junge Menschen; auch sie waren nicht mehr ganz nüchtern. Lüstern blickten ihre Augen, sie kreischten und klatschten rhythmisch Beifall.

Martin drehte sich wie unter einem Zwang um. Hanna schien beherrscht von einer fremden Macht. Ihr Körper schwang hin und her wie der einer Schlange vor ihrem Beschwörer. Wie biegsam sie war! Martin stand wie verzaubert, er sah nur die Schönheit der Bewegungen. Die darin verborgene Lüsternheit war ihm fremd, er gewahrte sie nicht einmal.

Aus dem einseitigen Schwingen war jetzt ein Tanz geworden. Die «Schlange» hatte ihren Korb verlassen. Sie wand sich, bald hierhin, bald dorthin züngelnd. Immer im Rhythmus, streckend und krümmend, schwebend und schwingend.

Der Kreis der Zuschauer hatte sich vergrößert. Alte und Junge umstanden das seltsame Schauspiel, teils fasziniert mit offenen Mündern starrend, teils anfeuernd und Beifall klatschend. Hanna schien von alledem nichts wahrzunehmen. Sie tanzte, um zu tanzen. Sie schien in Trance, wie besessen von einem Überwesen.

«Hanna», unwillkürlich hatte Martin einen Schritt nach vorn getan, um die Rasende zu halten, bevor sie stürzte.

Ein großer Rothaariger rief ihm zu: «Laß sie doch. Der Hauptspaß kommt ja noch!»

Immer rascher wurde der Wirbel. Die Musik knatterte, jaulte, bellte – längst nur noch Geräusch für empfindliche Ohren. Aber Rhythmus, Rhythmus!

Das Oberkleid wurde abgeworfen, und willig folgte das leichte Unterkleid aus lilafarbener Seide jeder Bewegung. Wild flatterte das Haar um die bleiche Stirn. Jetzt setzte die Musik zum schmetternden Finale ein, das Tempo steigernd bis zur Raserei. Das Unterkleid flog auf, von zwei ausgestreckten Armen über den Kopfe gerafft.

Ein nackter, männlicher Körper tat noch ein paar Schritte, hierhin, dorthin, unsicher schwankend. Dann sank er in sich zusammen, bedeckt von dem sich bauschenden Unterkleid ...

Martin las in dem Buche «Die Transvestiten». Mit dieser Art Menschen hatte er sich bisher noch nicht befaßt. Sie waren ihm kaum ein Begriff gewesen. Erst das Erlebnis auf dem Silvesterball in den Katakomben hatte ihn dazu gebracht, auch dieser Abart des Seelenlebens seine Aufmerksamkeit zu schenken. Mit der ihm eigenen Gründlichkeit begann er sich darin zu vertiefen.

Nachdem der Schock, Hanna als Mann zu sehen, überwunden war, war Martin ruhiger geworden. Es gab eben doch eine große Zahl von Ausdrucksmöglichkeiten im Bereich des sogenannten Anormalen. Sofern kein Mitmensch dadurch geschädigt wurde, durfte das nicht beanstandet, sondern mußte respektiert werden.

Da stand es geschrieben:

«Ein Transvestit ist ein Mensch, der den Trieb hat, die Kleidung des anderen Geschlechts anzulegen. Dieser Trieb kann so dominierend sein, daß der Betreffende bei den Behörden um die Erlaubnis nachsucht, sich ganz offiziell in den ihm zusagenden Gewändern bewegen zu dürfen.

In den meisten Fällen wird diesem Ersuchen stattgegeben mit dem Hinweis, kein öffentliches Ärgernis zu erregen.

Die Aversion gegen das Tragen der angestammten Kleidung geht oft so weit, daß diese Menschen erst dann fähig sind, eine nützliche Tätigkeit, einen Beruf auszuüben, wenn sie ihre Neigung befriedigen können.

Es gibt eine ganze Anzahl Transvestiten, die Bedeutendes für die Menschheit geleistet haben.

Der Transvestit findet oftmals seine erotische Befriedigung allein im Tragen der ihm zusagenden Kleidung. Sie genügt ihm, er begehrt nichts anderes. Sie ersetzt ihm die erotische Beziehung zu anderen Menschen vollauf. Wünscht er Gesellschaft, dann sucht er sich meist Gleichgesinnten anzuschließen. Es kommt aber auch vor, daß er sich nach einem Lebenspartner des eigenen oder des anderen Geschlechts umsieht. Transvestiten führen nicht selten ganz normale Ehen, denen sogar Kinder entsprießen.»

Martin grübelte. Diese Menschen waren also nicht weniger kompliziert als er selbst und gewiß nicht zu beneiden.

Und Hanna? Weshalb hatte sie wohl seine Annäherungsversuche, seine kleinen Aufmerksamkeiten, seine Bewunderung geduldet? Was hatte sie in ihm gesucht, die männliche oder die weibliche Seite?

Er würde es nie erfahren; denn Hanna war tot. In der gleichen Nacht, da Martin ihr Geheimnis entdeckt hatte, war sie bei einem Straßenbahnunfall ums Leben gekommen.

Martin seufzte. Heute dachte er anders an sie als früher, nicht mehr begehrend, aber mit heißem Mitleid. – Er schlug das Buch zu. Sein Wissensdurst über den Transvestitismus war gestillt. Er war um viele Erfahrungen reicher geworden.

Unter den Fenstern auf dem Kanal glitt ein Boot vorüber. Eine helle Knabenstimme sang: «Hannelore, Hannelore, schönstes Kind vom Hall'schen Tore . . .». Welch eine Ironie. Warum nur gab es das alles? War das gewöhnliche Leben mit all seinem Drum und Dran nicht schon schwer genug? Und wie mochte Hannas Name in Wirklichkeit gelautet haben? Doch das war jetzt unwesentlich. Ihre sterbliche Hülle, die auf dem kleinen Friedhof von Stahnsdorf zur Ruhe gebettet worden war, würde kein Ärgernis mehr erregen. Bert und Martin hatten sie auf ihrem letzten Gang begleitet – ihre Blumenspende hatte als einzige den Sarg geschmückt.

«Name unbekannt» würde nun auf dem Grabe stehen; denn die Papiere und Angaben, die im Institut bekannt waren, entsprachen nicht der Wirklichkeit. Alle Nachforschungen waren vergeblich gewesen.

So war ein Namenloser aus der Welt gegangen. Einer von vielen, die gelebt, geliebt, gekämpft hatten. Aber ein Mensch, der anders gewesen war als die anderen. Ein Namenloser ...

Wenige Tage nach diesen Ereignissen erhielt Martin die Aufforderung, seiner Namensänderung wegen bei einer besonderen Abteilung des Polizeipräsidiums am Alexanderplatz vorzusprechen. Es war eine regelrechte Vorladung, eine gerichtliche Entscheidung betreffend.

Auch Dr. Hirschfeld war als Sachverständiger geladen.

«Nun stehen wir also gemeinsam vor den Schranken des Gerichts», meinte er schmunzelnd, als er Martin zu sich kommen ließ. «Sie haben doch nicht etwa Angst? Sie sehen tatsächlich blaß und ängstlich aus.»

«Nein, gewiß nicht. Zumindest nicht so, wie Sie denken, Herr Doktor. Und wenn Sie dabei sind, schon gar nicht. Nur ... es beunruhigt mich tatsächlich ein wenig. Wird es auch bestimmt klappen? Werde ich keine Absage kriegen?»

Dr. Hirschfeld lachte.

«Nein, bestimmt nicht. So arbeitswütig sind die Herren vom Gericht nicht, daß sie nur zusammenkommen, um ‹nein› zu sagen. Da hätte eine schriftliche Mitteilung genügt. Trotzdem rate ich Ihnen: zeigen Sie keine Schwäche; äußern Sie keinerlei Zweifel an Ihrem Entschluß, als Mann leben zu wollen. Das könnte Bedenken erwecken und eventuell zur Ablehnung oder doch zu einer Vertagung führen.

Übrigens, kommen Sie mal ans Licht», der Arzt zog Martin ans Fenster. «Warum in aller Welt lassen Sie sich nicht ein Bärtchen stehen? Ich sehe eben, daß das ganz gut möglich wäre. Schade, das hätte den Herren da oben Eindruck gemacht. Na, jetzt ist es zu spät. Aber auf den Bartwuchs werde ich hinweisen, wenn es nötig sein sollte. Erschrecken Sie dann nicht.»

Am nächsten Morgen brachte ein Taxi Dr. Hirschfeld und Martin zum Alexanderplatz, den das Volk kurz den «Alex» nannte.

Der Wagen hielt. Martin half dem Sanitätsrat, der schon ein wenig schwerfällig war, beim Aussteigen, und etwas später betraten sie den Verhandlungsraum.

Drei Männer saßen hinter der Abschrankung. Der eine las mit monotoner, unbeteiligter Stimme den Antrag und eine ganze Reihe juristischer Klauseln und Bezeichnungen herunter.

Martin verstand nur die Hälfte davon.

«Haben Sie dem Antrag noch etwas hinzuzufügen, Dr. Hirschfeld?»

Der Angesprochene erhob sich und bedeutete Martin, ein Gleiches zu tun.

«Nicht daß ich wüßte, Herr Vorsitzender. Mein Kollege, Dr. Haller, hat meines Wissens den Fall bereits eingehend erläutert, zu dem Dr. Kronfeld die Vorarbeiten geleistet hat.

Wie Sie sehen, handelt es sich hier schon rein äußerlich um einen typischen intelligenten jungen Mann, etwas kritisch wie alle jungen Leute seines Alters und durchaus fähig, sein Leben selbst zu gestalten. Meines Erachtens stehen ihm viele Wege offen.»

Der Sieg ist gewiß, dachte Martin und ging festen Schrittes zur Schranke, als ihn der Vorsitzende aufforderte, näherzutreten.

«Also Sie haben nach reiflicher Überlegung den Entschluß gefaßt, Ihr Leben als Mann weiterzuleben und alle Konsequenzen aus diesem Entschluß zu ziehen?»

Die Stimme war sachlich, aber nicht unfreundlich, und Martin antwortete klar und sicher:

«Jawohl, das habe ich, Herr Vorsitzender, ich bin fest entschlossen dazu.»

«Und Sie werden das Vertrauen, das wir Ihnen entgegenbringen, indem wir Ihrem Antrag stattgeben, nie und in keiner Weise mißbrauchen und enttäuschen?»

Martin stutzte einen Augenblick, dann schmetterte er heraus:

«Ich wüßte gar nicht, wie ich das machen sollte, Herr Vorsitzender!»

Der Ausruf kam so spontan und unbefangen heraus, daß die drei Herren hinter dem Tisch nur mit Mühe das Lachen verbeißen konnten.

«Vielleicht sprechen Sie mit dem Antragsteller noch über diesen Punkt, Herr Sanitätsrat», meinte einer der Beisitzer.

Dr. Hirschfeld nickte. Auch er mußte sich sichtlich bemühen, ernst zu bleiben.

«Also dann werden Sie ab heute den Vornamen ‹Toni› führen. Die Gründe, weshalb es ein neutraler Name sein muß, werden Ihnen bekannt sein. ‹Toni Marsell› werden Sie von nun an heißen. Hier», der Mann reichte zwei Blätter über die Schranke, «der eine Schein ist die gerichtliche Bestätigung Ihrer Namensänderung, der zweite ist die Staatsangehörigkeitsurkunde. Da Sie die Umschreibung durch eine preußische Behörde erhalten haben, sind Sie von jetzt an preußischer Staatsangehöriger. Sie werden wohl damit einverstanden sein?!» –

Ach, was besagte das schon: Preuße, Schwabe, Bayer – Martin war das gleichgültig. Er war frei von jeglichem Lokalpatriotismus. Zudem überwog im Augenblick die Seligkeit über das erreichte Ziel. Er stammelte einen angemessenen Dank, und als sich die Tür hinter ihnen geschlossen hatte, fiel er dem Sanitätsrat um den Hals.

«Ach Papa! Was sind Sie doch für ein goldiger Mensch! Ich bin ja ganz verrückt vor Glück!»

«Aber Martin, äh, Toni, wollte ich sagen. Sie sind tatsächlich verrückt. Wenn das jemand sieht, wie Sie sich aufführen. Da wird sofort gelästert. Seien Sie vernünftig, junger Mann!»

Der Sanitätsrat tat entrüstet, aber man sah ihm an, wie sehr er sich über das Glück des anderen freute.

«Es ist ja kein Mensch hier», rief Martin, lachte laut und hüpfte durch den Gang wie ein übermütiger Junge.

Im Institut herrschte nach wie vor ein stetes Kommen und Gehen. Alle Besucher hatten ihre Sorgen und Nöte – alle suchten sie Hilfe und Zuspruch. Toni Marsell erkannte immer deutlicher, wie sehr auch andere an ihren schwereren oder leichteren Bürden zu tragen hatten. Das ließ ihn ruhiger und ausgeglichener werden. Er fand Abstand zu seinem Schicksal, und in guten Stunden konnte er es sogar bejahen; besonders dann, wenn sich der eine oder andere seiner Leidensgenossen in Delikten verfing, weil er nicht fähig war, sein Triebleben zu beherrschen und in Ordnung zu halten. Dann war Martin froh, dieser Sparte des Menschlichen nüchterner und weniger beteiligt gegenüberzustehen als andere. So wurde es friedlicher in seinem Gemüt.

Die Wochen vergingen; die Wende in seinem Dasein – das technische Studium – rückte in greifbare Nähe.

Es wurde ihm schwerer, als er gedacht hatte, die Menschen und das Haus, das ihm so lange Schirm und Schutz gewesen war, zu verlassen.

Er ahnte, daß es ein Abschied für immer war, daß er nie mehr zurückkehren würde. Etwas schien abgeschlossen, das keine Fortsetzung erfahren sollte.

## XIV

Wenn Scham töten könnte, wäre Toni Marsell nicht mehr am Leben. So aber lebte er noch, wenn auch nicht mehr als der fröhliche Student in S., sondern in einem winzigen Hinterzimmer am Wedding in Berlin. Die Ereignisse vom 5. Oktober 1923 hatten derart gravierend in sein Dasein eingegriffen, daß eine völlige Veränderung seiner Lebensverhältnisse unvermeidlich war.

Es ist notwendig, die Begebenheiten so zu schildern, wie er sie in seinem Tagebuch aufgeschrieben hatte:

«Zunächst ging alles gut. Ich kann sagen, ich war ein eifriger, williger Schüler. Allerdings hatte ich besonders Mühe mit der Mathematik. Und damit steht und fällt der Maschinenbau.

Der Dozent in diesem Fach war Dr. Neugebauer, ein Kriegsinvalider mit einer Beinprothese.

Dieser Mann machte mir und einem meiner Kameraden das Leben besonders schwer – wahrscheinlich deshalb, weil wir uns nicht entschließen konnten, seiner Verbindung beizutreten, die er als Alter Herr und Ehrenbursch präsidierte.

Dank meines Studienkameraden, Hannes Pommerelli, machte ich beachtliche Fortschritte in der gefürchteten Mathematik. Aber auch das schien Dr. Neugebauer zu stören.

Hannes und ich arbeiteten oft zusammen. Er gab mir regelrechte Nachhilfestunden. Dazu kam er zu mir, da mein Zimmer größer und bequemer war als das seine.

So war es auch am 5. Oktober. Nie werde ich diesen schrecklichen Tag vergessen ...

Wir hatten unsere Reißbretter aufgestellt, um das aufgegebene Kegelgetriebe zu zeichnen. Hannes hatte die Aufgabe bereits gelöst und eine tadellose Zeichnung auf seinem Brett. Die meine war noch reichlich chaotisch. Mitten in unserer Arbeit klopfte es an die Tür. In der Annahme, meine Wirtin wolle etwas bestellen, rief ich ‹Herein›.

Auf der Schwelle stand Dr. Neugebauer. Wir starrten ihn wohl ziemlich verblüfft an.

Er stammelte eine Entschuldigung, trat an das Reißbrett von Hannes in der Meinung, es sei das meine, und begann eine unerträgliche Lobhudelei. In mir begann es zu kochen.

Als ich bemerkte, das sei die Arbeit von Hannes, ergriff er blitzschnell einen Bleistift: ‹Sehen Sie, da stimmt etwas nicht ganz!› Im Nu hatte er aus drei, vier Zähnen des Kegelrades kindische Figuren gemacht.

Ich sah Hannes an, der bleich, aber beherrscht dabeistand. Doch ich sah rot. Seine gute Arbeit war vernichtet.

Ich packte das Brett und ließ es auf den Kopf des Dozenten niedersausen. Zum Glück glitt es ab und traf mehr die Schulter als den Kopf. Aber der Mann wäre gestürzt, wenn ihm Hannes nicht einen Stuhl untergeschoben hätte.

Es war totenstill.

Dr. Neugebauer saß da, den Kopf in die Hände gestützt, und atmete schwer. Mühsam brachte er heraus:

‹Ich hätte nicht gedacht, daß Sie so brutal sein können, Marsell.› Damit erhob er sich und ging schwankend zur Tür. Begleitung lehnte er ab. Wir hörten den dumpfen Aufschlag seines Stockes. Scham und Wut würgten mich in der Kehle. Ich hatte nur einen Gedanken: es ist aus, alles aus.»

«Warten wir ab, was geschieht», hatte Hannes gesagt.

Aber es geschah nichts. Dr. Neugebauer wurde krank gemeldet und von einem Kollegen vertreten. Dieser hieß Walter Brembach, und mit ihm kam ein neuer, frischer Wind in den Unterricht.

Toni und Hannes atmeten auf.

Trotzdem konnte Toni sich sein Benehmen nicht verzeihen.

Er und Hannes waren Mitglieder der TV «Diogenia». Am Tag nach dem Zusammenstoß suchte Toni Hasso von Braunfeld, den ersten Chargierten der «Diogenia», auf und schilderte ihm den Vorfall ohne Beschönigung, aber auch ohne übertriebene Selbstanklage.

Sein Tagebuch erzählt, was weiter geschah:

«Braunfeld war alles andere als ein Moralist und Prinzipienreiter. Nur war er an gewisse Richtlinien gebunden, die er unter keinen Umständen umgehen konnte.

Er hörte sich meine Aussagen unbewegt an. Ich verschwieg nichts, auch die Antipathie, die ich von Anfang an gegen Neugebauer gehegt hatte, gab ich zu.

Ein paar knappe, sachliche Fragen bewiesen mir, daß die Sachlage klar durchschaut wurde und ich auf volles Verständnis stieß. Braunfeld versicherte mir, er sei überzeugt, die Schuld der Provokation liege eindeutig bei Dr. Neugebauer.

Doch dann kam, was ich befürchtet hatte: das Ehrengericht mußte einberufen werden, und seinem Entscheid hatte ich mich widerspruchslos zu fügen.

Das Gericht tagte in geheimer Sitzung, nicht einmal die Kommilitonen erfuhren davon.

Braunfeld gab mir den Rat, nichts zu unternehmen. Nur sollte ich S. nicht verlassen, und auch Hannes sollte sich zur Verfügung halten.

Es waren schlimme Tage, bis die Entscheidung gefallen war. Ich möchte sie nicht noch einmal durchmachen müssen. Warum sind die Wege der Menschen nur so krumm, verzwickt und undurchsichtig?

Auf Grund der ersten Beratung mußten Hannes und ich je einen genauen Bericht des Vorganges eingeben. Nun, das konnte ich mit gutem Gewissen tun. Nur den Selbstvorwurf, durch meinen Jähzorn schuldig geworden zu sein, konnte ich mir nicht ersparen.

Auch an Wilma hatte ich einen eingehenden Bericht gesandt. Sie sandte eine liebe, tröstende Antwort. Doch meine Gewissensnot war nicht wegzudiskutieren und blieb bestehen. Ich hatte meiner Unbeherrschtheit die Zügel schießen lassen und einen Menschen verletzt – einen, der bereits behindert und vom Leben gezeichnet war ...

So kam mir das Urteil des Ehrengerichts nicht unerwartet, ja ich begrüßte es sogar, empfand es als Strafe und Sühne. Alle für mich günstigen Umstände hatte man ins Treffen geführt – die Provokation, meine Neigung zum Jähzorn –, so daß man nicht von einer gewollten Tat, sondern von einer Affekthandlung ausgehen müsse.

Dennoch war es nicht möglich, mich freizusprechen. Das Urteil der Burschen war einstimmig: unschuldig schuldig geworden.

In drei Wochen war das Semester zu Ende. Bis dahin sollte alles beim alten bleiben. Dann aber, so wurde mir auferlegt, müsse ich das Technikum wechseln.

Hart, aber gerecht. Und milder als erwartet. Ich hatte mit sofortigem Ausschluß gerechnet.

Ein kleiner Trost war für mich meine zunehmende Einsicht, daß ich zum Techniker nicht geeignet war. Dieser Weg war ein Irrweg, das wurde mir immer klarer. Die Warner hatten recht behalten. Auch daß Hannes anderer Meinung war, konnte mich nicht eines Besseren belehren. Er behauptete, die Fortschritte, die ich in Mathematik gemacht habe, seien so eindeutig und überraschend, daß man nicht von einem Mangel an Begabung sprechen könne, sondern vom Mangel einer notwendigen Pflege meiner nicht eben starken Anlage. Hier sah er keinen Anlaß für mein Aufgeben. Er erbot sich sogar, mir zuliebe die Lehranstalt mit mir zu wechseln.

Ich war gerührt von diesem Angebot, doch konnte ich ein solches Opfer unmöglich annehmen. Für ihn müsse alles so bleiben wie bisher, meinte ich, für mich aber sei der einzig richtige Weg zu entsagen.

Den wahren Grund für meinen Entschluß, meine anormale Körperlichkeit, hat er nie erfahren.

So schied ich als Freund von den Freunden, die ich nie vergessen werde. Sie gaben mir viel für mein Leben, das nun wieder – durch eigene Schuld – dunkel und unsicher vor mir liegt . . .»

Hier endeten die Aufzeichnungen.

Das Bewußtsein, durch eigene Schuld sein Leben verpfuscht

zu haben – so erschien es ihm zunächst –, lastete schwer auf Toni Marsell.

Er hatte das Gefühl, jeder könne ihm ansehen, was ihm in der letzten Zeit begegnet war, und dieses Gefühl wurde er nicht los, so sehr er sich darum bemühte.

Zwar übte die Berlinerluft immer noch einen starken Reiz und Zauber auf ihn aus, aber es war eben doch etwas anderes als vor Monaten.

Eine Art Stumpfheit bemächtigte sich seiner; es war ihm unmöglich, einen Entschluß zu fassen. Daß sein Leben irgendwie weitergehen würde und mußte, war ihm klar. Nur das «Wie» lag im Nebel und interessierte ihn derzeit überhaupt nicht.

Eine Art Trotz überfiel ihn, der ihm in lichten Momenten albern und kindisch schien, gegen den er aber nicht aufkam. Das Schicksal hatte ihn geschlagen, mochte es zusehen, wie es den Schlag wieder gutmachen konnte. So wartete er auf einen Ausgleich für das, was ihm zugefügt worden war.

Einmal hatte der Trotz, einmal das Schuldbewußtsein die Oberhand. Durch eigene Kraft und Anstrengung eine Wendung zum Guten herbeizuführen schien ihm zwecklos und eine unberechtigte Forderung.

Und wenn er verhungerte?

Auch das war ihm gleichgültig.

So wie er sich innerlich fallen ließ, so vernachlässigte er auch sein Äußeres. Und das mit einer gewissen Berechtigung, denn wer am Wedding wohnte, mußte sich seiner Umgebung anpassen, um nicht aufzufallen. Zudem hatte er das Bedürfnis, seine äußere Erscheinung weitgehend zu verändern. Mit seinem ehemaligen Freundeskreis Kontakt aufzunehmen, scheute er sich.

Sorgfältig mied er vor allem tagsüber die Gegenden, in denen er am ehesten dem einen oder anderen Bekannten hätte begegnen können. Abends – besonders wenn das Wetter stürmisch war – wagte er sich hingegen ab und zu in das geliebte und vertraute Tiergartenviertel.

Dann konnte es passieren, daß er lange gedankenverloren an dem kleinen Teich stand und ins Wasser starrte, die Welt um sich vergessend, in Erinnerungen versunken.

Und eines Abends wurde die Versuchung zu groß; plötzlich stand er vor dem großen Haus mit den hellerleuchteten Fenstern: jedes einzelne war ihm vertraut, bei jedem hätte er beschreiben können, wie es dahinter aussah. Mächtig zog es ihn, die Stufen hinaufzueilen, die schön geschwungene Treppe im Laufschritt zu nehmen, in Berts Zimmer zu stürmen und zu rufen: «Da bin ich wieder, könnt ihr mich brauchen?»

Aber nein, noch war er nicht soweit, noch war sein Stolz ungebrochen und der Gedanke, versagt zu haben und sein Versagen einzugestehen, unerträglich. Lieber verharrte er in seinem Trotz und klagte das Schicksal an. Auch besaß er noch einen kleinen Rest seines Vermögens, der ihn für einige Zeit über Wasser halten würde.

So stand Toni am Rande des Gehsteigs, den Hut tief in die Stirn gezogen, die Hände, zu Fäusten verkrampft, in den Taschen des Regenmantels vergraben.

Schließlich trat er näher.

Das Portal war erleuchtet, die Laterne davor ließ die blanken Messingschilder hell aufglänzen.

Nur einmal die vertrauten Namen lesen dürfen!

Dr. Hirschfeld, Dr. Kronfeld, Sekretariat Bert Bosse, Archiv Leitung Dr. Weiß.

Sein Archiv! Vor kurzem noch sein Arbeitsplatz! Und nun saß ein anderer auf seinem Stuhl ...

Wie hypnotisiert starrte Toni auf die Schilder, die für ihn eine Welt bedeuteten. Hatte er nicht gehandelt wie ein unvernünftiger, dummer Junge?

Stimmen schreckten ihn auf und rissen ihn aus seinen Träumen. Das konnte nur Franz Baumann sein, der junge Arzt, mit dem er sich in der letzten Zeit seines Hierseins noch angefreundet hatte. Rasch trat Toni in den Schatten zurück. Drei Männer nahten schnellen Schrittes. Der eine war tatsächlich Franz Baumann, die anderen kannte er nicht. Sie verschwanden durch die Tür, die einen Augenblick einen breiten Lichtkegel freigab, der auch Toni überflutete. Er wandte sich rasch ab. Tränen traten in seine Augen, und es würgte ihn in der Kehle.

Er blieb auf der Straße.

Um diese Zeit war der Tiergarten unsicher. Allerlei lichtscheues Gesindel trieb hier sein Unwesen. Er wollte nichts riskieren. Ganz in der Nähe wußte er ein kleines billiges Restaurant. Die Zeiten des Romanischen Kaffees waren für ihn vorüber. Jetzt hieß es, sich nach der Decke zu strecken und jede unnütze Ausgabe zu vermeiden. Ein Ei oder eine Boulette mit Kartoffelsalat mußte genügen; nicht gerade reichlich, aber wenn man noch ein Stück Brot dazu nehmen konnte, war man satt.

Toni setzte sich an einen kleinen, unbesetzten Tisch in einer Ecke. Von dort aus konnte er das Lokal gut übersehen. Die Wirtin brachte das Bestellte. Die Boulette war besonders groß, was der Gast lobend erwähnte. Die Frau lächelte geschmeichelt und meinte, für so 'nen hübschen, feschen Jungen gäbe man gern mal etwas aus. Toni grinste. Zum Glück kamen neue Gäste.

Die Portion war wirklich reichlich und kaum zu bewältigen. Doch da niemand auf ihn wartete, niemand drängte, ließ Toni sich Zeit und aß langsam und mit Bedacht.

Kritisch musterte er die Anwesenden. Es waren durchweg Menschen, denen man ansah, daß sie nicht aus dem vollen schöpfen konnten, sondern mehr auf der Schatten- als auf der Sonnenseite des Lebens standen. Gesichter, aus denen Verbitterung, Resignation und Enttäuschung sprachen.

Leicht überrascht stellte Toni fest, daß er sich zu diesen Menschen hingezogen fühlte, als wäre er einer von ihnen. Mochten sie auch einer anderen Gesellschaftsschicht angehören als er oder aus welchen Gründen auch immer in diese Lage geraten sein: er fühlte sich ihnen zugehörig, und das so stark, daß er sich gewaltsam zurückhalten mußte, um sich nicht unter sie zu mischen und ihnen zuzurufen: «Nehmt mich auf, ich bin euer Bruder – laßt mich einer von euch sein!»

Doch er begegnete nur gleichgültigen, abweisenden, sogar höhnischen Blicken.

Bekümmert wandte er sich ab. Was war es, das ihn von diesen Menschen unterschied? Er sah an sich herunter. Sein Anzug sah schäbig genug aus. Früher hätte er sich geschämt, so herumzulaufen. Aber der Stoff verriet immer noch die gute Qualität, und auch der ausgezeichnete Schnitt ließ sich nicht übersehen. So etwas war von der Stange nicht zu kaufen, das hatte ein guter Schneider gemacht.

Und da war ja noch der weiße Taschentuchzipfel, der aus der Brusttasche schaute. Zu dumm! Das war hier natürlich fehl am Platz. Toni wurde rot und griff nach einer Zeitung, die neben ihm auf einem Stuhl lag. In ihrem Schutz schob er das verräterische Stückchen Stoff tief in die Tasche zurück, so als wollte er damit die Vergangenheit endgültig von sich schieben.

Und tatsächlich begann für Toni in diesem Augenblick der Rutsch nach unten; es dauerte ein Jahr, ehe ihn die Hand eines Menschenfreundes nach oben hob, so weit, daß er den Sinn seines Lebens erkennen und künftig vor sich und der Welt bestehen konnte.

In Friedrichsruh machte man sich nicht geringe Sorgen um Toni. Dieser hatte vage von einer freien Tätigkeit berichtet und eine Postlageradresse im Norden Berlins angegeben.

So hatten die Geschwister keinen anderen Ausweg gefunden, als Toni noch einmal in einem gemeinsamen Brief zu bitten, seine gewiß unsichere Situation in Berlin aufzugeben und mit der relativen Sicherheit in Friedrichsruh zu vertauschen. Hier gab es doch wenigstens durchschaubare, klare Verhältnisse und die eigene Scholle. Natürlich lebte man knapper als in früheren Zeiten, und es mußte mit aller Vorsicht und Umsicht gehandelt werden, um das Anwesen im alten Umfange zu erhalten.

Der Ruf war ernst und eindringlich, aber er fand keinen Widerhall in Tonis Herz. Dieser war nun damit beschäftigt, Millionen zu verdienen, und weit davon entfernt, sich diese Chance entgehen zu lassen. Daß es sich um eine Illusion, sogar um eine gefährliche Angelegenheit handelte, erkannte er zu dieser Zeit noch nicht.

## XV

Die große Illusion hatte begonnen, als er damals in dem billigen Restaurant das letzte Stück Boulette in den Mund und den Zipfel des weißen Taschentuches in die Brusttasche geschoben hatte.

Da trat Bruno in sein Leben. Er setzte sich an Tonis Tisch und bestellte die übliche Mahlzeit. Toni nahm absichtlich kaum von ihm Notiz, obwohl er, hinter der Zeitung verborgen, feststellen konnte, daß der Mann keinen üblen, sondern einen ganz sympathischen Eindruck machte.

«Jordan», stellte er sich vor, als Toni die Zeitung weglegte und gehen wollte. «Bruno Jordan, Vermittlung von Gebrauchsgegenständen aller Art. Entschuldigen Sie, wenn ich Sie so quasi überfalle, aber ich suche einen Mitarbeiter, und ich könnte mir vorstellen, daß Sie der richtige Mann für mich sind.

Meine Firma heißt Bruno Jordan und Co.; davon existiere aber nur ich, das ‹Co.› wird noch gesucht.

Gefällt Ihnen das Milieu hier, oder möchten Sie es gegen etwas Besseres eintauschen?»

Toni fand diese Art der Vorstellung reichlich seltsam. Aber das war vielleicht in Geschäftskreisen so üblich, er kannte sich da nicht aus.

«Sie zögern? Wollen Sie mitmachen oder nicht?» hörte er den Mann sagen.

Toni mußte lachen. Der ging wirklich aufs Ganze. Nun, das war vielleicht der Ausgleich, den das Schicksal für ihn bereit hielt, die Entschädigung für erlittene Unbill?! Außerdem lockte das Abenteuer. Also sagte er:

«Warum nicht? Man kann es ja probieren. Ich heiße Toni Marsell, ehemaliger Flieger, durch besondere Umstände zur Zeit zum Nichtstun verdammt.»

Der andere pfiff durch die Zähne und lief rot an.

«Das trifft sich ja verdammt gut. Meine gute Nase scheint mich nicht getäuscht zu haben. Als ehemaliger Ikarus kennen Sie doch sicher noch eine Menge Fliegeroffiziere, und das wäre gerade das Richtige für unsere Sache.»

Toni schüttelte den Kopf. «Ich fürchte, damit kann ich Ihnen nicht dienen. Ich war Flieger im zivilen Dienst, das Militär habe ich nur so am Rande miterlebt.»

«Schade», Jordan war enttäuscht, «es würde alles vereinfachen. Fällt Ihnen denn kein einziger Name ein, dessen Träger heute noch existiert?»

«Offen gestanden, darum habe ich mich nie gekümmert. Aber wenn Sie wünschen, daß ich mit Ihnen arbeiten soll, dann habe ich wohl auch das Recht zu wissen, um was es eigentlich geht, meinen Sie nicht? Vor allem interessiert mich, warum gerade Offiziere wichtig sind; die sind doch, soviel ich weiß, erledigt ...»

«Eben, gerade deshalb. Den meisten von ihnen geht es drekkig. Man erinnert sich ihrer nur ungern, und wenn sie Arbeit bekommen, sind es meist untergeordnete Posten. Sie haben es gern, wenn man sich ihres verlorenen Glanzes erinnert und ihnen Gelegenheit gibt, ihr Budget etwas aufzubessern. Ganz legal natürlich, absolut fair. Na, vielleicht fällt Ihnen doch noch etwas Gescheites ein. Hier haben Sie meine Adresse. Und nun habe ich nichts mehr dagegen, wenn Sie gehen – ich habe Sie ja vorhin daran gehindert. Wir sehen uns dann morgen.»

Die letzten Worte waren halb Frage, halb Befehl.

Toni hätte sich geniert, noch zu bleiben und weiter zu fragen. Auch war er nicht mehr der Mensch, der blitzartig eine Entscheidung treffen konnte. Eine gewisse Trägheit hatte ihn seit einiger Zeit ergriffen. Im Grunde scheute er sich vor jeder Bindung, die ihm tägliche Verpflichtungen auferlegte, und dieser Jordan machte den Eindruck, als hielte er seine Leute ganz schön in Trab. Immerhin, der Versuch, wieder ein wenig ins finanzielle Gleichgewicht zu kommen, konnte nichts schaden.

Toni nahm also die dargereichte Karte und steckte sie in seine Brieftasche. Ohne sich noch einmal nach Jordan umzusehen, verließ er das Lokal.

In seiner Tasche knisterte der Brief von Wilma und Henry. Gewiß, sie meinten es gut. Rührung wollte ihn übermannen. Nein, er konnte nicht wie der verlorene Sohn ins Vaterhaus zurückkehren. Und jetzt ... diese Chance! Er schüttelte die weiche Regung ab, zog den Mantel fester um die Schultern und schritt rüstig voran.

Morgen war auch noch ein Tag!

Das Büro Jordan und Co. war in der Friedrichstraße gelegen, im dritten Stock des Hauses Nr. 93. Es war leicht zu finden zwischen den Linden und der Behrenstraße. Eine vorzügliche Geschäftslage, doch das war für die Unternehmungen, die Jordan betrieb, eigentlich ohne Belang, wie Toni bald feststellte.

Die Geschäfte wickelten sich per Draht und auf schriftlichem Wege ab. Nur selten geschah es, daß ein Kunde persönlich erschien. Er kam dann meistens, bevor Toni seine Tätigkeit begonnen oder wenn er sie schon wieder beendet hatte. Er sah die Besucher höchstens kommen oder gehen, was oft ein Unbehagen in ihm auslöste. Doch er war ein Neuling in geschäftlichen Dingen, daher wagte er keine Kritik. Auch stand für Verhandlungen nur ein einziger Raum zur Verfügung.

Später erkannte er, daß er schon da hätte hellhörig werden müssen.

Vorläufig begnügte er sich damit, seine Aufgaben zu erledigen. Sie bestanden darin, aus dickleibigen Büchern bestimmte Adressen herauszusuchen und auf Umschläge zu übertragen, in die er bestimmte Prospekte verpackte. Das Ganze brachte er dann zur Post. Daß er dabei zuweilen aus eigenen Mitteln beträchtliche Summen für Porti auslegen mußte, beunruhigte ihn nicht, obwohl er es merkwürdig fand, daß die Schlüssel zum Tresor immer gerade dann verlegt waren, wenn er Geld für den Versand benötigte. Auch hatte Jordan in solchen Momenten eine besondere Art, ihn zu beschwichtigen: der große Gewinn müsse kommen; es brauche nur Geduld wie zu allen großen Dingen. Das neue Geschäft sei bombensicher, alles konzentriere sich darauf.

Nun, da hieß es eben abwarten.

Eines Abends bat Jordan seinen sogenannten Compagnon, noch ein wenig zu bleiben. Er gab sich nicht als Chef, sondern ausgesprochen freundschaftlich. Wieder einmal betonte er, wie froh und dankbar er sei, daß der Zufall ihm Toni in den Weg geführt habe. Er sprach von der Wichtigkeit, einen Menschen neben sich zu wissen, dem man absolut vertrauen könne, der bereit sei, mit dem Partner durch dick und dünn zu gehen.

Toni hörte sich diese Reden mit einigem Befremden an. Zum ersten Mal wurde er unsicher. In Jordans Stimme war etwas, das ihm mißfiel und ihn beunruhigte.

Er schob das mit Cognac gefüllte Glas, das Jordan vor ihn hingestellt hatte, beiseite. Er mußte einen klaren Kopf behalten und durfte sich nicht überrumpeln lassen. So nahm er den Vorschlag, sein Domizil im Wedding gegen ein Logis in der Greifswalder Straße zu tauschen, kühl und ohne Begeisterung auf.

«Es schickt sich für meinen Teilhaber einfach nicht, in einer so obskuren Gegend zu hausen. In meiner Wohnung habe ich ein kleines, nettes Zimmer frei. Als Gegenleistung gewissermaßen – ich will dir ja nicht zumuten, Almosen anzunehmen – könntest du dich ein wenig um das Hauswesen kümmern. Seit meine Schwester nicht mehr bei mir ist, geht es ziemlich drunter und drüber bei mir. Du aber sparst doch eine Menge Geld, wenn du mietfrei wohnst. Nun, was meinst du zu meinem Vorschlag?»

Toni hatte unbewegt zugehört, ohne zu verraten, welche Reaktion das Anerbieten in ihm auslöste. Er sah sich außerstande, auf Anhieb eine Entscheidung zu treffen. Gewiß hätte er bedenkenlos zugestimmt – wäre er ein normaler junger Mann gewesen. So aber stand hinter jedem seiner Entschlüsse sein Geheimnis.

Also bat er sich Bedenkzeit aus und bemerkte, der Vorschlag habe ihn doch etwas überrascht.

Jordan war enttäuscht.

Er sprach von Gutmeinen und unverdientem Mißtrauen. Nun, er werde warten. Aber lange dürfe Toni nicht zögern, sonst müsse er eine andere Lösung finden.

Doch an diesem Abend hatte Jordan noch etwas anderes auf dem Herzen.

«Sag mal, Toni, besteht eine Möglichkeit, mit den beiden Offizieren, deren Namen du neulich im Adreßbuch gefunden hast, in Verbindung zu treten? Du nanntest da einen Hauptmann Gunter und einen Major Braun. Erinnerst du dich?»

Ja, Toni erinnerte sich. Die beiden Offiziere waren oft bei Hans Heimann gewesen. Als Toni auf die beiden Namen gestoßen war, war die alte Zeit lebendig geworden, und in seiner Freude hatte er von den beiden Offizieren gesprochen. Jetzt bereute er das.

«Weißt du», fuhr Jordan fort, «ich habe da einen Auftrag, der alles andere in den Schatten stellt. Wenn das gelingt, brauchen wir unser Lebtag nichts mehr zu tun, als Geld anzulegen und die Früchte einzuheimsen. Aber dazu brauche ich eben solche Verbindungen. Das habe ich ja schon einmal erwähnt!»

Toni seufzte. Er fühlte sich unbehaglich. Laut sagte er:

«Mir wäre offengestanden lieber, wenn einmal eine kleine Sache klappen würde. Über dem Warten auf große Dinge können wir verhungern. Bedenke, seit fünf Monaten bin ich jetzt hier und habe noch nicht einen Pfennig Verdienst gesehen. Ich bin pleite. Immer nur hineinbuttern! Die paar Mark, die mir geblieben sind, brauche ich notwendig zum Leben. Überdies habe ich überhaupt keine Ahnung, was hier vorgeht. Schon lange finde ich es merkwürdig, daß nie ein Kunde kommt, wenn ich anwesend bin. Als Teilhaber hätte ich doch das Recht, bei den Verhandlungen dabeizusein. Das aber wird sorgfältig vermieden. Manchmal denke ich, du verbirgst etwas vor mir.»

Toni hatte erregt gesprochen, und Jordan sah aus, als hätte er Essig geschluckt.

Aber er beherrschte sich und sagte mit erzwungener Ruhe: «Das Bedauern liegt ganz bei mir. Allzugern hätte ich dir schon einen Gewinn ausbezahlt. Aber die Geschäfte sind heutzutage schwierig, man muß verdammt fix sein, wenn man zu etwas kommen will. Es gibt zu viele Hände, die sich nach dem Gewinn ausstrecken. Daher brauche ich die beiden Offiziere. Von denen ist sicher keiner auf Rosen gebettet, und wenn's was zu verdienen gibt, sagen sie nicht nein.»

«Ja, aber um was geht es denn eigentlich? Ich kann doch unmöglich einfach hingehen, eine alte Bekanntschaft erneuern und sagen, da ist ein gewisser Bruno Jordan, der braucht euch. Da mußt du schon etwas deutlicher werden, wenn ich dazu die Hand bieten soll.»

Jordan war aufgestanden. Er ging zum Fenster. Endlich schien er einen Entschluß gefaßt zu haben. Er kam zum Schreibtisch zurück und zog eine Schublade auf.

«Nun gut. Ich wollte dich eigentlich heraushalten aus der Sache bis auf die Vermittlung der Militärs. Wenn auch alles sicher aussieht, so kann man doch nie wissen . . .

Deswegen brauchst du nicht gleich in die Hosen zu machen», fuhr er auf, als er Tonis argwöhnisches Gesicht sah. «Die Unterlagen sind einwandfrei, hier, du kannst dich selbst überzeugen.»

Mit diesen Worten entnahm er der Schublade ein dickes Bündel Papiere und warf es auf den Tisch.

«Du kannst sie ruhig anschauen, sie beißen nicht», meinte er ironisch, als Toni zögerte.

Es war ein umfangreiches Bündel von Verträgen, in verschiedenen Sprachen abgefaßt und mit einer Unmenge von Unterschriften und Siegeln versehen.

Ratlos sah Toni auf das Paket in seiner Hand. Was sollte er damit anfangen? Er zuckte die Achseln und reichte es wortlos zurück.

Sein Sozius hatte inzwischen die gewohnte, überlegene Sicherheit wiedergewonnen. Selbstgefällig lehnte er sich in seinem Sessel zurück:

«Ich war eben von deiner Ahnungslosigkeit überzeugt, da wollte ich dich mit Einzelheiten verschonen. Du brauchst deinen Freunden nur zu sagen: ‹Da ist ein Mann, der ein größeres Geschäft in Aussicht hat und militärische Beratung braucht.› Mehr ist nicht nötig. Natürlich sollen sie ihre Weisheit nicht umsonst hergeben, das ist klar!»

«So einfach, wie du denkst, ist die Sache nicht. Gunter und Braun sind keine engen Freunde von mir. Ich muß die Beziehungen ganz neu aufnehmen. Wer weiß, ob sie sich meiner überhaupt erinnern? Und wenn es um militärische Dinge geht, ist das noch schwieriger. Da mußt du schon deutlicher werden. Also, heraus mit der Sprache, um was geht es denn eigentlich?»

Jordan hob bedauernd die Schultern.

«Gut, wenn du es durchaus wissen willst: die Papiere, die du soeben in der Hand hattest, sind Verträge zwischen einer Kommission von Weißrussen, die sich zur Zeit in Deutschland aufhält, und einer hohen deutschen Behörde. Beiden Seiten ist bekannt, daß bei dem miserablen Kriegsende 1918 nicht alle Waffen der Deutschen vernichtet wurden. Ein großer Teil entging der Verschrottung und wird noch heute versteckt gehalten. Man vermutet eine ganz bestimmte Stelle, wo sich das Lager befinden soll.

Umgang mit Waffen ist immer eine heikle Angelegenheit. Dazu braucht man Fachleute. Militärs. Verstehst du nun, worauf es ankommt?»

Toni nickte.

«Daß du Offiziere beiziehen willst, ist mir klar. Nur . . . was wollen die Russen mit deutschen Waffen?»

«Heilige Einfalt! Hast du noch nie etwas vom Kampf der Weißrussen gegen ihre Unterdrücker gehört? Warum sollen wir eine gerechte Sache nicht unterstützen, wenn wir die Möglichkeit dazu haben? Ich denke, da wirst du doch mitmachen? Einmal aus Idealismus, der guten Sache wegen, anderseits aber auch um des Gewinnes willen. Die Auftraggeber zahlen gut.»

Toni gab sich geschlagen. Er versprach, die Verbindung mit den Offizieren aufzunehmen.

«Recht so!» Jordan schlug ihn kräftig auf die Schulter. «Und vergiß nicht meinen Vorschlag wegen der Wohnung!»

Toni nickte, auch das würde er sich überlegen. Plötzlich sah alles anders aus. Vielleicht war das Leben doch noch lebenswert; vielleicht lohnten Schweiß und Mühe doch ...

Am nächsten Morgen erwachte Toni abgespannt und müde. Da er versprochen hatte, heute den beiden Adressen nachzugehen, konnte er noch etwas weiterdösen. Er verfiel in einen leichten Schlummer.

Plötzlich wurde heftig an die Tür geklopft. Gleichzeitig hörte er schimpfen. Eilig zog er sich an und warf die wenigen Gegenstände, die er noch besaß, in den Koffer. Man konnte nie wissen ... Auf alle Fälle wollte er gewappnet sein.

«Sein Se doch nich so, Herr Karjer, der Junge wees doch jarnich, det Se hier am Tage pennen. Er is sauber und anständig, so ne Schlafstelle finden Se so bald nich wieder. Wees nich, warum er noch nich fort is heute.»

Die letzten Worte waren von lautem Klopfen an die Tür begleitet.

«Herr Marsell, sin Se krank, oder wat is los?»

Toni stand wie erstarrt. Jetzt wurde ihm manches klar, vor allem der merkwürdige Geruch, der ihn hier oft gestört hatte, eine Mischung von Fischen und Rauch, von Schweiß und Tabakdunst.

Wieder rüttelte es an der Tür. «Ick hol 'nen Schlosser, wenn Se nich uffmachen, Herr Marsell!»

«Brauchen mir jarnich, machen mir janz allene. Ach so, der Schlüssel steckt, da is det schwieriger.»

Das Bohren im Schloß hörte auf. Es wurde still draußen. Toni – immer noch unfähig, sich zu rühren – stand und lauschte.

Da war sie wieder, die rauhe Männerstimme:

«Det sage ick Ihnen, wenn Ihr Goldhähnchen da drinnen krepiert is, denn zieh ick Leine. Mit ner Leiche im Bett? Nee, danke. Denn schon lieber ...»

Es folgte ein unterdrückter Aufschrei der Frau.

Toni erwachte aus seiner Erstarrung.

Jetzt war alles klar. Das Zimmer, das er gemietet und bezahlt hatte, wurde am Tage von einem anderen benutzt; der Mann vor der Tür, offenbar Nachtwächter in einer Fischräucherei, schlief tagsüber in Tonis Bett ...

Ekel würgte ihn in der Kehle.

Das Angebot von Jordan kam nun wie gerufen. Rasch zählte Toni den Mietbetrag für die angebrochene Woche auf den Tisch, nahm seinen Koffer auf und trat in den Gang.

Die beiden draußen fuhren auseinander. Toni wollte wortlos an ihnen vorbei. Der Mann war schneller.

«Hierjeblieben! Lächerlich, wejen so 'ner Lappalie ausziehen zu wollen. Junge, Junge, wenn ick dir den Frack voll haue, denn merkste wat!»

Da mischte sich die Frau ein:

«Nich doch, Karjer, Herr Marsell is im Recht. Nur, wie is et damit?» Sie machte die Geste des Geldzählens.

«Liegt auf dem Tisch, Frau Berger», sagte Toni beruhigend.

«Denn is et man jut, jeht in Ordnung. Tut mir leid. Also nischt für unjut. Nu laß ihn schon jehn, Karjer!»

Brummend trat der Mann zur Seite.

«Schade, hätte ihm zu jerne det Milchjesicht en bisken vaschoben, aber meinetwejen, nu hau schon ab!»

Als Toni endlich auf der Straße stand, war er wie benommen. War das Wirklichkeit oder ein böser Traum? Gab es tatsächlich so scheußliche Erlebnisse? Aber der Koffer in seiner Hand war ganz real, und plötzlich mußte er lachen.

Der Traum der letzten Nacht kam ihm in den Sinn: er war geflogen, aber nicht in einer Maschine, sondern wie ein Vogel fliegt. Also: «Flieg, Vogel, flieg!»

Da fühlte er sich angestoßen. Neben ihm stand ein Mädchen, das ihn aus hellen Augen anlachte.

«Fehlt Ihnen was, Herr Marsell? Sind Se krank? Sie träumen ja mit offenen Augen!»

Er sah auf die Sprecherin hinunter, die noch ein halbes Kind zu sein schien, und zuckte die Achseln.

«Warum meinst du, daß ich krank bin? Vielleicht bin ich krank, oder vielleicht bin ich erst jetzt gesund?! Ich weiß es nicht. Aber wieso interessiert dich das, Jungfer Naseweis, und woher kennst du meinen Namen?»

«Jungfer Naseweis, det is jemein. Das hat man davon, wenn man einem Menschen helfen will, dem man ansieht, daß es ihm nich jut jeht. Na, denn nich. Adieu denn. Sie sind, na was denn gleich, ach, Sie sind 'n komischer Retter.»

Die Kleine machte Miene, davonzulaufen. Toni hielt sie am Arm zurück. «Hiergebleiben, Jungfer Schmollenicht! Was sind denn das für Reden? Wie alt bist du denn eigentlich? Und woher du meinen Namen kennst, hast du auch noch nicht gesagt.»

«Au, Sie tun mir weh! Woll'n wa uns nich en bisken setzen? Ick hab Hunger, und kalt is et ooch. Drüben bei Mutter Rolle is et warm.»

Sie zeigte auf eine kleine Kneipe schräg gegenüber.

«Also los denn, zu Mutter Rolle. Aber dann wird Farbe bekannt, verstanden?!»

Die Wirtschaft war winzig klein und bestand nur aus einem einzigen Raum. Sie war sauber und gut gelüftet.

Toni ließ zweimal Fleischbrühe kommen und reichlich Brot und Käse. Er ließ es sich schmecken und freute sich am guten Appetit des Mädchens.

Als eine zweite Tasse Brühe vor ihnen stand, begann er das Mädchen auszufragen:

«Also, wie alt bis du? Mehr als sechzehn gebe ich dir nicht.»

«Falsch geraten, mein Herr. Achtzehn und ein halbes Jahr.»

«Ausgeschlossen, schwindle nicht. Damit kommst du bei mir nicht an.»

«Bitte!»

Auf den Tisch flatterte ein Personalausweis vom Bezirksamt Wedding: Beatrix Hagemann, wohnhaft bei den Eltern, am Wedding Nr. 19 usw. Tatsächlich, achtzehneinhalb Jahre war dieses Kind alt. Auf den Tag genau, kaum zu glauben.

«Donnerwetter, da muß man doch ‹Sie› sagen! Ich bitte um Entschuldigung.»

«Macht nichts», sagte die Kleine fröhlich. «Sie können ruhig ‹du› zu mir sagen, sind Se doch so wat wie mein zweiter Vater.»

Toni holte tief Luft. Das wurde ja immer verrückter. Was würde die Göre noch alles behaupten?

«Jetzt schnappen Se nach Luft wie'n Karpfen an Land. Jenauso hab ick det jemacht, damals, wie Se mich aus'm Wasser jezogen haben. In Wannsee. Wissen Se det nich mehr? Da sah ick aus wie dreizehn und war doch schon sechzehn. So . . .»

Mit einem Griff hatte sie das lockere Haar straff nach hinten gezogen und ein paar Strähnen in die Stirn hängen lassen.

Jetzt erinnerte sich Toni. Er war schwimmen gegangen mit B. B., Franz Baumann und noch etlichen Freunden. Tatsächlich, das war der «Fratz» von damals, der den Wasserball geklaut und die Dummheit beinahe mit dem Leben bezahlt hatte. Er hatte sie grad noch im letzten Moment erwischt.

Toni fuhr sich über die Augen. Mit dieser Erinnerung kam ihm wieder voll zu Bewußtsein, was er aufgegeben und verloren hatte. Das Mädchen beobachtete ihn gespannt und ängstlich. Hatte es etwas gesagt, was den jungen Mann beleidigt hatte?

«Stimmt et nich? Sind Se nich so wat wie mein zweiter Vater? Mein zweites Leben danke ich doch Ihnen.»

Da war nichts von Frechheit zu spüren, nur dankbare Erinnerung und die Bitte um Verständnis.

Toni lachte: «Also gut. Wenn unsere Beziehungen schon so alt sind, dann sollten wir sie nicht fallen lassen. Aber woher weißt du meinen Namen?»

«Na, det war ja nu wirklich keene jroße Sache. Hab Sie jesehen, Ihre Wirtin jefragt und die hat'n mir jesagt.»

«Hm. Keine große Leistung. Aber Beatrix, ein langer Name. Kann man den nicht abkürzen in Trix oder Trixi? Übrigens kannst du zu mir auch ‹du› sagen, bin ja nicht viel älter. Aber einen Gefallen mußt du mir tun, wenn wir Freunde werden wollen! Du mußt dir abgewöhnen, so arg zu berlinern. Das mag ich nämlich nicht!»

Sie schluckte: «Ick will mir jroße Mühe jeben.»

Jetzt lachten sie beide laut heraus, wie junge, fröhliche Menschen eben lachen können über einen guten Spaß.

Toni schaute auf die Uhr und erschrak. Hauptmann Gunter mußte er unbedingt noch erreichen. Aber der Koffer? Da kam ihm ein Gedanke.

«Trix, hör einmal, du könntest mir den ersten großen Gefallen tun. Hier in dem Koffer ist alles, was ich besitze. Jetzt habe ich einen dringenden Gang vor, bei dem es mir unangenehm wäre, mit einem Koffer zu erscheinen. Aber hierher zum Wedding komme ich nicht mehr zurück. Sei so gut . . ., ja, was ist denn los, warum heulst du denn?»

Trix hatte den Kopf auf die Arme gelegt und weinte hemmungslos. Endlich hob sie ihr tränennasses Gesicht und brachte unter stoßweisem Schluchzen hervor: «Ich, ich, ach nun gehst du fort von hier, und das . . . und das, wo wir uns gerade erst begegnet sind. Das, ach, das finde ich einfach niederträchtig.»

«Aber Trixi, kleine Trix!» Toni war sichtlich gerührt. Das sah ja beinahe aus, als liebe ihn die Kleine. «Was fällt dir denn ein. Ich gehe ja nicht fort von Berlin, nur umziehen muß ich nach der Greifswalder Straße. Das ist doch nicht aus der Welt. Nun wollte ich dich fragen, ob du mir heute abend den Koffer dahin bringen kannst. Das war alles.»

Das Mädchen strahlte.

«Klar, Toni, das mach ich. Welche Nummer? Und mit dem berlinern, das wird schon klappen!»

«Greifswalder Straße, bei Jordan. Aber jetzt muß ich machen, daß ich fortkomme. Höchste Zeit. Hier», er schob einen Schein über den Tisch, «bezahle, was wir verzehrt haben. Und dann, bis heute abend.»

Hauptmann Gunter wohnte ganz in der Nähe vom Savigny-Platz, dicht bei der Stadtbahn. Das war günstig. Kurz nach elf Uhr betrat Toni das Haus.

Ein älteres Mädchen ließ ihn eintreten und bedeutete ihm, daß der Herr nicht zu Hause sei, aber in Kürze erwartet werde. Ob er warten wolle?

Toni bejahte und wurde in den Salon geführt.

Erstaunt sah er sich um. Da war nichts von der Armut zu sehen, die Jordan vermutet hatte; alles war gediegen und wertvoll. Eine zweite Überraschung war Hauptmann Gunter selbst.

Das war kein vom Schicksal geschlagener Mann, der da mit elastischen Schritten auf Toni zukam.

Die alte Bekanntschaft wurde erneuert, und schließlich kam das Gespräch munter in Gang. Es war doch eine schöne und – im Gegensatz zu heute – unbeschwerte Zeit gewesen. Zwar hatte man oft den Boden unter den Füßen verloren (der Hauptmann lachte über seinen Witz); man flog, man lebte gefährlich, aber man war versorgt. Und heute? Na ja!

Übrigens, der Grund des unerwarteten Besuchs?

Toni war gut vorbereitet.

Er schilderte mit ungewohnter Beredsamkeit die Angelegenheit und war enttäuscht über das scheinbar geringe Echo.

«Papier ist geduldig», meinte der Hauptmann trocken, «aber wir werden sehen. Geben Sie mir die Telefonnummer.»

Toni reichte ihm eine der Karten, die er von Jordan erhalten hatte.

«Gut, nun entschuldigen Sie mich bitte. Ich bin für schnelle Entscheidungen. Hier, vertreiben Sie sich einstweilen die Zeit.» Toni nickte und nahm das Buch, das ihm der Hauptmann reichte. Es hieß «Gebrochene Schwingen» und erzählte von den Männern, die im Krieg als Flieger abgeschossen, abgestürzt oder sonstwie umgekommen waren. Da wurden die Helden aufgezählt – Immelmann, Boelke, Richthofen und viele andere, auch solche, die noch lebten. Toni vertiefte sich so sehr in die Vergangenheit, daß er nicht merkte, wie die Zeit verging. Er kam erst wieder zu sich, als ihm der Hauptmann auf die Schulter klopfte.

Seufzend legte Toni das Buch aus der Hand. Der Hauptmann lachte. «Da scheine ich ja das Richtige getroffen zu haben. Behalten Sie das Buch, ich schenke es Ihnen. Sie brauchen keine Gewissensbisse zu haben», setzte er hinzu, als Toni abwehren wollte, «ich habe noch ein Exemplar. Übrigens komme ich soeben von Ihrem Compagnon.»

«Von Bruno Jordan?» Toni fuhr auf. «Aber das ist doch gar nicht möglich, in so kurzer Zeit!»

«Geschwindigkeit ist keine Hexerei; zudem ist es ein Katzensprung zur Friedrichstraße. Also die Sache klappt. Wenigstens so weit, daß ich mich ohne Bedenken reinhängen kann. Die Papiere sind in Ordnung. Sie müssen entschuldigen, daß ich Ihnen mißtraut habe.»

«Haben Sie das? Warum denn?»

«Ich mißtraue heute grundsätzlich jedem, solange er mir nicht bewiesen hat, daß er kein Schweinehund ist. Reine Vorsichtsmaßnahme. Wir leben in einer Zeit, in der Denunziation, Spitzelei und Korruption zum täglichen Brot gehören.»

«Na, so schlimm ist es wohl nicht», meinte Toni, aber sein Mißtrauen gegen Jordan bekam wieder neue Nahrung. Nun, jetzt würde er ja bald Klarheit haben.

Er fand Jordan in höchst aufgeräumter Stimmung vor. So hatte er ihn noch nie erlebt.

«Du hast wirklich prompte Arbeit geleistet, Toni. Der Hauptmann ist ein Prachtskerl, mit dem kann man Pferde stehlen. Kein Wunder, daß der nicht auf der Nase liegt wie viele seinesgleichen. So einer geht nicht unter.»

Sonderbar, Toni fühlte keine Begeisterung. Irgend etwas schien da im Hintergrunde zu lauern wie ein sprungbereites böses Tier.

«Ich hoffe und wünsche nur, daß endlich einmal eine Sache zum Abschluß kommt, auf legale und seriöse Weise, versteht sich. Und was ist mit Major Braun?» fügte er hinzu, als er merkte, daß Jordan aufbrausen wollte.

«Hm, das hätte ich beinahe vergessen. Gunter ist gegen Braun. Der Mann könne nicht heraus aus seiner Haut und fühle sich heute noch wie der liebe Gott auf dem Kasernenhof. Er hat mir einen anderen Namen genannt und meint, den Mann solltest du auch kennen und ihn besuchen. Hier ist seine Adresse.»

Er reichte Toni einen Zettel. Oberst Viktor von Reich stand darauf. Ihn hatte Toni noch flüchtiger gekannt als Gunter. So äußerte er seine Bedenken:

«Ob das gut ist, möchte ich bezweifeln. Ich kenne den Mann kaum. Nur ganz vage kann ich mich an ihn erinnern, und außerdem ist er von Adel. Du weißt ja, wie man heute auf diese Leute reagiert.»

«Du hast doch immer Einwände, Toni. Das kann einem die Sache beinahe verleiden. Wenn Gunter meint, der Mann könne uns nützlich sein, hast du doch keinen Grund, das anzuzweifeln. Also sei kein Frosch und fahre morgen nach Grunewald. Ich rechne mit dir.»

«Nun denn, meinetwegen. Mehr als schiefgehen kann es ja nicht. Aber noch etwas. Kann ich heute abend bei dir einziehen? Ich habe Krach mit meiner Wirtin gehabt und bin kurzerhand abgehauen.» Jordan antwortete nicht sofort. Er schien überrascht und überlegte.

«Ich finde auch etwas anderes, wenn du dich anders besonnen hast», meinte Toni. «Zur Last fallen will ich dir nicht.»

«Dummes Zeug! Es kommt jetzt nur etwas plötzlich. Ich will eben mal anläuten, ob er ... Ach so, meine Schwester ist ja nicht mehr da. Du hast mich ganz durcheinander gebracht. Jetzt machen wir das so. Du fährst zu Reich und kommst anschließend wieder hierher. Inzwischen besorge ich dir den Wohnungsschlüssel. Einverstanden?»

Toni nickte. Es war alles reichlich undurchsichtig. Aber sein Widerstand war gebrochen. Er war müde, und außerdem dachte er an Trix, die er auf den Abend bestellt hatte. Und er freute sich auf sie.

Wie kann man nur so schändlich müde sein, dachte Toni, als er im Zug saß und nach Grunewald fuhr. Beim Mittagessen, das er mit Jordan eingenommen hatte, war kein rechtes Gespräch aufgekommen. Jordan hatte einen fahrigen Eindruck gemacht.

Ach, ich bin ein rechter Esel, schalt sich Toni. Warum nur konnte er nicht unbefangen dem Augenblick leben, warum immer kritteln und grübeln? Würde er denn niemals lernen, das Leben zu nehmen, wie es gerade kam, zu handeln wie andere Menschen auch, frisch, frei und unbekümmert nach dem Motto: «Wer wagt, gewinnt»?

Da war schon die Station Grunewald.

Wenig später stand er in der Schinkelstraße vor einem kleinen, weinumrankten Haus. Das Tor zum Vorgarten war verschlossen, und es dauerte einige Zeit, ehe ein alter Mann erschien. Sein gütiges Gesicht hatte einen fast kindlich unschuldigen Ausdruck, und seine wasserhellen Augen musterten den Besucher neugierig und ungeniert. Er schien aus einer anderen Welt zu kommen. Auch seine Stimme war schwach und farblos.

«Ich möchte Herrn Oberst von Reich sprechen.»

«Oh», kicherte der Alte, «der ist schon lange tot, aber wenn

Sie ihn sprechen wollen, kommen Sie nur herein, junger Herr. Er wird sich freuen über Ihren Besuch. Er ist einsam geworden, seit er tot ist.»

Toni erschrak. War der Alte verrückt? Am besten war es wohl, umzukehren. Während er noch unschlüssig zögerte, hatte der Alte das Tor geöffnet, und vom Haus her ertönte eine ungeduldige Stimme:

«Was redest du wieder für Unsinn, Jochen? Laß den Herrn eintreten und verschwinde.»

Der Alte legte die Finger auf die Lippen und flüsterte:

«Da ist er wieder. Aber verraten Sie mich nicht!» Dabei lachte er lautlos in sich hinein und ließ Toni eintreten. Der nickte und schritt auf dem schmalen Pfade, der sich zwischen Grasflächen dahinzog, dem Hause zu.

Ja, jetzt erinnerte er sich wieder an den Mann, der da in der Tür stand – unvergeßlich, wie er jeweils mit seinem schnittigen Einsitzer auf dem Platz in Borkwalde gelandet und mit elegantem Schwung aus der Maschine gesprungen war. Das hatte immer wie eine Bombe eingeschlagen, denn vom Kommandanten bis zum Bodenpersonal wußte jeder, was zu erwarten war, wenn Oberst von Reich zur Inspektion kam: sein scharfes Auge entdeckte auch die kleinsten Mängel, nichts entging ihm. Aber er hatte auch vorbehaltlos gelobt, wenn er zufrieden war.

Er hatte sich kaum verändert. Nur das Haar war silberweiß und die Gestalt noch ein wenig schmäler und sehniger geworden. Nun streckte er Toni lachend die Hand entgegen.

«Hat Sie mein alter Drache erschreckt? Die Ereignisse bei Kriegsende haben seinen armen Kopf verwirrt, aber er ist völlig harmlos. Als ich 1918 heimkam, rief ich aus: ‹Der Oberst ist tot, es lebe der freie Mann!› Nun erzählt er, wo immer er es anbringen kann, ich sei tot, aber ich empfinge gerne Besuche. Nichts für ungut. Und nun sagen Sie, was Sie zu mir führt.»

Er ließ sich hinter seinem Schreibtisch nieder und wies Toni einen Sessel an, schob ihm eine Schachtel Zigaretten zu und stopfte sich umständlich die Pfeife.

Ehe Toni sein Anliegen vorbringen konnte, fuhr der alte Herr fort: «Es kommt selten vor, daß sich ein junger Mensch zu mir verirrt. Sie sehen gut aus. Ja, ja, das Leben liegt noch vor Ihnen. Unsereiner ist abgetan, altes Eisen, zu nichts mehr zu gebrauchen. Jochen, schnüffle nicht an der Tür herum! Mach uns lieber einen anständigen Kaffee!»

Der Alte hatte offenbar an der Tür gehorcht und sollte durch den Auftrag entfernt werden.

«Das kann er nämlich», fuhr der Oberst fort. «Das Kaffeekochen meine ich, das ist seine Spezialität. Im übrigen glaubt er immer, er müsse mich beschützen. Ein Unikum! Aber nun heraus mit der Sprache. Ich weiß immer noch nicht, was Sie von mir wollen. Natürlich, wenn ich nur immerzu rede!!»

Er lachte dröhnend, und Toni stimmte ein.

«Zunächst, Herr Oberst, muß ich um Entschuldigung bitten, daß ich so formlos und eigentlich gegen meinen Willen bei Ihnen eingedrungen bin. Ich ...»

«Halt!» Der alte Herr hob abwehrend die Hand und machte ein verschmitztes Gesicht. «Erstens, der Oberst ist tot, das haben Sie ja bereits erfahren. Zweitens, Formen sind heute kaum noch gefragt, also förmeln Sie nicht, sondern sagen Sie gerade heraus, um was es geht. Geld? Is nich! Reicht gerade für mich und Jochen und dafür, die alte Bude zusammenzuhalten, damit es nicht hereinregnet. Also?»

Toni, teils amüsiert, teils beschämt, sagte schlicht:

«Es handelt sich um ein Geschäft ...»

«Oh», der Oberst paffte dicke Wolken aus seiner Pfeife, «ein Geschäft, das läßt sich hören.»

Toni beeilte sich, durch Hinweise auf Borkwalde und die gemeinsam verbrachte Zeit bei Hans Heimann eine Brücke zur Vergangenheit zu schlagen, was ihm offensichtlich gelang. Zuletzt erwähnte er noch die Teilnahme Hauptmann Gunters an dem fraglichen Geschäft – da war das Mißtrauen des alten Herrn überwunden und hatte einem echten Interesse Platz gemacht. Er bat Toni, seinem Compagnon auszurichten, daß er ihn morgen vormittag mit allen Unterlagen erwarte.

Toni atmete erleichtert auf. Auch das war gutgegangen. Jordan würde mit ihm zufrieden sein.

Trotz allem war ihm nicht wohl zumute. Als ihn der Oberst verabschiedete – er hatte ihm noch aus den Aufzeichnungen vorgelesen, an denen er gerade arbeitete –, hätte er eher heulen als lachen mögen.

Nur die Aussicht auf das Treffen mit Trix stand wie ein leuchtendes Sternchen im Hintergrund seiner unerklärlichen Traurigkeit.

Jordans Lob wollte kein Ende nehmen. Noch nie habe ein Mann so schnell, so erfolgreich und umsichtig gearbeitet, noch nie so eindeutig und uneigennützig sich in den Dienst einer guten Sache gestellt wie er, der Mitinhaber der Firma: Toni Marsell. Aber wenn alles klappe und unter Dach sei, dann werde Toni staunen.

Dieser staunte eher darüber, wie wenig beteiligt er sich an der Sache fühlte – als ginge ihn das alles gar nichts an. Mit gemischten Gefühlen nahm er den Schlüssel entgegen, den Jordan ihm reichte. Lieber hätte er ihn zurückgewiesen. Aber da war Trix und das Erlebnis vom Morgen.

Also dankte er für die Freundlichkeit Jordans, ihn aufnehmen zu wollen, und sagte:

«Nun möchte ich gehen. Es war ein turbulenter Tag, ich bin reichlich müde.»

Jordan lachte.

«Das kann ich mir denken. Du hast dich verdammt tapfer gehalten. Den Hausknochen hast du also, du kannst ihn behalten, solange es dir gefällt.»

## XVI

Als Toni auf der Straße stand, begann es bereits zu dunkeln. Schon verbreiteten die Laternen einen schwachen Schein, und die Menschen genossen, geruhsam schlendernd, den wohlverdienten Feierabend.

Toni fühlte den Schlüssel in seiner Tasche wie etwas Ungutes. Merkwürdig, sogar von diesem Stück Metall ging etwas aus, das ihn erschreckte. Er schalt sich albern und kindisch und wurde doch das Gefühl eines nahenden Unheils nicht los.

Hastig überquerte er den Alexanderplatz und erinnerte sich dabei flüchtig der Fahrt mit «Papa» zum Polizeipräsidium, damals, als er «umgetauft» worden war. Wie weit lag das zurück ... Er bog in die Greifswalder Straße ein – noch etwa hundert Häuser auf jeder Seite. Jordans Domizil lag ziemlich abseits.

Je weiter Toni sich vom Stadtkern entfernte, um so ruhiger wurde er. Es war, als fiele etwas von ihm ab; der Optimismus, der ihn trotz allem sein Leben lang begleitet hatte, brach sich langsam wieder Bahn.

Gleich mußte er am Ziel sein.

Da gewahrte er unter einer Laterne eine kleine Gestalt mit einem Koffer neben sich. Freude und Zärtlichkeit stiegen in ihm auf. Das Mädchen winkte, als es ihn erkannte, und er winkte zurück.

«Ich dachte schon, du kämst überhaupt nicht mehr», meinte die Kleine vorwurfsvoll, als sie sich die Hände reichten. «Es ist spät, und ich habe noch einen weiten Weg zurück.»

«Kannst du nicht bei mir bleiben heute nacht?» fragte Toni leise und zog Trix an sich.

Das Mädchen schaute zu ihm auf mit einem Blick, in dem sich Zweifel, Furcht, Verlangen und viele bange Fragen mischten: Mich willst du bei dir haben, mich, ein Kind aus den untersten Schichten? Willst du mich schänden und dann sitzenlassen in Angst und Elend? Viele täten das, aber von dir kann ich es nicht glauben. Mein Herz spricht anders und sehnt sich nach dir; ich möchte bei dir sein und dich nicht mehr verlassen.

«Kleine Trix», er strich ihr das wirre Haar aus der Stirn. Mitleid ergriff ihn, und als könne er ihre Gedanken lesen, bat er: «Komm nur mit mir, es geschieht dir ja nichts, und einsam sind wir alle beide.»

Aus der Einsamkeit wurde eine Zweisamkeit.

Beinahe ein halbes Jahr war vergangen, seit sich Toni und Trix das erstemal unter der Laterne getroffen hatten.

Jeden Tag außer sonntags erschien das Mädchen pünktlich um acht Uhr in der Greifswalder Straße, band sich eine weiße Schürze um und begann sein Tagwerk als Haushälterin von Bruno Jordan und Toni Marsell.

Für Toni und Trix war jeder dieser Tage ein Fest. Groß war der Lohn nicht, den Trix erhielt, aber groß war beider Liebe, und die Lebensführung war bescheiden.

Tonis Ängste begannen zu schwinden.

«Heiter erwarte dein Schicksal», dieser Ausspruch eines römischen Kaisers und Feldherrn kam ihm nun oft in den Sinn. Auch er erwartete in dieser erfreulichen Zeit sein Schicksal heiter und gelassen und wünschte nur, es möge lange so bleiben wie jetzt. So war es ihm nicht unlieb, daß Jordan immer öfter verlangte, er solle seine Arbeiten zu Hause erledigen, da das Büro für Konferenzen gebraucht werde und überhaupt zu klein sei.

Die Zeit verging. Die Liebe zu der kleinen Beatrix hielt Toni gefangen. Sie gab sich alle Mühe, ihm zu gefallen. Jeden freien Augenblick benutzte sie zur Weiterbildung; sie fragte, lernte, las und versuchte ihren Horizont zu erweitern. Und sie war eine gelehrige Schülerin. So lebten die beiden wie auf einer Insel und merkten nicht, daß sich ihr Liebeshimmel zu trüben begann.

Das erste Zeichen kam von Jordan. Er erschien an einem Abend früher als gewohnt und überraschte Toni und seine kleine Freundin, als sie eng umschlungen vor einem Buch saßen und lasen. Sie waren so vertieft in den Stoff, daß sie Jordans Kommen überhörten und erst aufschreckten, als dieser, jede Selbstbeherrschung verlierend, eine Flut von Schimpfworten über sie ergoß: Hurenbeutel nannte er Toni, und das Mädchen eine hergelaufene Weddingschlampe. Trix klammerte sich an Toni, der diesen Zornausbruch ebensowenig verstand wie sie. Zärtlich zog er sie an sich und sagte zu Jordan:

«Wenn du nicht augenblicklich aufhörst zu schimpfen, Bruno, ist es aus zwischen uns. Du hast kein Recht, uns so zu behandeln. Weder Trix noch ich haben unsere Pflicht versäumt. Was wir privat tun, geht dich nichts an. Ich bringe sie jetzt zur Bahn. Wir sprechen uns nachher.»

Toni hatte ohne alle Erregung, aber mit großer Bestimmtheit gesprochen. Er wunderte sich über sich selbst. Noch mehr erstaunte ihn die Wirkung, die seine Worte auf Jordan hatten.

Nachdem der Mann noch einen Stuhl krachend auf den Boden gestoßen hatte, sank er in den Sessel vor dem Schreibtisch. Er schlug nun die Hände vor das Gesicht und machte einen jämmerlichen Eindruck.

«Geh nur, bring deine Liebste weg. Bis bald.»

Das war höhnisch gemeint, aber es klang eher verzweifelt und hoffnungslos.

Wortlos verließen Toni und Trix das Zimmer.

Draußen war es mit der Selbstbeherrschung des Mädchens vorbei. Es weinte hemmungslos, und die mageren Arme umklammerten Toni, als gelte es bereits einen Abschied für immer.

Toni war sich bewußt, daß er nicht weich werden durfte. Deshalb sagte er zu Trix ebenso bestimmt wie vorhin zu Jordan:

«Wenn du jetzt auch noch unvernünftig bist, dann habe ich zwei von der Sorte auf dem Hals. Ein wenig viel, wie du zugeben wirst. Vielleicht liebt er dich heimlich und gönnt dich mir nicht. So etwas soll doch vorkommen. Nun, ich werde die Sache schon klären und in Ordnung bringen.»

Trix hob ihr tränennasses Gesicht zu ihm empor; seine Augen blickten sie besorgt und liebevoll an – offenbar scherzte er nicht. Da lachte sie unter Tränen laut auf: «Dein Jordan und mich lieben! Eher geht die Welt unter. Der liebt nur Geschäft und Geld. Wirklich, ich wünschte dir einen besseren Teilhaber. Du kannst es ihm ruhig sagen. Wenn er dich noch lange so ausbeutet wie bisher und dir dann nicht mal so'n Scheusal gönnt, wie ich eins bin, dann ... ja dann bekommt er es mit mir zu tun!»

Jetzt war es an Toni zu lachen.

«Geliebtes kleines Scheusal», sagte er und küßte das verweinte, magere Gesicht, «jetzt gefällst du mir wieder. Aber nun los. Du mußt heim, und der da drinnen macht womöglich noch Dummheiten.»

Nachdem Trix weggefahren war, setzte sich Toni in Trab. Ihm war beklommen zumute. Was würde ihn erwarten?

Rasch trug ihn der Lift nach oben.

Jordan saß noch immer vor dem Schreibtisch, ganz versunken in den Anblick von Schriftstücken, die in einem Haufen vor ihm lagen. Toni wollte sich leise wieder entfernen, doch ehe er die Tür hinter sich zuziehen konnte, schaute Jordan auf. Mit heiserer Stimme rief er: «Lauf nur nicht davon. Hast ja selber gesagt, wir sprechen uns noch. Also, reden wir!»

Toni zog einen Stuhl heran und setzte sich.

Vor Jordan lagen Zeichnungen, Bilder, Photos, zum Teil beschrieben, teils ohne Beschriftung. Sie schienen ihn ungeheuer zu fesseln. Endlich erinnerte er sich, daß er nicht allein war. Er sah Toni an und sagte: «Du liebst das Mädchen.»

Es klang böse, lauernd, drohend. Toni war auf der Hut. Um seinen Partner nicht zu reizen, zögerte er, als müsse er sich erst besinnen.

«Ja, das ist schwer zu sagen. Ich habe Trix gern, sehr gern sogar. Aber wir sind ja beide noch viel zu jung, um zu wissen, ob das bereits die große Liebe ist. Aber wieso interessiert dich das? Haben wir nicht jeder unser privates Leben, in das keiner hineinzureden hat? Habe ich dich je nach dem deinen gefragt?»

«Und seit wann liebst du das Mädchen?»

«Was meinst du damit, Bruno?»

Jordan beugte sich weit über den Tisch. Sein Blick wurde bohrend.

«Du erinnerst dich noch an unser Treffen in der kleinen Kneipe am Tiergarten?»

«Natürlich.»

«Und kurz vorher, wo warst du da?»

«Na, in der Gegend natürlich, wo denn sonst? Wie du weißt, regnete es ziemlich heftig, und es wehte ein scheußlicher Wind. Da war mir die Lust am Spazierengehen vergangen, und Hunger hatte ich auch. Also landete ich in der kleinen Kaschemme. Ist das so absonderlich?»

Jordan grinste, was sein sonst nicht unsympathisches Gesicht in eine häßliche Maske verwandelte.

«Hm. Vielleicht war es nicht nur der Appetit auf Salat und Boulette, sondern etwas anderes? Stand da nicht ein Herr mit in die Stirne gezogenem Hut, die Hände in den Taschen des Mantels vergraben, vor einem gewissen Haus, an dem viele blanke Messingschilder glänzen? Und starrte dieser Herr nicht auf die erleuchteten Fenster, als sei er hypnotisiert?»

Toni fiel es wie Schuppen von den Augen. Darum also, deshalb war er «der Mann», den Jordan «gesucht hatte»?! Ihn graute. Jetzt sich nur keine Blöße geben, der Aggression Unbefangenheit und Harmlosigkeit entgegensetzen:

«Warum soll ich nicht vor einem Haus stehen dürfen mit Messingschildern und erleuchteten Fenstern? Ist das verboten? ... Hör mal, Bruno, ich finde deine Fragerei lächerlich oder eigentlich unverschämt. Was hast denn du dort gewollt? Aber nun sag schon endlich, was soll das Verhör; denn das ist es doch?»

Jordan ließ die Maske fallen. Seine Stimme wurde schrill.

«Tu doch nicht so scheinheilig, du lebst doch nicht hinter dem Mond. Du bist ein Schwuler, genau wie alle anderen, die dort ein- und ausgehen. Gib's nur zu und lach nicht so blöd!»

In der Tat, Toni hatte laut aufgelacht bei diesen Worten: da war sie wieder, die Bestätigung seiner männlichen Komponente!!

Jordan fuhr fort:

«Habe ich nicht recht? Suchtest du nicht ein Abenteuer und warst froh, als ich dich ansprach in der Kaschemme?»

Toni zwang sich zur Ruhe. So als spräche er von einem Fremden, berichtete er Bruno vom Mißerfolg in seinem technischen Studium, vom bohrenden Bewußtsein, ein Versager zu sein, das ihn bis zu Selbstmordgedanken getrieben hatte, vom materiellen Abstieg. Und an jenem Abend war die Verzweiflung besonders groß und quälend gewesen, die Sehnsucht nach Geborgenheit hatte ihn ergriffen: «Ich ...»

Toni konnte nicht weitersprechen, denn Jordan unterbrach ihn brüsk:

«Also doch! Habe ich doch recht mit meiner Vermutung. Wie kannst du von Geborgenheit reden in diesem Hause, wenn du nicht einer von denen bist? Rede mir doch nichts ein und spiele nicht Theater!»

Toni wehrte ab. Am liebsten hätte er das Gespräch abgebrochen. Doch das ging nicht an, das wäre eine halbe Sache gewesen. So sprach er, wenn auch widerstrebend, weiter:

«Zwar fühle ich mich nicht verpflichtet, dir Rechenschaft zu geben, doch damit du kein falsches Bild von mir bekommst, will ich es tun.

Ich war über längere Zeit Mitarbeiter im Institut für Sexualwissenschaft. Meine Aufgabe war, das ungeheure Material im Archiv, die vielen Schriftstücke, Fragebogen, Briefe, und was da alles anfällt, zu sichten und zu ordnen. Es war nicht immer leicht, aber es war eine reiche und schöne Zeit, und ich war töricht genug, das alles einer Illusion wegen aufzugeben.

Die Gründe, die zu dieser Mitarbeit führten, sind meine Privatsache. Darüber will ich nicht sprechen. Nur eines möchte ich dir noch sagen. Es ist mir völlig unmöglich, einen Mann zu lieben, so wie du dir das vorstellst, wie das so im üblichen Sinne aufgefaßt wird. Ich hoffe, daß dir das genügt, daß du mich verstehst. Wenn nicht, ja dann ... müßte ich die Konsequenzen ziehen.»

Der andere war bleich geworden. Offenbar hatte Tonis ernster Ton seine Wirkung nicht verfehlt. Jordan schien einzusehen, daß er Toni nicht für sich gewinnen konnte.

Er saß zusammengesunken in seinem Sessel. Mit einer müden Bewegung schob er Toni das Bündel Papiere zu.

«Sieh dir das an», sagte er, «vielleicht hast du dann doch ein wenig Mitleid mit mir.»

Zögernd griff Toni zu. Nur so konnte er hinter das Geheimnis dieses merkwürdigen Verhaltens kommen.

Auf jedem Zettel klebte eine Photographie; darunter stand lakonisch: «Verlassen dann und dann».

Gespannt beobachtete Jordan sein Gegenüber.

«Nun wirst du schlecht von mir denken, und ich kann es nicht einmal ändern. Warum mich die Jungen immer so schnell verlassen haben? Ich weiß es nicht. Der letzte, Egon – du hast sein Bild gerade in der Hand –, war fast ein Jahr bei mir. Dann war es auch ihm verleidet. Sie können dann nicht schnell genug wegkommen. Warum bloß? Es ist mir ein Rätsel.»

Toni sah auf das Blatt in seiner Hand. Es war ein hübsches, offenes junges Gesicht, das ihn da anschaute, ein Jünglingsgesicht, wie es Tausende junger Männer haben; ein unbefangener Betrachter hätte da kaum sofort auf eine besondere Veranlagung schließen können.

Beim Lesen des Datums, das auch hier vermerkt war, stutzte er. Am gleichen Tag war er selber bei Jordan eingezogen. Jetzt wurde ihm klar, daß die «Schwester» ein junger Mann namens Egon gewesen war.

Toni fühlte sich hintergangen und wollte eine Frage stellen. Da sah er, daß Jordan sich veränderte. Die Augen schlossen sich, die Lippen verfärbten sich bläulich. Mit einem schrillen Schrei glitt der Mann zu Boden, wo er verkrampft liegenblieb.

Der epileptische Anfall dauerte kaum eine Minute. Toni hatte im Institut schon ähnliche Situationen erlebt. Er wußte, daß die Anfälle meist rasch vergehen und die Betroffenen sich später selten daran erinnern können. So wunderte er sich nicht, als Jordan sich aufrichtete und tat, als suche er etwas auf dem Boden.

Toni begriff nun auch, weshalb Jordans Freunde ihn jeweils so plötzlich verlassen hatten. Wer sich mit epileptischen Anfällen nicht auskannte, würde kaum den Mut haben, auszuharren und sich dem Schrecken weiterer Attacken auszusetzen.

Nur zu gern hätte Toni Jordan seine Erfahrungen mitgeteilt, aber er wagte es nicht. Das hätte einen neuen Anfall auslösen können – er durfte nicht provozieren. Er konnte Jordan nur helfen, wenn er ihn dazu brachte, Dr. Hirschfeld aufzusuchen und sich ihm restlos anzuvertrauen.

Gerade wollte er diesen Vorschlag anbringen, als Jordan, der ihn aufmerksam fixiert hatte, fragte: «Also gibst du zu, daß du auch zu denen gehörst, deren Gesichter du so aufmerksam studierst? Sie müßten dich doch anekeln, wenn's nicht so wäre.»

Tatsächlich hielt Toni noch immer das Bild von Egon in der Hand, aber nicht wegen des Jünglingsantlitzes, sondern vielmehr wegen des Datums, das Jordan dazu geschrieben hatte. Trotz seines Mitleids fühlte sich Toni in eine Falle gelockt, das mußte und wollte er aussprechen, schon um etwaigen Gelüsten seines Partners vorzubeugen. Hier mußte ein für allemal Klarheit geschaffen werden.

«Ich muß noch einmal wiederholen, daß du im Irrtum bist. Ich gehöre nicht zu ‹denen›, wie du sie zu nennen beliebst. Und anekeln? Ich möchte dich fragen, wer das Recht hat, einen Mitmenschen ekelhaft zu finden, nur weil die Natur ihn anders ausgestattet hat als die Mehrzahl der Leute? Das ist wahrhaftig das letzte, was mir einfallen würde. Nein, Bruno, was mich interessiert, ist allein das Datum, das hier neben dem jungen Egon steht. Es stimmt nämlich genau mit dem Tage überein, an dem ich hier eingezogen bin. Hast du etwa gedacht, du hättest in mir einen geeigneten Ersatz gefunden?»

Dieser Frage folgte ein Schweigen, das mehr besagte

als Worte. Erst nach einiger Zeit hob Jordan den Kopf und sagte:

«Es war eine Dummheit von mir, dir das Bild von Egon in die Hand zu geben. Aber da du nun schon fragst: ja, das habe ich gedacht, ich war sogar fest überzeugt davon.»

Wiederum Stille. Doch Toni ließ sich nicht beirren. Er mußte den Finger weiter auf die Wunde legen, wenn seine Partnerschaft mit Jordan nicht plötzlich und häßlich enden sollte.

Deshalb sage er ernst: «Du warst überzeugt? Darf ich fragen, was dir den Anlaß zu dieser Überzeugung gegeben hat? Ich habe doch bestimmt nichts dazu getan.»

«Ganz einfach. Ich liebe dich.»

«Hm, an sich hört das jeder gern. Nur habe ich nie etwas davon gemerkt. Jedenfalls hast du deine Empfindungen gut zu verbergen gewußt. Und ich ... es tut mir leid, aber ich kann solche Gefühle für dich leider nicht aufbringen.»

«Das ist gemein!»

«Gemein? Das ist doch wohl nicht der richtige Ausdruck. Bitte, nenne mir einen einzigen Punkt, der dich hätte veranlassen können, mich so zu sehen, wie du mich anscheinend gesehen hast und vielleicht auch heute noch siehst?»

«Nun, hast du nicht alle untergeordnete Arbeit auf dich genommen? Hast du dich nicht immer wieder vertrösten lassen und dein Geld zugebuttert? Hattest du das nötig, wenn ...? Ach, was bin ich doch für ein alter Esel gewesen!»

«Selbsterkenntnis ist der erste Schritt zur Besserung», meinte Toni trocken. «Übrigens gibt es auch ein schönes Sprichwort vom Esel: Es gibt keine weißen Lämmer, es gibt keine schwarzen Schafe, wir sind alle graue Esel. Ich gehöre auch dazu.

Aber nun gute Nacht, Bruno. Es ist schon spät, und morgen ist auch noch ein Tag.»

An diesem Abend hielt es Toni zum erstenmal für notwendig, den Riegel an seiner Zimmertür vorzuschieben.

Am nächsten Morgen erwachte Toni durch einen lauten Knall. Erschrocken fuhr er auf. Sollte Jordan etwa eine Dummheit gemacht haben? Er trat ans Fenster. Als er den

Vorhang zurückschob, sah er Jordan eilends über die Straße laufen. Erleichtert atmete er auf. Wahrscheinlich hatte ihn das Zuschlagen der Flurtür aus dem Schlafe geweckt. Vielleicht hatte Jordan etwas Schriftliches hinterlassen? Auf dem Schreibtisch im Nebenzimmer lag ein Zettel, eilig hingeworfen die Schrift, kaum leserlich:

«Du kannst bleiben oder gehen, wie es Dir beliebt. Nur sollten wir uns so wenig wie möglich begegnen. Ich werde Dir Arbeit mitbringen und wieder mit zurücknehmen. Das heißt, wenn Du Dich entschließt zu bleiben.»

Und Toni entschloß sich zu bleiben. Denn da war Trix, und da gab es noch einen Nachsatz: «Wenn das große Geschäft abgewickelt ist, trennen wir uns sowieso. Ich gehe dann nach Übersee.»

Also würde die Trennung eine ganz natürliche sein, das war immer besser als ein Gewaltakt.

Zunächst schien es, als bliebe alles beim alten. Das Leben lief in den gewohnten Bahnen. Nach wie vor trat Beatrix allmorgendlich ihr Amt als Hausfrau an. Auf ihre bange Frage, wie der schreckliche Abend noch verlaufen sei, hatte Toni geantwortet, Jordan sei betrunken gewesen und habe nicht mehr gewußt, was er sagte und tat. Nun sei alles wieder in Ordnung.

Nur zu gern ließ das Mädchen sich beruhigen und fragte nicht weiter.

Inzwischen wurde Berlin immer unruhiger. Die politischen Spannungen wuchsen und drängten nach Entladung. An verschiedenen Stellen der Stadt war es zu Schießereien gekommen, besonders im Norden und Osten.

Schon mehrmals hatte Toni seine kleine Freundin nur ungern allein nach Hause gehen lassen. Aber sie lachte ihn aus. Was sollte ihr denn geschehen? War sie doch ein Proletarierkind und in keiner Weise verdächtig.

Es kam jetzt öfter vor, daß die Fahrverbindungen unterbrochen waren und Trix zu Fuß heimgehen mußte. Dann ließ Toni es sich nicht nehmen, sie zu begleiten, zumindest über den Alexanderplatz, wo es zur Zeit am gefährlichsten war.

So auch heute.

Sie standen am Fenster; es war die Zeit, da Trix gehen mußte. Zusammen schauten sie in den Abendhimmel, der sich allmählich zu röten begann. Oft und gern betrachteten sie dieses Schauspiel, warteten jeweils, bis die ganze Farbenskala durchlaufen war, und erst, wenn das Grau zu überwiegen begann, trennten sie sich.

Heute kamen sie nicht zum gewohnten Genuß. Unruhe lag in der Luft, man hörte vereinzelte Schüsse, dann war es wieder still.

«Das geht nun schon seit Tagen so», meinte Trix, «das ist man bald gewohnt, man würde sich wundern, wenn's anders wäre.»

«Und trotzdem bist du immer wieder gekommen?!» Toni drückte den mageren Arm fester an sich. Das Mädchen schaute zu ihm auf mit einem Blick, in dem alle Liebe und Zärtlichkeit enthalten war, die ein Mensch zu geben imstande ist.

«Ich wollte dich doch nicht im Stich lassen, Toni. Wer weiß, wie lange wir noch beieinander sein können.»

«So darfst du nicht reden, Trix. Du weißt doch, was du mir bist, und ich werde dich nie verlassen. Aber nun komm. Es scheint wieder ruhig zu sein.»

Arm in Arm, im glücklichen Bewußtsein gegenseitigen Einvernehmens, eilten sie die Straße hinab.

In der Neuen Königstraße, kurz vor dem Alexanderplatz, sahen sie sich plötzlich einer schreienden, fliehenden Menschenmenge gegenüber. Wieder knallten Schüsse, und hinter der Menge drängte berittene Polizei.

«Komm schnell!»

Toni deutete auf ein offenes Tor, in das sich schon einige Flüchtende gerettet hatten. Beinahe hatten sie es erreicht, als das Geknatter heftiger wurde. Plötzlich schrie Trix auf und preßte die Hand auf die Brust. «Ich bin getroffen», rief sie, und ein Blutstrom entquoll ihrem Munde. Rasch hob Toni die kleine Gestalt auf und trug sie in den Schutz der Mauer. Schwer lehnte der Kopf des Mädchens an seiner Brust. Die Menge machte schweigend Platz.

«Das war die Polizei», schrie einer und ballte die Faust, «diese Schufte!»

«Nein», plötzlich war ein Arzt zur Stelle, der die Brust des Mädchens untersuchte. «Nein», er hob das bleiche Gesicht der Verletzten zu dem Manne hin und zeigte das Geschoß, das in seiner Hand lag. «Das ist nicht von der Polizei. Das ist Dum-Dum, die Spitze ist abgefeilt. Das kam von anderer Hand.»

Schweigend starrten die Menschen auf den Leichnam, und der Schreier schlich verlegen davon.

Auf der Straße war es wieder ruhig geworden. Die Polizei forderte die Menge auf, nach Hause zu gehen, und die Menschen verliefen sich. Um Toni, die Tote und den Arzt wurde es still. Toni war wie gelähmt. Alles hatte sich so schnell abgespielt. Er konnte sich nicht trennen von dem leblosen Antlitz, das ihm so viel bedeutet hatte.

«Wer weiß, wie lange wir noch beisammen sein können», hatte sie gesagt – ob sie geahnt hatte, was ihr bevorstand?

Toni schlug die Hände vor das Gesicht. Ein Seufzer entrang sich seiner Brust, und krampfhaftes Schluchzen erschütterte seinen Körper.

Der Arzt wurde aufmerksam. Teilnehmend trat er zu Toni und legte den Arm um seine Schulter.

«Eine Verwandte von Ihnen, oder die . . . Freundin?»

Toni nickte. «Ich wollte sie heimbegleiten, weil's doch so gefährlich ist.»

Wieder schüttelte ihn das Schluchzen.

«Ja», bestätigte der Arzt, «heutzutage ist es gefährlich in den Straßen. Nun hat der armen Kleinen Ihr Schutz doch nichts genützt. Geben Sie mir Ihre Personalien für die Polizei. Und dann gehen Sie nur, ich besorge alles übrige. Hier haben Sie meine Adresse, falls Sie mich brauchen. Und machen Sie keine Dummheiten, Herr Marsell», setzte er hinzu, als Toni ihn abwesend anstarrte und seinen Ausweis wieder in die Tasche gleiten ließ. «Sie müssen tapfer sein, das sind Sie Ihrer kleinen Freundin schuldig.»

Damit schob er Toni sanft auf die Straße und winkte den nächsten Polizeiposten heran.

## XVII

Toni lebte wie in einem Traumzustand. Das Jahr 1923 grub sich unauslöschlich in seine Seele. Mit dem Tod von Trix war ihm eine Welt zerbrochen, in der er sich getragen und geborgen gefühlt hatte, in der er einem anderen Menschen Halt und Stütze hatte sein und damit seinem eigenen Dasein und Sosein einen beglückenden Inhalt hatte geben dürfen. Er konnte den Sinn dieses brutalen Schicksalsschlages nicht verstehen und fühlte sich, wie schon so oft in seinem Leben, entwurzelt und auf sich selbst zurückgeworfen.

Unzählige Male fragte er sich, ob ihn eine Schuld oder ein Versäumnis treffe, konnte aber keinen Grund für ein solche Annahme finden.

Mechanisch bewältigte er die Aufgaben, die Jordan heimbrachte, mechanisch hielt er den kleinen Hausstand in Ordnung, so gut er es vermochte. Alles erinnerte ihn an Trix, die Wunde brach immer von neuem auf.

War alles getan, trieb es ihn fort.

So wechselten Lethargie und Unrast einander ab, während in Berlin wieder Ruhe und die tägliche Hast eingekehrt waren. Die Empörung über die Dum-Dum-Geschosse der Aufständischen hatte die Beerdigung von Beatrix Hagemann zu einer Protestkundgebung anwachsen lassen, die unter Polizeischutz gestellt werden mußte. Die Zeitungen hatten das Ereignis in großer Aufmachung gebracht.

Doch Toni war wohl der einzige, den der Schmerz des Verlustes, des Unwiderbringlichen in seinem ganzen Ausmaß getroffen hatte. Lange hatte er noch am Grabe verweilt, nachdem die Menge sich zerstreut hatte und die wenigen Angehörigen zum Leichenschmaus gegangen waren. Da war Jordan, den er bisher nicht bemerkt hatte, auf ihn zugetreten und hatte ihm wortlos die Hand gedrückt. In dieser Geste lag etwas, das Toni rührte und ihn in seinem Entschluß, alles aufzugeben, wankend machte.

Jordan blieb damals an seiner Seite. Gemeinsam verließen sie den Friedhof und schlugen wie selbstverständlich den Weg zum Büro in der Friedrichstraße ein.

Erstaunt sah sich Toni um. Hier hatte ein gewisser Luxus Einzug gehalten. Als er in den breiten Ledersessel sank, den ihm Jordan zugewiesen, blickte er seinen Partner fragend an. Jordan antwortete mit einer Erklärung, die beinahe wie eine Entschuldigung klang:

«Reich und Gunter waren der Ansicht, eine anständige Einrichtung gehöre zu Verhandlungen mit Behörden, besonders mit ausländischen. Also, bitte, beschafft sie, wenn ihr meint, habe ich ihnen gesagt. Und das taten sie dann auch. Aber für mich ist viel wichtiger, ob du bleibst, Toni? Oder hast du andere Pläne?»

Toni antwortete nicht sofort. Trotz seiner Trauer war er hellhörig und glaubte, in der Frage seines Partners einen lauernden Unterton zu vernehmen. Aber er wollte nicht mißtrauisch sein, besonders nicht an diesem Tage.

So bekämpfte er die aufkommenden Zweifel und sagte:

«Es wird mir nicht leichtfallen, dort zu bleiben, wo Trix aus und ein gegangen ist. Aber wenn du willst, bleibe ich.»

«Gut», sagte sein Gegenüber nur und hüllte sich in eine dichte Wolke von Tabakrauch, «ich bin einverstanden.»

Damit war die Sache entschieden; Toni hatte das Gefühl, als sei Jordan erleichtert. Vielleicht fühlte sich der Mann durch seine Anwesenheit gegen neue Abenteuer gefeit.

So kam es, daß Toni in der Greifswalder Straße wohnen blieb und zusätzlich zu seiner Arbeit für Jordan auch noch die Aufgaben übernahm, die Trix einst verrichtet hatte. Wenn er sich nach dem großen Geschäft erkundigte, antwortete Jordan stets ausweichend, kleine Dinge seien bereits geschehen, auf die großen warte er selber auch ungeduldig. Ob die «kleinen Dinge» nicht auch einen kleinen Gewinn abwürfen, forschte Toni weiter. Zu wenig, das lohne sich nicht, war die Antwort, und Toni tappte weiterhin im dunkeln.

Doch das änderte sich bald. Eines Morgens wurde Toni wie ein gewöhnlicher Übeltäter – verhaftet! Als er auf die Straße trat, um Brot einzukaufen, legte sich eine Hand auf seine Schulter, und eine fremde Stimme sagte:

«Machen Sie kein Aufsehen und kommen Sie mit. Dort drüben steht mein Wagen.»

Jeder Widerstand wäre zwecklos gewesen. Toni dachte auch gar nicht an so etwas. Er war weniger erschrocken als erstaunt, ja sogar ein wenig belustigt. Was einem doch so alles passieren konnte im Leben! Also trabte er folgsam dem Wagen zu. Hinter dem Steuer saß ein junger Mann, der flüchtig grüßte, sonst aber keine Notiz von ihm nahm.

In rascher Fahrt ging es voran. Kurz vor dem Alexanderplatz passierten sie die Stelle, an der Trix verunglückt war. Hier war es geschehen – Tonis Herz krampfte sich in wildem Schmerz zusammen. Nur mit Mühe konnte er die Tränen zurückhalten.

Spittelmarkt, Leipziger Straße; kurz hinter Wertheim bog der Fahrer rechts ab und hielt vor einem großen, grauen Gebäude am Leipziger Platz.

Auf Anweisung des Begleiters stieg Toni aus, während der Wagen weiterrollte und in einer Toreinfahrt verschwand. Toni stand vor einem großen Messingschild: «Ermittlungsamt – Kriminalabteilung». Was man da nur von ihm wollte?

Er erfuhr es, als er dem verhörenden Beamten gegenübersaß und dieser ihn fragte, wie es dazu habe kommen können, daß er in eine so üble Schieberaffäre, Waffenhandel, verwickelt sei?

Da fiel es ihm wie Schuppen von den Augen. Deshalb also Jordans ausweichende Antworten ...

Der Beamte fragte und fragte. Toni wurde ganz verwirrt und bat schließlich, man möge ihn die Angelegenheit schildern lassen, wie sie sich zugetragen habe.

Die Bitte wurde ihm gewährt. Sachlich und ohne jede Beschönigung berichtete Toni nun von seiner Bekanntschaft mit Jordan, von seinem Wunsch, nach dem gescheiterten Studium Geld zu verdienen. Alles kam zur Sprache, seine Tätigkeit im Büro, der große Auftrag der Waffenlieferung für die Weißrussen, seine Überzeugung, die Papiere seien in Ordnung und die Sache legal. Als er schwieg, fragte der Beamte, ob er auch nichts vergessen habe.

Er verneinte; denn auch seine Vermittlertätigkeit zwischen Jordan, Gunter und Reich hatte er erwähnt. Er war überzeugt, alles gesagt zu haben.

«Und wie steht es mit Ihrer Beteiligung an dem Geschäft respektive mit Ihrer Abfindung? Das, Herr Marsell, haben Sie doch wohl vergessen?!»

Der Beamte sah Toni durchdringend an. Aber dessen Verblüffung war so echt, daß der Blick milder wurde. «Na also, schießen Sie los», sagte der Mann und zündete sich eine Zigarette an. Toni antwortete wahrheitsgemäß, Jordan habe ihn immer nur vertröstet und versprochen, wenn das große Geschäft unter Dach sei, würde er seinen Partner großzügig abfinden.

Bis jetzt habe er, Toni, nur geopfert – Arbeitskraft, Zeit und Geld –, aber nichts erhalten. Allerdings, das sei vielleicht noch wichtig, seit etwa acht Monaten könne er in Jordans Wohnung umsonst hausen. Das sei aber auch alles, und dafür besorge er auch noch den Haushalt.

Der Beamte machte ein nachdenkliches Gesicht. Unter Umständen müßten die Aussagen unter Eid genommen werden, meinte er.

Toni nickte und erwiderte, er sehe keinen Grund, einen Eid zu verweigern, falls er notwendig sein sollte.

Er mußte nun das Protokoll, das ihm vorgelesen wurde, unterschreiben.

«Eigentlich», sagte der Beamte, «müßte ich Sie hier in Gewahrsam behalten. Aber ich will Ihnen das ersparen. Gehen Sie jetzt nach Hause und verlassen Sie die Wohnung nicht. Morgen früh, pünktlich um neun Uhr, erwarte ich Sie hier.

Versuchen Sie nicht, mit irgend jemand Verbindung aufzunehmen, weder mündlich noch schriftlich. Telefonieren Sie auch nicht. Nehmen Sie den Hörer nicht ab, wenn man Sie anruft, und lassen Sie auch die Hausglocke unbeachtet. Kann ich mich auf Sie verlassen?»

«Unbedingt, Herr Kommissar. Ich werde alles befolgen und morgen pünktlich zur Stelle sein.»

«Also, dann gehen Sie. Bis morgen.»

Der Mann nickte ihm zu und blätterte wieder in seinen Akten. Toni deutete eine Verbeugung an und beeilte sich, den Raum zu verlassen.

Die widerstreitendsten Gefühle beherrschten den geprellten jungen Mann. Er nahm den Weg durch die Friedrichstraße. Vor dem Schild «Jordan und Co.» blieb er stehen. Nachdenklich betrachtete er die Buchstaben, die in ihrem metallenen Glanz höhnisch zu funkeln schienen. Am liebsten wäre er hinaufgegangen, um seinem Partner gehörig die Meinung zu sagen. Aber das war ihm ja nicht erlaubt. Und außerdem . . . Jordan war wahrscheinlich längst verhaftet.

Also schritt Toni weiter. Seine Gedanken waren jetzt klar und scharf. Die anfängliche Verwirrung hatte sich in ehrlichen

Zorn gewandelt. Hatte Jordan wirklich Geschäfte gemacht, ohne ihn zu beteiligen? Kaum zu glauben!

Ohne anzuhalten, lief er in die Greifswalder Straße. Nur an dem Tor, das heute geschlossen war, hielt er einen Augenblick inne. «Kleine Trix, du hast es überstanden!» Fragen stiegen wieder in ihm auf: woher, wozu, wohin? Mit Bert hatte er einmal darüber gesprochen, aber nur flüchtig; und jetzt war niemand da, der ihm Antwort hätte geben können.

Er verspürte Hunger. Brot würde er doch kaufen dürfen? Ein paar Wecken und ein kleines Brot waren rasch erstanden.

Die Tüte unter dem Arm, betrat er seine Wohnung – nein, Jordans Wohnung. Wie lange noch? Falls Jordan verhaftet und bestraft wurde, mußte Toni ausziehen. Den Mietzins konnte er sich nicht leisten. Doch auch wenn Jordan wiederkam, konnte es nicht weitergehen wie bisher, nach allem, was vorgefallen war.

Und außerdem schien ihm hier alles öde und traurig, seit Trix tot war. Einmal hatte er sie dem Tode entreißen können, damals in Wannsee. Jetzt hatte der Sensenmann zugeschlagen, unbarmherzig, endgültig. Toni war einsamer denn je.

Alles um ihn herum erinnerte ihn an das Mädchen, an den kleinen tapferen Kameraden, der sich nicht gescheut hatte, trotz Unsicherheit und Unruhe den täglichen weiten Gang zu machen, nur um bei ihm zu sein.

War es nicht am besten, freiwillig ein Ende zu machen, sich nicht mehr lange zu quälen? Grübelnd erwog Toni diese Möglichkeit, verwarf sie aber wieder. Es war ihm, als hörte er deutlich die Stimme von Trix: «Schäm dich, Toni. Willst du so feig sein, deinem Schicksal und den Aufgaben, die es noch für dich bereithält, zu entfliehen?»

Nein, er wollte nicht feiger sein als seine kleine Freundin. Sie war sein guter Stern, noch über den Tod hinaus.

Und außerdem – hatte er nicht versprochen, sich morgen früh wieder am Leipziger Platz einzufinden?

«Kann ich mich auf Sie verlassen?» hatte der Beamte gesagt. Auch ihn durfte er nicht enttäuschen.

Die Ermittlungen über die «Waffenlieferungen an eine ausländische Macht» waren schon vor einiger Zeit angelaufen. Die

Behörden hatten von einem alten Mann, der in der einsamen Gegend des Oderbruchs bei Berlin hauste, einen Hinweis erhalten und in der Nähe ein umfangreiches Lager mit Waffen aller Art gefunden. Man hatte sich zu einer Falle entschlossen. Eines Tages waren in der sonst so stillen Gegend einige Lastwagen erschienen, die Fahrer hatten rasch aus allen Schuppen einige Waffen entfernt und die Lücken mit hartgepresstem Stroh aufgefüllt: ein Täuschungsmanöver, das der geduldig harrenden Polizei die Täter denn auch prompt in die Arme trieb, unter ihnen Jordan, Gunter und von Reich.

All dies war Toni natürlich unbekannt, als er am nächsten Morgen um neun Uhr im Ermittlungsamt am Leipziger Platz erschien.

Wieder saß ihm der gleiche Beamte gegenüber.

«Was haben Sie Ihrer gestrigen Aussage hinzuzufügen? Oder wollen Sie etwas widerrufen?»

Toni, der kaum geschlafen und alles noch einmal überdacht hatte, antwortete:

«Herr Kommissar, ich habe ausgesagt, was ich weiß; davon kann ich nicht abgehen.»

«Und Sie haben keinen Anteil an den getätigten Geschäften gehabt?»

«Nicht einen Pfennig. Das nehme ich Herrn Jordan ja auch übel, denn schließlich war ich doch sein Teilhaber.»

«Aber für die Wohnung haben Sie nichts bezahlt?»

Toni stutzte. War das eine Falle? Aber er faßte sich schnell:

«Nun, das war doch wohl das wenigste als Entgelt für das, was ich in das Unternehmen hineingesteckt habe. Was ich jetzt noch besitze, reicht nicht mehr weit zum Leben.»

Er hatte sich in eine Erregung hineingesteigert, die nicht beabsichtigt war, denn mit einem Male war ihm bewußt geworden, wie übel seine Lage war.

«Hm», der Kommissar blätterte in den Akten, «und wie standen Sie persönlich zu Herrn Jordan? Ich meine, hatten Sie irgendwelche persönlichen Beziehungen zu ihm?»

Toni wurde über und über rot. Seine Bestürzung war offensichtlich. Der Beamte beugte sich vor. Es schien, als wolle er unter allen Umständen ein Geständnis erzwingen.

Aber das Gegenteil geschah. Er sagte, und es klang beinahe

väterlich: «Sie brauchen zu diesem Punkt nicht auszusagen, wenn Sie nicht wollen. Aber es ist vielleicht in Ihrem eigenen Interesse, wenn Sie nichts verheimlichen. Es sind», wieder nahm er das Aktenbündel zur Hand, «es sind in seinem Schreibtisch eine Anzahl Aufnahmen gefunden worden, die darauf schließen lassen, daß Jordan homosexuell ist. Was wissen Sie davon? Aber wie gesagt, zu einer Aussage können Sie nicht gezwungen werden.»

Toni atmete auf. Jetzt schien ihm der Zeitpunkt gekommen, da er über das Erlebnis mit Jordan reden sollte. Scharf konzentrierte er sich auf die notwendigsten und wichtigsten Angaben. Als er fertig war, sagte der Kommissar, der aufmerksam zugehört hatte:

«Herr Marsell, mit dieser Aussage haben Sie einen Menschen vor dem Zuchthaus bewahrt.

Ihnen aber möchte ich noch einen Rat mit auf den Weg geben. Sie sind noch jung, Sie sind vertrauensvoll und gutgläubig. Ein Mensch wie Jordan hat leichtes Spiel mit Ihnen. Lassen Sie die Hände von solchen Sachen. Sie sind kein Schieber und einem solchen Menschen nicht gewachsen.»

Damit war Toni entlassen.

Wie im Traum verließ er das Zimmer, wie ein Nachtwandler bewegte er sich auf der Straße. Leute schimpften hinter ihm her. Instinktiv schlug er den Weg zu seiner Behausung ein. Die Worte «Zuchthaus» und «Schieber» klangen ihm noch in den Ohren. Entsetzen schüttelte ihn. Von welchen Gefahren war er umgeben gewesen! Daß er ihnen nicht erlegen war, war gewiß nicht sein Verdienst. Wo hatte er nur seinen Verstand gehabt?! Er schalt sich bequem und feige zugleich. Wieder einmal mußte er sich sagen, daß es nicht einfach war, als Mann zu leben, wenn man kein Knabe gewesen war. Damals, als Jordan ihn mit seiner Arbeit in die Wohnung verbannt hatte, hätte er schon aufhorchen sollen.

Aber da war Trix gewesen: sie hatte er nicht verlieren wollen. Das war seine Entlastung. –

Als er in der Greifswalder Straße ankam, fand er die Wohnungstür verschlossen und amtlich versiegelt. Was tun? Das bißchen Habe, das ihm geblieben war, wollte er nicht verlieren. Also blieb ihm nichts anderes übrig, als zum Revier zu gehen und um Öffnung der Wohnung zu bitten.

Dort ging alles glatt. Der Beamte erkundigte sich zuerst beim Ermittlungsamt und meinte dann freundlich: «Also kommen Sie, Herr Marsell, ich gehe mit Ihnen. Es ist alles in Ordnung.»

Toni erfuhr zufällig aus einer kurzen Zeitungsnotiz, daß «in einer Waffenschieberaffäre der Hauptschuldige B.J. zu einer Gefängnisstrafe von zwei Jahren verurteilt worden sei. Zwei mitbeteiligte Offiziere hätten Geldstrafen erhalten.»

Bruno Jordan im Gefängnis!

Gehörte er nicht eher in eine Heilanstalt als in ein Gefängnis? Toni wollte ihn besuchen, trotz allem, was zwischen ihnen vorgefallen war. So stand er eines Tages zur offiziellen Besuchszeit vor der Pforte der Strafanstalt Moabit und wartete mit anderen auf Einlaß.

Jeder Besucher mußte einen Zettel ausfüllen. Toni erhielt den seinen zurück mit dem Vermerk: «Melden in Zimmer 17 bei Inspektor Jansen».

Zimmer 17 war gleich neben der geöffneten Gittertür. «Nicht anklopfen» stand auf einem Schild.

Also trat Toni ein.

Der Mann hinter dem Pult wandte Toni ein hageres Gesicht zu. Er deutete auf einen Stuhl und sagte:

«Sie wollen den Strafgefangenen Bruno Jordan besuchen?!»

Die Stimme klang kalt, mißmutig und ungeduldig.

«Ja, ich hätte ihn gern gesprochen, er hat ja niemand, der sich um ihn kümmert. Da dachte ich ...» Toni zögerte, als er die abweisende Miene des Beamten sah, der unentwegt auf ein Aktenstück vor ihm starrte.

«Da kommen Sie zu spät. Jordan hat sich heute nacht in seiner Zelle erhängt.»

Wie Hammerschläge klangen die Worte. «Zu spät, zu spät», dröhnte es in Tonis Ohren. Vor seinen Augen kreisten Funken. «Kann ich ihn noch sehen? Und wo wird er beerdigt?»

«Sehen und beerdigen? Wo leben Sie denn eigentlich, junger Mann? So 'ne Sache gibt nur Scherereien für uns, da freut sich nur die Charité, dort finden Sie vielleicht noch ein paar Stücke, in der Anatomie, auf dem Seziertisch.»

Toni spürte, wie ihm übel wurde. Auch der Beamte schien es zu bemerken; er reichte ihm ein Glas Wasser, das er gierig austrank.

Tröstend legte der Mann Toni die Hand auf die Schulter, und seine Stimme klang nun milder:

«Nehmen Sie es nicht zu tragisch. Dem Jordan ist vielleicht jetzt wohler. Wer kann das entscheiden?!»

## XVIII

Toni erwachte mit einem heftigen Ruck, der die Arme niedersinken ließ und den Oberkörper nach vorne warf. Wehe, wenn man die Holzlatte verfehlte und die Beine unter den Schemel steckte. Da fiel man unweigerlich auf den dreckigen Boden, zum Gaudium der Nachbarn, die mehr Glück oder Routine bewiesen hatten.

Es war nun das dreißigste Mal, daß Toni den Tag auf diese Weise begann. Er streckte sich, langsam lösten sich die verkrampften Glieder. Mit dem vollen Erwachen überfielen ihn wieder Scham und Ekel vor sich selbst. Wie tief war er doch gesunken! Selbst verschuldet?

Unaufhaltsam war es abwärts gegangen mit ihm, und nun mußte er froh sein, daß er hier wenigstens die Nacht verbringen konnte, im Rogge-Asyl, im äußersten Norden Berlins.

Vater Rogge, wie er sich gern nennen ließ, war ein begüterter Viehhändler gewesen. Durch Krieg und Inflation hatte er alles verloren wie so viele seiner Zeitgenossen. Nur eine Wiese war ihm geblieben; den Pferch, früher eine Unterkunft für seine Tiere, hatte er umgewandelt in eine Notschlafstelle für Menschen, die am Morgen nicht wußten, wo sie am Abend ihr Haupt hinlegen sollten. Es waren ihrer viel zu viele, und der Platz war beschränkt.

Da war ihm eine Idee gekommen. Zuerst belächelt und sogar bekämpft, hatte sie sich schließlich durchgesetzt und wurde nun von der Behörde gebilligt.

Einhundertfünfzig Menschen fanden sich Abend für Abend

hier ein und hatten für den bescheidenen Betrag von fünf Pfennig ein Dach über dem Kopf. Wer diesen Betrag nicht aufbringen konnte oder über ein bestimmtes Maß berauscht war, wurde abgewiesen. Da war der «Hausherr» unerbittlich. Vor jeder der sechs Reihen zu je fünfundzwanzig Holzschemel war auf dem Boden eine massive Holzleiste eingeschlagen. Dagegen mußte man die Füße stemmen. In Brusthöhe lief ein dickes Seil, auf der einen Seite fest in der Wand verankert, auf der anderen in einem Ring verknotet. Diesen Knoten löste Vater Rogge jeden Morgen persönlich, und trotz aller Behutsamkeit, mit der er das Geschäft verrichtete, gab es doch stets den bewußten Ruck, der den Schläfern einen kleinen Schock versetzte.

Rogge hielt Ordnung in seinem Betrieb, und die meisten waren ihm dankbar dafür. Wer wollte, konnte nach dem Wekken einen Becher heißen Milchkaffee und eine große Scheibe Brot erhalten. Die Kosten, fünfzehn Pfennig, waren gering. Für viele war es die einzige Mahlzeit am Tage, auf die sie mit Sicherheit rechnen konnten.

Das galt auch für Toni. Er kontrollierte den mageren Inhalt seiner Börse. Für eine Woche würde es noch reichen, für das Morgenessen und die Nacht «auf dem Strick».

Was dann?

Toni stellte sich in die Reihe der Leute, die auf den Kaffee warteten. Die Frau, die hinter dem großen Kessel stand und die braune Flüssigkeit ausschenkte, sah ihn prüfend an. Als sie ihm Brot und Becher reichte, sagte sie halblaut: «Vater Rogge möchte Sie sprechen, wenn Sie gefrühstückt haben!» Dabei deutete sie auf einen Bretterverschlag hinter ihrem Rücken.

Toni nickte. Er sah keinen Grund abzulehnen, Vater Rogge war ihm schon einige Male freundlich begegnet. Rasch trank er seinen Kaffee aus und schob den Rest des Brotes für später in die Tasche.

Vater Rogge war ein mittelgroßer, breitschultriger Mann mit eher groben Gesichtszügen, die aber durch eigenes und fremdes Leid gemildert schienen. Die großen, grauen Augen waren nicht ohne Wohlwollen, als sie sich jetzt auf den Eintretenden richteten. Ein riesiger Schreibtisch füllte den kleinen Raum fast aus. Auf der einen Seite stand ein Kasten, der Karteien enthielt. Jeder, der im Rogge-Asyl Aufnahme finden wollte, mußte seinen Ausweis vorzeigen und wurde registriert. Dann erst erhielt er eine Nummer, die er, wenn er sie nicht mehr benötigte, wieder abgeben mußte. So hielt der Mann Ordnung in seinem Unternehmen und schützte sich gegen Unannehmlichkeiten.

Jetzt deutete er auf einen Sessel und begann ohne Umschweife:

«Sie tun mir leid, Herr Marsell, Sie tun mir wirklich leid. Ich meine es ernst. Ein junger Mann wie Sie, aus guter Familie, gebildet, gesund und kräftig. Nun ja, jetzt sind Sie ein wenig reduziert. Aber alles in allem sind Sie doch fähig, im Leben Ihren Mann zu stehen. Oder sind Sie da anderer Meinung?»

Toni atmete auf. Er hatte schon befürchtet, es ginge um seine Vergangenheit. Seine Männlichkeit wurde also nicht angezweifelt.

«Sie haben recht, Herr Rogge, aber Sie wissen auch, wie es aussieht auf dem Arbeitsmarkt. Was kann ich schon? Fliegen! Und damit ist es aus. Vor ein paar Tagen hoffte ich, durch eine Neuheit, die ich an Hausfrauen verkaufen sollte, aus dem Dreck herauszukommen. Nichts damit. Man schlug mir die Tür vor der Nase zu, zum Teil mit häßlichen Schimpfworten. Nach zwanzig Fehlschlägen gab ich auf und brachte das Zeug zurück. Zum Glück hat mir der Mann das eingelegte Geld wiedergegeben. Er hätte es auch behalten können, aber er sah wohl meine Verzweiflung!»

«Ja, heute muß man kämpfen können, kämpfen ...»

Toni fuhr auf:

«Kämpfen! Mein ganzes Leben ist ein einziger Kampf! Aber lassen wir das, ich weiß schon, was Sie meinen.»

«Na, na, so schlimm wird's wohl nicht sein. Sie werden nicht mehr auf dem Buckel haben als andere auch. Jeder hat nur das zu tragen, was er tragen kann!»

Wenn er doch endlich sagen wollte, was er eigentlich von mir will, dachte Toni ungeduldig; da schob ihm Vater Rogge ein Paket über den Tisch. Es folgte eine lange Erklärung. Zwanzig Päckchen seien in jedem Paket, und an jedem Päckchen seien fünfzig Pfennig zu verdienen – ein leichter Verkauf in den Bahnhöfen. Bald würde er heraus haben, bei wem er es würde risikieren können und bei wem nicht.

«Na, wär det nich 'ne feine Sache, junger Mann?»

Toni hatte die ganze Zeit auf das Paket gestarrt, das vor ihm auf dem Tisch lag. Vor seinen Augen tanzten die Buchstaben: «Fromm's act – Präservativ; Fromm's act – Präservativ, feinste Ausführung, elastisch und doch fest; Fromm's act . . .»

Toni schüttelte den Kopf. Er riß sich zusammen. «Ich glaube nicht, Herr Rogge, daß ich der richtige Mann für Sie bin. Ich brächte bestimmt kein Wort heraus. Ich kann das nicht. Bitte seien Sie mir nicht böse, aber ich möchte Sie doch auch nicht enttäuschen.»

Zögernd streckte er die Hand über den Tisch. Doch sie wurde nicht ergriffen. Plötzlich sah der Asylvater alles andere als väterlich aus. Verächtlich schob er das Paket in die Schublade zurück. Nicht nur, daß er ein gutes Geschäft entschwinden sah, es ärgerte ihn auch, daß er die Karten umsonst aufgedeckt hatte. Sein Ton wurde abweisend, und er verfiel in den Berliner Jargon, den er sonst tunlichst vermied.

«Also, wer nich will, der hat schon. Wenn Se sich zu vornehm und zu erhaben fühlen vor det Jeschäft, denn lassen Se et bleiben. Soll nich meine Sorje sein, wenn Se verrecken. Denn sin Se wohl ooch zu schnike vors Asyl, he? Denn könn' Se de Kundenmarke jleich abjeben.»

Als Toni zögerte, ging ein Schmunzeln über das lauernde Gesicht. Wahrscheinlich würde der Junge doch noch weich werden.

Er irrte sich. Mühsam kämpfte Toni gegen die Versuchung, Rogge die Marke ins Gesicht zu schleudern. Doch er hielt seinen Zorn zurück – der Mann konnte schließlich auch nicht aus seiner Haut.

Langsam ließ Toni das runde Blech auf den Schreibtisch gleiten. Dann wandte er sich um und verließ grußlos den Raum. Ihn ekelte, er hätte kein Wort mehr herausgebracht. Er schaute weder nach rechts noch nach links und sah auch den traurigen Blick nicht, den ihm die Frau nachsandte, während sie den leeren Kaffeekessel blankscheuerte.

Als Toni das schützende Dach verließ und hinaustrat in die Winterkälte, wurde ihm klar, daß er die letzte Zufluchtsstätte verloren hatte.

Fragen stürmten auf ihn ein.

Hatte er klug oder töricht gehandelt? Hätte er das Angebot nicht ausschlagen sollen? War er prüde, altmodisch und dumm? War Kokain, das man ihm in Bahnhöfen auch schon angeboten hatte, nicht viel schlimmer, da es doch unzählige Menschen an den materiellen und moralischen Abgrund brachte? War das andere nicht harmlos, verglichen mit dem weißen Gift?

Doch je länger er über das Erlebte nachdachte, um so sicherer wurde er, daß er richtig gehandelt hatte. Trotz aller Ungewißheit war ihm leicht und frei zumute.

Fast automatisch lenkte er den Schritt zum Postamt Wedding. Vielleicht war eine Nachricht von Wilma oder Henry da.

Wedding! Je näher er dem bekannten Ort kam, um so brennender wurde die Erinnerung an Trix. So stark fühlte er ihre Nähe, ihre mageren Arme um seinen Hals, daß er die Tränen gewaltsam zurückdrängen mußte. Nur nicht weich werden, nur nicht sich gehen lassen!

Ein dicker Brief wurde ihm ausgehändigt mit dem Vermerk, daß er schon lange da liege. Im nahen Lehrter Bahnhof fand er einen ruhigen Platz, wo er ungestört lesen konnte. Der Brief war von Wilma und stimmte ihn traurig. Sie schrieb, ihre Ehe sei am Zerbrechen. Trotzdem wolle sie durchhalten, der Kinder wegen. Noch fühle sie die Kraft dazu. Auch glaube sie, daß jeder Mensch sich wandeln könne. –

Arme Wilma, dachte Toni. Gut, daß sie den Glauben an eine Wandlung nicht verloren hatte, das würde ihr helfen, mit den Gegebenheiten fertig zu werden.

Dem Brief lag ein Schein bei. Zwanzig Mark.

«Mehr kann ich Dir leider nicht senden. Mein Mann hält mich immer knapper, je mehr er verdient. Komm doch heim! Du wärst mit einem Schlage alle Sorgen los, und wir brauchten nicht mehr mit Bangen an Dich denken...»

Liebe, gute Wilma! Gerührt betrachtete Toni den Schein in seiner Hand. Zwanzig Mark! Im Augenblick ein Vermögen für ihn. Arno Wilde, ein guter Freund aus der Archivzeit, fiel ihm ein. Er hatte einmal zu Toni gesagt, wenn er in Not sei, solle er zu ihm kommen. Dank Wilmas Hilfe konnte er Arno nun aufsuchen, denn er kam nicht mit leeren Händen.

Untergehen?

Er schüttelte den Kopf. Noch schlug das Wasser nicht über ihm zusammen. Bis zum Halse reichte es zwar schon, doch blieb noch Raum zum Atemholen.

Der Gedanke an Arno Wilde erfüllte ihn mit neuer Hoffnung, und eilends machte er sich auf den Weg.

Es war ein weiter Weg vom Wedding bis zum Anhalter Bahnhof. Toni schien es nicht zu bemerken. In ihm reifte ein fester Entschluß. Von nun an wollte er ernsthaft Arbeit suchen und alles annehmen, was sich ihm bot. Die Zeit des Wartens auf das «große Glück» mußte endgültig vorbei sein.

Da war die Dessauer Straße, eine kurze Verbindungsstraße zwischen Anhalter Bahnhof und Potsdamer Platz; Nr. 39, erinnerte sich Toni. Sein Blick suchte die Häuserfront ab. Endlich war er am Ziel. Ein paar Stufen führten zum Eingang. Im Gang roch es nach Essen. Es war so finster, daß er die Namen auf der Tafel nicht erkennen konnte. Er würde es im ersten Stock versuchen. Vier Türen waren da, doch keine trug den Namen, den er suchte. Das Läutwerk schien nicht in Ordnung zu sein, so versuchte er es mit Klopfen.

Hinter zwei Türen rührte sich nichts. Bei der dritten wurde vorsichtig ein Vorhang beiseite geschoben, dann entfernten sich die Schritte wieder.

Die vierte Tür wurde von einer langen, hageren Frau mit wirrem Haar geöffnet. Sie schwang einen Kochlöffel in der Hand. Der Geruch von Kraut und schlechtem Fett verursachte Übelkeit, und rasch brachte Toni seine Frage vor.

«Der Wilde? Nee, der is nich mehr hier. Orje», wandte sie sich nach rückwärts in die Dunkelheit, «Orje, komm man, da will ener zum Wilde.»

Der Mann, der auf den Namen «Orje» hörte, schlurfte schwerfällig herbei, mit vollen Backen kauend, in den Händen Messer und Gabel. Er versuchte, seinem Gesicht einen mitleidigen Zug zu geben, aber es wurde eher ein Grinsen daraus.

«Den Wilde woll'n Se besuchen? Da kommen Se zu spät, junger Mann. Der wohnt jetzt janz unten, im Sutteräng.» Er sprach das Wort aus, wie er es verstand.

«Aber nich hier, draußen uff'm Friedhof. Jeplatzter Blinddarm, oder wat weeß ick. Nu kucken Se man nich so abjestochen. Det jeht uns allen mal so. Is man jut, det sich da keener von drücken kann.»

Wie Toni die Treppe hinunter und auf die Straße kam, wußte er später nicht mehr zu sagen. Wieder dröhnten die beiden Worte in ihm: «Zu spät, zu spät, zu spät.»

Dieses «Zu spät» schien wie ein Verhängnis über seinem Leben zu liegen und unerbittlich zu verhindern, daß er jemals etwas im richtigen Augenblick tat. Mechanisch schlug er die Richtung zum Askanischen Platz ein. Dort stand eine Bank, das wußte er. Er war müde, müde – kaum konnte er sich noch auf den Beinen halten ...

Er kam nicht weit. Undeutlich fühlte er noch, wie eine Hand ihn berührte, hörte Stimmen sich nähern und wieder entfernen, dann verlor er das Bewußtsein.

Toni öffnete zögernd die Augen, mußte sie aber schnell wieder schließen. Es schien ihm, als fahre er Karussell. Alles drehte sich um ihn und mit ihm. Das war ein lästiges Gefühl; zudem war ihm übel. Behutsam versuchte er sich aufzurichten. Aber auch das mißlang. Der Arm tat furchtbar weh, und der Schädel schmerzte arg.

Augen auf? Immer noch fuhr er Karussell.

Da spürte er einen leichten Stich im Arm. Eine Stimme sagte:

«Bleiben Sie ganz ruhig liegen. Sie haben den Arm gebrochen und eine Gehirnerschütterung erlitten. Haben Sie mich verstanden?» Toni hob die gesunde Rechte zum Zeichen, daß er begriffen habe. Die Injektion tat ihre Wirkung; er schlief ein.

Als er das zweite Mal zu sich kam, war das Karussell zum Stillstand gekommen und die Schmerzen hatten nachgelassen. Angenehmes Halbdunkel umgab ihn. Weiße Wände, weiße Decke, weiße Tür, links ein verhangenes Fenster.

Langsam kam die Erinnerung, Einzelheiten tauchten in seinem Gedächtnis auf: Arno Wilde. Der Freund war tot. Fremde Menschen hatten es Toni mitgeteilt, kalt und mitleidlos. Dem war sein geschwächter Organismus nicht mehr gewachsen gewesen. Nur fort aus diesem Haus, hatte er sich gesagt.

An das, was sich später ereignet hatte, konnte er sich nicht erinnern.

«Na, Toni, du machst ja nette Sachen. Aber ganz ruhig bleiben, ganz stilliegen, sonst geht's womöglich noch schief.»

Eine kühle Hand legte sich auf seine Stirn, und ein bekanntes Gesicht beugte sich über ihn.

«Franz», flüsterte Toni. «Ja wie kommst denn du hierher?»

Der Mann im weißen Kittel lachte.

«Na du bist gut! Eigentlich solltest du fragen, wie du hierher kommst. Aber du bist wieder wach und hast mich erkannt. Das ist beruhigend und freut mich ungemein.»

Tonis blasses Gesicht strahlte. In seine Augen traten Tränen. Der Arzt nahm sein Taschentuch und trocknete sie.

«Das ist doch kein Grund zum Heulen, ganz im Gegenteil. Wenn du brav bist und ganz ruhig liegenbleibst und versprichst, dich nicht aufzuregen, dann erzähle ich dir, was ich weiß.»

«Bitte erzähle, Franz. Ich will gewiß ganz ruhig liegenbleiben.»

«Also gut! Heute gegen Mittag, ich wollte gerade abhauen, läutete das Telefon. Am Apparat Dr. Welti ...»

«Dr. Welti?» Toni wollte sich aufrichten, wurde aber sanft, doch energisch zurückgehalten.

«Bist du verrückt, Kerl? Was hast du versprochen? Das kann dein Tod sein. Ich glaube, ich erzähle dir doch nichts, wenn du so unvernünftig bist.»

Dr. Baumann war sichtlich böse. Schließlich trug er die Verantwortung.

«Ich mach's bestimmt nicht wieder, ganz sicher nicht. Bitte, bitte, sprich weiter», bettelte Toni. «Ich liege jetzt wohl in der Klinik von Dr. Welti, wo ich schon einmal gelegen habe. Stimmt's?» Erwartungsvoll blickte Toni den jungen Arzt an.

«Dein Scharfsinn in Ehren, aber jetzt halte den Schnabel und laß mich reden.

Dr. Welti rief mich an: ‹Was glauben Sie, Baumann, wen ich da aufgegabelt habe? Toni Marsell! Total heruntergekommen. Der dumme Kerl! Liegt in der Sanität vom Anhalter, ich bringe ihn sofort. Bleiben Sie da.›

Damit warst du avisiert, und ich muß schon sagen, als ich

dich sah, mußte ich auch denken, was für ein dummer Kerl du doch bist. Als ob du keine Freunde in Berlin hättest!»

«Ich wollte ja gerade zu einem», sagte Toni kleinlaut. «Ich hatte Arno Wilde aufsuchen wollen.»

«Na ja, ausgerechnet zu einem, der tot ist. Der kann dir nichts mehr nützen. Übrigens, Arno war auch so einer wie du. Lieber verrecken, als Hilfe annehmen. Wegen eines Blinddarms braucht heute kein Mensch mehr zu sterben, aber wenn's zu spät ist, dann ist es eben zu spät. Drei Tage nach der Operation war es aus und vorbei mit ihm. Schade. War ein feiner Kerl.

Aber Menschenskind, das ist doch nicht der Sinn des Lebens! ... Na also, du torkelst durchs Gelände wie einer, der über den Durst getrunken hat. Die Leute lachen hinter dir her. Da kommt Welti. Gerade von einer Reise zurück, will er den Bus besteigen und nach Hause fahren. Er sieht dich, erkennt dich und legt dir die Hand auf die Schulter.

Da sackst du zusammen. Er weist sich aus als Arzt. Man bringt dich auf die Sanität im Bahnhof, wo du Erste Hilfe erhältst. Dann bringt er dich hierher, mit dem Krankenwagen natürlich – denn du hattest dich ja zurückgezogen und warst nicht ansprechbar. C'est tout.»

Toni hatte unbewegt zugehört, nur ab und zu zuckte es um seine Mundwinkel. Jetzt sah er dem Arzt voll ins Gesicht und sagte:

«Also sollte ich doch nicht untergehen. Wäre einer von uns ein paar Minuten früher oder später dort gewesen, wären wir aneinander vorbeigegangen, Dr. Welti und ich.

Glaubst du, Franz, daß mein Leben einen Sinn hat, daß ich überhaupt zu etwas nütze bin in der Welt? Bis jetzt bin ich auf der ganzen Linie ein Versager, eine absolute Niete gewesen, sowohl in beruflicher wie in menschlicher Beziehung.»

Franz Baumann verstand. Beruhigend sagte er: «Wir stecken alle einmal im Sumpf, irgendwann und irgendwo. Und sei es auch nur in der Phantasie, in unseren Gedanken. Ob dein Leben einen Sinn hat? Ein jedes Leben hat einen Sinn, das einmal generell. Aber darüber können wir noch oft sprechen.

Du bist nicht der Mensch, der einfach untergeht. Und ob du zu etwas nütze bist, das wird sich bald erweisen.

Nur traue ich dir nicht. Wenn dir etwas passiert, kriege ich eins aufs Dach. Darauf kann ich mich verlassen. Da kennt der Chef keinen Spaß. Also gib den Arm her. Tut ja nicht weh, der kleine Stich.»

Er griff nach einer gefüllten Spritze, die eine Schwester auf den Tisch gelegt hatte. Toni lachte. Das bißchen Schmerz machte ihm nichts aus.

Dann wurde es wieder dunkel um ihn. Ein Vorhang fiel über das Vergangene. Über einem Neubeginn seines Lebens würde er wieder aufgehen.

Schon am nächsten Tage hatte Dr. Welti ein Gespräch mit seinem Schützling. Und Toni war ein gelehriger Schüler. Er lernte einsehen, daß ein leiblich und geistig gesunder Mensch die guten Gaben, die ihm vom Schicksal in die Wiege gelegt worden waren, nicht mißachten und ungenutzt liegen lassen durfte, denn ein solches Verhalten zeige Egoismus und Bequemlichkeit. Wem, meinte Dr. Welti, gelänge es denn schon, alle Wünsche zu verwirklichen. Das sei doch wohl niemand vergönnt. Stets bleibe ein Rest unerfüllter Träume, und das sei gut so. Da lerne der Mensch sich bescheiden und seine Grenzen erkennen. Dem menschlichen Streben hingegen seien keine Grenzen gesetzt.

«Und meine mangelhafte Leiblichkeit?» warf Toni zaghaft ein.

«Auch so ein Bequemlichkeitsfaktor! Wen stört das schon? Doch nur Sie selbst, und das nur deshalb, weil Sie sich stören lassen. Glauben Sie denn, Toni, ein völlig normaler Mensch, ohne jeden Mangel, wie Sie das nennen, habe keine Daseinsschwierigkeiten? In der Freundschaft, in der Liebe, in der Partnerwahl? Du lieber Himmel, was erlebt man da für Elend!

Glauben Sie mir, in mancher Beziehung sind Sie sogar bevorzugt ... Ja, Ja», er lachte, als ihn Toni ungläubig anschaute, «es ist wirklich so. Eros kann ein Freund sein, aber er kann auch zum ärgsten Feind werden, wenn man ihn zu ernst nimmt und ihm zu viel Spielraum läßt.

Gewiß, manches schöne, wertvolle Erlebnis bleibt Ihnen versagt, aber dafür bleibt Ihnen vieles erspart, das andere quält und unglücklich macht. Außerdem ... haben Sie Ihre gegenwärtige Situation nicht selbst gewollt?»

«Ja und nein. Schließlich habe ich mich doch nicht selbst gemacht und kann nichts dafür, daß ich bin, wie ich bin.»

«Stimmt. Aber das Leben besteht aus ‹Selbst-führen-Wollen› und ‹Sich-führen-Lassen›. Für beides müssen wir wach sein.

Sie konnten nach *außen* hin bleiben, was Sie waren: ein weibliches Wesen mit einer starken männlichen Komponente. Daran hätte sicher niemand Anstoß genommen. Aber das genügte Ihnen nicht. Sie wollten mehr, Sie wollten werden, was Sie jetzt sind; Ihr Entscheid fiel zugunsten der betonten Männlichkeit aus. Diesen Entscheid haben Sie aus eigenem, freiem Willen getroffen. Das ist das Wesentliche.

Daraus haben sich Konsequenzen ergeben, Toni, die Sie nicht übersehen können und dürfen.

Ich gebe zu, es ist nicht leicht für Sie, sich durchzusetzen und zu behaupten. Ihr Leben muß in geordnete Bahnen kommen. So weit es mir möglich ist, will ich Ihnen gerne dazu verhelfen. Aber zuerst müssen Sie nun gesund werden.»

Dr. Weltis Worte rüttelten kräftig an Tonis festgefahrenen und einseitigen Ansichten über sich und seine Möglichkeiten. Das klärende Gespräch fiel auf fruchtbaren Boden. Gründlich überdachte er sein verflossenes Leben; und das, was Dr. Welti mit «selbst gewollt» gemeint hatte, wurde durchsichtig und klar.

Noch fühlte er sich körperlich schwach und seelisch müde. Doch schon regte sich neue Hoffnung in ihm; er spürte wieder eine leise Ungeduld, das Leben zu packen und zu bewältigen –, als Lebensaufgabe wahrhaft Mensch zu werden in des Wortes tiefster Bedeutung.

Da erkannte die Angst ihren Meister und zog sich zurück.

## XIX

Ein strahlend heller Frühlingshimmel wölbte sich über Berlin. Fröhliche Menschen drängten sich in den Straßen, den nahenden Lenz zu empfangen. Auch Toni und Franz Baumann waren unter ihnen und schlenderten gemächlich die Linden entlang, groß und kräftig, von athletischer Gestalt der eine, viel kleiner und zarter der andere.

«Eigentlich», meinte der junge Arzt und legte den Arm um Tonis Schulter, «eigentlich solltest du meine Statur haben. Für deinen schweren Beruf, meine ich. Wie machst du das nur? Wie wirst du mit den Randalierenden und Tobsüchtigen fertig? Dr. Welti ist des Lobes voll über dich. Er hat mit der Anstaltsleitung in Bernau gesprochen, du mußt ja ein ganz toller Bursche sein.»

Toni lachte und zuckte die Achseln.

«Nett, daß die Leute mit mir zufrieden sind», meinte er. Besonders freut es mich für deinen Chef, der mich ja empfohlen hat.»

«Na, du bist drollig. Du findest das einfach nett, daß die Leute mit dir zufrieden sind. Als ob so eine Irrenpflege das einfachste von der Welt wäre... Erzähl doch mal, wie das so ist. Sei nicht so mundfaul. Komm, wir gehen zu Kranzler, ich sehe gerade noch einen freien Tisch.»

Als endlich die Weiße mit Schuß vor ihnen stand, forderte Dr. Baumann Toni erneut auf zu reden.

«Siehst du, Toni, ich bin zwar Arzt, aber das Gebiet, auf dem du tätig bist, ist mir völlig fremd. Die Leute sind doch nicht ansprechbar; ich hab' immer gemeint, da helfe nur rohe Gewalt oder die Spritze, Narkotika. Wie machst denn du das? Hast du besondere Kniffe, so wie die Polizei? Ich hätte einfach Angst.»

Toni nahm einen großen Schluck aus seinem Glas, ehe er antwortete:

«Das ist es ja gerade. Angst bedeutet Versagen, von Anfang an. Da wagen sie alles.

Kniffe und Griffe gibt es bei mir kaum. Meist geht es mit gutem Zureden. Warum sie so auf mich reagieren, weiß ich nicht. Das sind Imponderabilien.

Vielleicht kann man ganz einfach sagen: ich habe keine Angst; das ist das eine. Zweitens, das klingt vielleicht komisch, aber ... ich liebe diese Menschen, und das schafft Vertrauen. Ohne das letztere ist sowieso alle Mühe vergebens.»

Baumann nickte versonnen.

«Das mit der Angst und dem Vertrauen, das kann ich verstehen. Aber lieben?!»

Hier nahm der junge Arzt einen kräftigen Schluck, als müsse er etwas hinunterspülen.

«Also, Toni, das scheint mir einfach pervers. Das ist unmöglich, das kann man doch nicht. Du kannst Mitleid haben mit diesen Menschen, aber lieben? Ich bin überzeugt, da redest du dir etwas ein.»

«Mitleid kann zu Liebe werden, Franz. Und gerade weil hier keine persönlichen Interessen im Spiele sind, kann diese aus Mitleid geborene Liebe heilsam sein. Geduld und Liebe sind die wahren Feinde des Bösen.

Das Böse bricht zuweilen aus einem solchen Kranken hervor wie ein wildes Tier aus dem Busch. Da kommt es dann darauf an, wie du es aufnimmst. Angst und Unruhe bringen dich und den Kranken in Gefahr, Geduld und Liebe hingegen sind wie ein Schild, der dich und ihn schützt.

Wenn diese Patienten dann wieder zu sich kommen und wieder sie selber sind – und man den Anfall behutsam hat auffangen können –, dann zeigt ihr Gesicht oft einen Zug von Dankbarkeit. Wenn Gewalt angewendet wird, ist das ganz anders, das habe ich oft beobachten können.»

Baumanns Gesicht zeigte ungläubiges Staunen.

«Das muß eine besondere Gabe sein, Toni. Wann hast du die denn entdeckt?»

«Das ist noch gar nicht so lange her. Erinnerst du dich, daß ich eine kurze Zeit den Schwager von Dr. Welti betreut habe?»

«Gewiß. Den Chemieprofessor Marquard, eine schwere Progressive Paralyse. Fortlaufender Zerfall des Gehirns. Und da wurde dir bewußt, daß du berufen warst?»

«Ja, und eigentlich kann ich das mit einem einzigen Wort erklären.»

«Und das wäre?»

«Nachtwache.»

«Nachtwache?»

«Es war in der letzten Nacht, bevor der Professor in die Anstalt überführt werden sollte. Ob er es geahnt hat? Er war gefährlich unruhig. Ich mußte zur Spritze greifen. Um ihn darauf vorzubereiten, trat ich an sein Bett, legte die linke Hand auf seine Stirn und faßte seine Rechte mit kräftigem Druck. Ich sagte ihm, was sein Schwager verordnet hatte.

Spontan glätteten sich die eben noch verzerrten Züge, und er sagte mit klarer, deutlicher Stimme: «Toni, Ihre Hand ist besser als eine Spritze, lassen Sie diese weg und bleiben Sie bei mir. Ich bin ganz ruhig – mir ist, als weiche etwas von mir. Bald werde ich schlafen können.»

Tatsächlich, bald schlief er, und das bis zum Morgen. Mir schien es wie ein Wunder.»

«Ja, wie ein Wunder... Sag, Toni, warst du immer so – ja, wie soll ich sagen –, so sanftmütig?»

Toni lachte.

«Ganz im Gegenteil! Ich war immer jähzornig und ungeduldig, habe meine Mitmenschen vorwiegend nach ihrem Äußeren, nach Herkommen, Bildung und Beruf beurteilt; das war es, worauf es mir in erster Linie ankam. Schlimme Eigenschaften.»

«Und jetzt? Werden dir diese Eigenschaften nicht mehr gefährlich?»

«Natürlich, öfter als mir lieb ist. Dagegen ist man nie gefeit. Aber da ich sie durchschaue, haben sie keine Macht mehr über mich. Und... will mich der Jähzorn doch einmal packen, dann erinnere ich mich an ein Ereignis, dessen ich mich heute noch heftig schäme.»

«Und was war das?»

«Ach, ich spreche nicht gern davon, aber du sollst es wissen. Ich habe einmal einen Krüppel geschlagen, einen Mann, der im Krieg ein Bein verloren hat. Nie werde ich den Ausdruck in seinem Gesicht vergessen, als mein Schlag ihn traf. Es war furchtbar. Und dabei hatte er nicht einmal mich, sondern einen anderen gekränkt...

Ja, und das Beurteilen der Mitmenschen nach Äußerlichkeiten? Ach, Franz, das verlernt man, wenn man so weit drunten war wie ich. Heute macht mir das keinen Eindruck mehr. Auf den Kern kommt es an, nicht auf die Schale. Jeder sollte einmal in die Tiefe, erst dann lernt er die wahre Höhe schätzen. Was man dann noch dazulernen kann, ist Zufriedenheit und Dankbarkeit. Klar, die Höhe ist angenehmer als die Tiefe. Aber sie muß in Grenzen bleiben und nicht zum

Gipfelstürmen führen, denn auf der anderen Seite droht der Abgrund.»

«Du redest wie ein uralter, weiser Mann, Toni. Dabei bist du noch so jung. Sag mal, hm, woher hast du denn all diese Weisheiten?»

Toni lächelte versonnen. Seine Augen hatten einen Ausdruck, als schauten sie in weite Fernen.

«Vielleicht bin ich in Wirklichkeit älter, als ich scheine. Vieles ist mir in der letzten Zeit klar geworden durch manches gute Gespräch mit Dr. Welti. Er ist ein prachtvoller Mensch!»

«Gut! Und dann bist du zu dem Entschluß gekommen, Irrenpfleger zu werden, dein Leben in einer solchen Anstalt zu verbringen? Ausgerechnet Du, ein Ästhet, wie er im Buch steht, mit deiner vornehmen Herkunft... Es ist mir einfach unbegreiflich.»

«Findest du es entwürdigend, wenn man sich um Menschen bemüht, die ärmer sind als arm? Meinst du, es hätte mir besser angestanden, das Angebot auszuschlagen, im Nichtstun weiterzuleben und auf bessere Zeiten zu warten?

Vielleicht hätte ich die Arbeit im Archiv wieder aufnehmen können. Aber dazu ist es jetzt zu spät. Vielleicht hätte man mich dort noch brauchen können trotz allen Versagens auf anderen Gebieten. Was meinst du dazu?»

«Sicher hätte man dich brauchen können. Aber du sagst es selbst, dazu ist es zu spät. Der arme Dr. Hirschfeld, er tut mir so leid, und man steht machtlos dabei.»

Toni fuhr auf.

«Was ist mit ihm? Bitte erzähle. Ich weiß von nichts.»

«Nein? Halb Berlin spricht doch davon. Nun also, Papa – du weißt ja, daß wir ihn so nannten – ist emigriert. Zum Glück, bevor man sich an ihm persönlich vergreifen konnte. Ich bin froh, daß er die Warnungen der Freunde endlich beachtet hat. Es war schwer genug, ihm die Gefahr begreiflich zu machen!»

«Und wo ist er jetzt? Ist er dort wenigstens vor jedem Zugriff sicher?»

«Das weiß man nie bei der heutigen Weltlage. Es heißt, er sei in Rumänien, aber Genaues ist nicht bekannt. Das ist wahrscheinlich gut so. Freunde hat er ja überall.

Trotzdem, es ist ein verdammt hartes Schicksal, sein Lebenswerk so einfach im Stich lassen zu müssen, alles, was in jahrzehntelanger Arbeit aufgebaut wurde. Und die unzähligen Menschen, denen er geholfen hat in ihrer Verzweiflung, Angst und Not. Sie alle haben wirklich einen Vater verloren.»

«Ich auch.»

Toni hatte den Kopf in die Hand gestützt. In seinen Augen standen Tränen. Er gedachte seiner eigenen Not und Bedrängnis, aus der ihn der Arzt und väterliche Freund befreit hatte, und wußte, daß er den Helfer nie vergessen würde.

Als er aufschaute, sah er, daß auch Franz bewegt war; auch ihm ging dieses Schicksal nahe.

«Und Bert? Was ist aus ihm geworden?»

«Bert ist in England, hat einen ähnlichen Posten wie hier im Institut. Er wollte Papa durchaus nicht verlassen. Doch dieser wollte ihn nicht einem unsicheren Emigrantendasein ausgesetzt sehen. Ich finde das uranständig von Dr. Hirschfeld.

Übrigens, du sagtest vorhin etwas von ‹entwürdigend›. Davon kann gar keine Rede sein. Im Gegenteil, du imponierst mir gewaltig. Ich komme mir ganz klein vor neben dir. Ich wollte nur wissen, wie du dazu gekommen bist, dich der Irrenpflege zu widmen. Aber das hast du mir ja nun erzählt.»

Toni schüttelte die trüben Gedanken ab und mußte lachen.

«Imponieren ist gut! Da übertreibst du. So ist das nun auch wieder nicht. Es wäre purer Selbstmord gewesen, wenn ich Dr. Weltis Angebot, seinen Schwager zu betreuen – und später den Ruf nach Bernau –, abgelehnt hätte. Einen solchen Rutsch nach unten hätte ich nicht noch einmal ertragen. So erkannte ich die glückliche Fügung und griff zu, obschon ich immer noch sehr deprimiert war. Damals glaubte ich, mich könne nichts mehr erschüttern, aber das war ein Trugschluß. Schließlich zeigte sich dann mein günstiger Einfluß auf den Kranken, meine Fähigkeit, ohne Angst, in aller Ruhe, mit Geduld – und Liebe – mit ihm umzugehen. Das war ein deutlicher Hinweis . . .»

Die beiden jungen Menschen schwiegen. Jeder hing seinen Gedanken nach. Dann ergriff Toni wieder das Wort:

«Mich dünkt, ich bringe den Gesunden, die mir nahestehen, mehr Kummer und Sorgen, mehr Negatives als Positives. Doch den Kranken, denen kann ich etwas geben. Nenne es

Ruhe, nenne es Frieden. Ich weiß es selber nicht. Aber diese Arbeit ist wohl mein Schicksal.»

«Vielleicht. Und wo, glaubst du, bereitet sich dein Schicksal vor?»

«In der Sternenwelt, in der ich lebte, bevor ich zur Erde ging, in der ich lebe jede Nacht, vom Abend bis zum Morgen; in der ich leben werde nach dem Tod.»

«Und woher weißt du das?»

«Ich weiß es eben.»

«Aber», Franz Baumanns Frage wurde drängender, «von irgendwoher mußt du dieses Wissen doch haben, oder. . . ist das ein Geheimnis?»

Toni lachte. «Keineswegs, du sitzt ja an der Quelle. Dr. Welti, der sich mit Geisteswissenschaft befaßt, hat mir viel geholfen durch Gespräche und durch Literatur.»

«Dr. Welti, mein nüchterner Chef?»

«Er ist nicht so nüchtern, wie du denkst, aber er geht nicht hausieren mit seinen Erkenntnissen. Versuche, mit ihm ins Gespräch zu kommen, dann wirst du merken, was er dir geben kann.»

Baumann sagte nachdenklich:

«Du meinst doch das Geistesgut Rudolf Steiners?! Nun, ich habe einiges gelesen, aber ich weiß nicht, ich kann nicht viel damit anfangen. Es ist mir zu . . . phantastisch.»

«Das ist es, solange man die Werke nur liest und nicht erlebt. Auf das Erleben kommt es an. Aus ihm ersteht das sichere Wissen, die Gewißheit ‹So ist es›. Das gibt dem Leben einen neuen Inhalt und einen ganz anderen Sinn und Wert.»

«So glaubst du an die wiederholten Erdenleben?»

«Ich glaube nicht daran. Ich weiß, daß es so ist.»

«Hm. Und wie deutest du dein eigenes Schicksal im Hinblick auf Vergangenes?»

«Nun, ich bin kein Hellseher. Aber eines ist mir klar. Ich bin hier, um Vergangenes auszugleichen und Zukünftiges vorzubereiten.»

«Das versteh' ich nicht!»

«Ach, das ist nicht so schwierig, wie du meinst. Stell dir vor, du fühlst dich ganz stark zu einem Menschen hingezogen. Du weißt nicht, warum du so fühlst, und der andere erwidert deine Neigung nicht, ahnt sie nicht einmal. Du leidest schwer unter dieser einseitigen Liebe. Denke an mein Erlebnis mit Elena Czaki, erinnerst du dich?»

«Gewiß, aber das kann doch jedem Menschen passieren.»

«Eben. Doch warum passiert es?» Tonis Stimme war ganz leise geworden. «Es passiert, weil wir mit diesem Menschen in einem vergangenen Erdenleben eine Beziehung hatten. Wir wollten ihm nicht wohl, wir kränkten ihn oder schädigten ihn vielleicht sogar. Und nun, in diesem Leben, kommt der Ausgleich, an dem du leiden mußt.»

Der junge Arzt hatte den Kopf in die Hände gestützt. Tiefer Ernst lag jetzt auf seinem Antlitz.

«Es könnte so sein», meinte er. «Ein schöner, trostreicher Gedanke, der vielem Geschehen die Sinnlosigkeit nehmen kann. Man könnte ihn anwenden auf viele menschliche Leiden. Für mich als Arzt ein ganz neuer und wunderbarer Aspekt.»

«Du hast recht, Franz. Wieviel Unheil könnte vermieden, wieviel Verzweiflung in Mut und Duldsamkeit verwandelt werden, wenn dieses Wissen Fuß faßte in den Herzen der Menschen.»

«Und das Schicksal derer, die nun anders sind als die anderen? Dieses besondere, oft so harte Schicksal?»

Toni hob die Schultern.

«Ich weiß es nicht. Aber ich könnte mir denken, daß wir vielleicht einmal die Liebe mißbraucht haben. Das könnte aus menschlicher Einsicht eine Antwort sein.»

«Und nun sind wir hier, um zu lieben, weniger den Einzelmenschen als vielmehr die Menschen als solche – um die objektive Liebe zu pflegen; ist es das, was du meinst?»

«Du sprichst es aus. – Lieben und dienen, im Sinne Christian Morgensterns.»

«Ich weiß nicht, was du meinst.»

«Ein kleines Gedicht. Ich schreibe es dir auf.»

Ich habe den *Menschen* gesehn in seiner tiefsten Gestalt,
ich kenne die Welt bis auf den Grundgehalt.

Ich weiß, daß Liebe, Liebe ihr tiefster Sinn,
und daß ich da, um immer mehr zu lieben, bin.

Ich breite die Arme aus, wie ER getan,
ich möchte die ganze Welt, wie ER, umfahn.

Franz Baumann beugte sich tief über das Blatt, das Toni ihm gereicht hatte. In seinem Gesicht zuckte es. Leise sagte er:

«Die Christusliebe in uns wecken! Welch ein Ausblick für den Umgang von Mensch zu Mensch! Und deshalb sagst du Ja zum Leben?!»

Toni nickte. Aus seinen Augen strahlte ein helles Licht.

Jetzt erst, so dünkte es ihn, hatte er den Freund wirklich gefunden.

Es war spät geworden, die Straßenlampen brannten bereits. Der Abend wurde kühl. Toni dachte an Trix, seine kleine Freundin. Sie hatte nicht bei ihm bleiben dürfen – ihr Erdenlauf hatte diesmal seine Grenzen erreicht. Er empfand eine tiefe Dankbarkeit für die kurze Zeit, da sie ihm Weggenossin gewesen war.

Der Arzt zog die Uhr.

«Ich muß gehen, Toni. Unfalldienst. Ich danke dir. Was ich heute erfahren habe, wird Früchte tragen. Wir müssen uns bald einmal wiedersehen, ja?»

«Gern, Franz, auch ich habe den gleichen Wunsch. Doch ich habe dir zu danken. Du hörtest mir geduldig zu. Das können heute nur wenige Menschen. Leb wohl, und auf bald. Ich gehe langsam zum Bahnhof, ich habe noch viel Zeit. Meine Nachtwache beginnt erst um zehn Uhr...»